Kunst-Reiseführer in der Reihe DuMont Dokumente

Zur schnellen Orientierung – die wichtigsten Orte Marokkos auf einen Blick:
(Auszug aus dem ausführlichen Ortsregister S. 264f.)

Agadir	256	Ouezzane	207
Ait Benhaddou	80f.	Rabat	191ff.
Banasa	38ff.	Safi	208
Casablanca	255	Skoura	115f.
Ceuta	256f.	Tanger	207
Chéchaouen	206	Taourirt	113
El Jadida	207	Taroudannt	206f.
El Kelaa des Mgouna	117	Taza	207
Essaouira	206	Telouet	78ff.
Fès	178ff.	Tetouan	206
Lixus	37f.	Tinerhir	117f.
Marrakech	196ff.	Tinmal	205f.
Meknès	187ff.	Volubilis	40ff.
Moulay Idriss	160f.	Zagora	115

In der Umschlagklappe: Übersichtskarte von Marokko

In der hinteren Klappe: Zeittafel zur Geschichte Marokkos

Ornament aus Schriftzügen des Nesschi, der arabischen Kursivschrift, in Verbindung mit Arabesken

Hans Helfritz

Marokko

Berberburgen und Königsstädte
des Islams

DuMont Buchverlag Köln

Auf der Umschlagvorderseite: Brunnen am Fonduk En Nejjarin in Fès

Auf der Umschlagrückseite: Bab Boujeloud in Fès

CIP-Kurztitelaufnahme der Deutschen Bibliothek

Helfritz, Hans
Berberburgen und Königsstädte des Islams:
Von der Küste über die Gebirge des Atlas zum Rand der Sahara. – 4. Aufl.
– Köln: DuMont, 1980.
  (DuMont-Dokumente: DuMont-Kunst-Reiseführer)
  ISBN 3-7701-0517-6

4., erweiterte und neubearbeitete Auflage

© 1980 DuMont Buchverlag, Köln
Nachdruck verboten. Alle Rechte vorbehalten
Druck: Rasch, Bramsche
Buchbinderische Verarbeitung: Boss-Druck, Kleve

Printed in Germany   ISBN 3-7701-0517-6

Inhalt

Einleitung 7

Die Kunst der Frühzeit und des Altertums 9

Die prähistorische Felskunst 9
    Hinweis auf die wichtigsten bisher in Marokko entdeckten Felsbilder 12

Die Kunst der Phönizier und der Römer in Marokko 15
    Der geschichtliche Hintergrund 15
    Die Kunst Mauretaniens zur Zeit der Phönizier und der Römer 16
    Hinweise zum Besuch der wichtigsten Altertümer aus der Zeit der römischen
    Protektoratsherrschaft 37
        Lixus 37
        Banasa 38
        Volubilis 40
        Das archäologische Museum in Rabat 43

Die Baukunst der Berber 45

Das Volk der Berber und seine Siedlungsgebiete in Marokko 45
    Die Berber 45
    Die Landschaft 67

Die Baukunst 71

Die Straße der Kasbahs 78
    Hinweise zu den wichtigsten zugänglichen Burgenstädten 78
        Telouet 78
        Ait Benhaddou 80
        Tiffoultoute 113
        Taourirt 113
        Tamenougalt und Tamkasselt 114
        Zagora und Tamegrout 115
        Skoura 115
        El Kelaa des Mgouna 117
        Tinerhir (Tineghir) 117
        Anti-Atlas 118

Die islamische Kunst . . . 119
Geschichtliche Streiflichter zur Islamisierung Marokkos . . . 119
Die maghrebinische Architektur . . . 128
Die Moschee . . . 145
Das Minarett . . . 147
Die Medrese oder Medersa . . . 148
Der Marabut . . . 149
Die Brunnen . . . 151
Festungsmauern und Stadttore . . . 152
Die Paläste . . . 152
Das Dekor . . . 153
Der Hufeisenbogen . . . 153
Die Tropfsteinverzierung . . . 154
Das geometrische Ornament . . . 156
Die Arabeske . . . 156
Das Schriftornament . . . 158
Kleinode des Islams: Die vier Königsstädte Marokkos . . . 159
Fès, der Born der Weisheit . . . 178
Meknès, die Stadt der Mauern und Tore . . . 187
Rabat, die Stadt des Sieges . . . 191
Marrakech, die Perle des Südens . . . 196
Malerisches Marokko – Weitere sehenswerte Städte . . . 205
Tinmal . . . 205
Tetouan . . . 206
Chechaouen . . . 206
Essaouira . . . 206
Taroudannt . . . 206
Taza . . . 207
Ouezzane . . . 207
Tanger . . . 207
El Jadida . . . 207
Sati . . . 208

Praktische Reisehinweise
Von Michael Köhler . . . 209

Bildnachweis . . . 261

Register . . . 262

Einleitung

Seit zwölf Jahrhunderten gilt Marokko, das alte Mauretanien der Römer, als der westlichste Eckpfeiler des Islams. Mit Maghreb el Aksa, 'äußerster Westen', bezeichnet der Muselmane dieses Land im Gegensatz zu Maghreb el Usth oder 'mittlerer Westen', zu dem im wesentlichen das heutige Algerien gehört, während Tunesien und Tripolis von den Muselmanen mit Ifrikiya bezeichnet werden. Im weiteren Sinne gehören auch der Westsudan und Andalusien, der südliche Teil des heutigen Spaniens, zum Maghreb. In allen diesen Ländern wird ein arabischer Dialekt als maßgebende Sprache gesprochen, der früher auch in Andalusien Umgangssprache war. In der arabischen Literatur werden die drei Länder Tunesien, Algerien und Marokko oft Djesirat el Maghreb, 'Insel des Westens', genannt, denn tatsächlich werden sie von drei Meeren umschlossen: dem Atlantischen Ozean, dem Mittelmeer und dem 'Meer des Sandes', der Sahara. Aber auch kulturell bildet dieser Länderblock eine Insel, wobei das Scherifat Marokko mit dem Schutzheiligen Moulay Idriss eine Sonderstellung einnimmt.

Marokko ist ein den anderen Ländern des Maghreb gegenüber bevorzugtes Land. Seine Sonderstellung verdankt es in erster Linie dem Atlas, jenem gewaltigen Gebirgskomplex, dessen höchster Berg, der Djebel Toubkal, eine Höhe von 4165 m erreicht. Der zusammenhängende Wall des Mittleren, des Hohen und des Anti-Atlas durchzieht das Land von Südwesten nach Nordosten. Ihm ist im Norden entlang der Mittelmeerküste das reich zerklüftete Bergmassiv des Rifs vorgelagert. Der Hochgebirgsgürtel des Atlas hält die feuchten Luftströmungen, die vom Atlantik kommen, auf und schützt gleichzeitig das atlantische Tiefland, dem es nicht an Niederschlägen mangelt, vor den trockenen, aus der Sahara kommenden Wüstenwinden. Im Gegensatz zu Tunesien und Algerien verfügt Marokko auch über wirkliche Flüsse, die wiederum eine ausgedehnte Bewässerung der angrenzenden Ländereien ermöglichen.

Die Kernlandschaft Marokkos ist die weite Hochfläche, die Meseta, die zwischen dem Rif im Norden, dem Hohen Atlas im Süden und dem Atlantik eine äußerst fruchtbare Ebene bildet. Sie ist die Kornkammer Marokkos und das traditionelle Stammland der Sultane, geprägt durch die Römer und durch die Araber des frühen Mittelalters, die einst durch die Pforte von Taza zwischen dem Rif und dem Mittleren Atlas kamen und das Bled, das ebene Land, arabisierten. Hier entstanden auch die vier prächtigen Königsstädte Fès, Meknès, Rabat und Marrakech, in denen sich die islamische Kunst zu reifer Blüte entwickeln konnte.

EINLEITUNG

Marokko ist ein Land voll von Größe, Würde und Weisheit, und seine Tugend beruht in erster Linie auf der Religion des Islam. Und nicht zu Unrecht hat man dieses Land die Erde genannt, die »von den Tugenden der Heiligen duftet«, denn ihre Städte sind heilige Gründungen, in denen sich die islamische Kunst prachtvoll entwickeln konnte. Nicht fern von ihnen entstanden jene eigenartigen Burgenstädte, die Kasbahs, in denen kriegerische Berberstämme eine eigene Kultur entfalteten.

So zeichnen sich am geschichtlichen Horizont Marokkos deutlich drei Kulturkreise ab: die Zeit der karthagisch-römischen Besiedlung, das Berbertum und der islamische Kulturkreis. Den künstlerischen Zeugen dieser drei Kulturkreise wollen wir nachgehen. Zum besseren Verstehen jener mannigfachen Kunstströmungen des Maghreb el Aksa mögen diese Zeilen vor allem demjenigen dienen, der dieses schöne und interessante Land besuchen will. In Marokko stehen heute dem Fremden alle Türen und Tore offen; mit Ausnahme einiger militärischer Sperrgebiete im Süden kann er reisen, wohin er will. Nur die Moscheen bleiben dem Nichtmohammedaner verschlossen. Auf vorzüglichen Straßen, die einen Vergleich mit den besten Autostraßen Europas erlauben, gelangt er in die entlegensten Winkel des Landes. Überall wird er überrascht sein von der Schönheit und Eigenart der Landschaft, der Städte und Siedlungen des Bled, der gewaltigen Bergwelt des Atlas und der Oasen am Rande der Sahara, vor allem aber auch von dem Reichtum seiner Kunst, deren Zeugen er auf Schritt und Tritt begegnet.

Die Kunst der Frühzeit und des Altertums

Die prähistorische Felskunst

                        Paläolithikum oder Alt-Steinzeit   600 000–10 000 v. Chr.
                        Mesolithikum (Mittel-Steinzeit) und Proto-Neolithikum
                        10 000–5 000 v. Chr.
                        Neolithikum oder Jung-Steinzeit   5 000–1 800 v. Chr.

Wenn wir von der Frühzeit der Menschheit sprechen, so rechnen wir diese Zeit geologisch zum sogenannten Alluvium oder Holozän, das sich unmittelbar an die Eiszeit, an das Diluvium oder Pleistozän anschließt und geologisch gesehen bis in die Gegenwart reicht. Das Diluvium und das Alluvium rechnen wir zum Quartär, dem wiederum drei erdgeschichtliche Perioden vorangegangen sind. Das Diluvium ist vermutlich mehrmals von Zwischeneiszeiten unterbrochen worden. Die Frist von 600 000 Jahren, die die Geologen dem Diluvium geben, ist noch umstritten. Archäologisch entspricht das Diluvium dem Paläolithikum, der Alt-Steinzeit, die in eine ältere, mittlere und jüngere Periode unterteilt wird. Das Alluvium entspricht archäologisch dem Mesolithikum, dem Neolithikum und der Bronze- und Eisenzeit. Diese archäologische Gliederung erfolgte nach dem Material, das der Mensch zur Herstellung seines Hausrates und seiner Waffen verwendete. Es ist aber nicht gesagt, daß die Geschichte der Menschheit wirklich erst mit dem Paläolithikum begann. Überreste menschlicher Skelette wurden in Afrika, das manche Wissenschaftler überhaupt als Wiege der Menschheit betrachten, aus viel früheren Zeiten gefunden. Das Alter des tansanischen Oldoway-Menschen wird auf 2 Millionen Jahre geschätzt, und erst kürzlich entdeckte Prof. Clark Howell in der Nähe des Rudolf-Sees in Äthiopien Skeletteile, deren geologische Altersbestimmung 4 Millionen Jahre beträgt.

'Kulturfähig' war der Mensch in Afrika jedoch erst vor 600 000 Jahren, wie die Funde eines urtümlichen Schädels zusammen mit Steinwerkzeugen und zertrümmerten Tierknochen beweisen, die ebenfalls in der Oldoway-Schlucht gefunden wurden. In Nordafrika läßt sich anhand archäologischer Funde die Existenz einer höher entwickelten, also einer dem *homo sapiens* zugehörigen Rasse bis in das Jung-Paläolithikum verfolgen. Und damit beginnt auch die eigentliche Geschichte des Maghreb. Zu jener Zeit, nämlich vor etwa 40 000 Jahren, hatte sich der Mensch, der echte *homo sapiens*, von Afrika bis Asien und von dort bis Europa durchgesetzt.

DIE PRÄHISTORISCHE FELSKUNST

1 Felsmalerei aus Oukaïmeden

Die Funde aus dem Alt-und Mittel-Paläolithikum sind in Nordafrika noch recht spärlich. An der klassischen Einteilung in Chelléen, Acheuléen und Moustérien, die gewisse leitende Typen, nicht aber Rassen nach unseren Begriffen kennzeichnen sollen, wird weiterhin festgehalten. In den Steinbrüchen von Sidi Abd er Rahman bei Casablanca und auch in der Nähe von Rabat und Tanger wurden geringe Funde gemacht, die jenen Perioden angehören sollen. Zahlreicher sind schon die Funde aus dem maghrebinischen Jung-Paläolithikum.

Mit dem Beginn dieser Periode tritt ein neuer Menschentyp auf – von Rassen in unserem Sinne kann man auch jetzt noch nicht sprechen –, der zu den Crô-Magnon-Menschen gehört. Er hat den Neandertaler abgelöst und wird als echter *homo sapiens* für den Urheber der prähistorischen Felskunst gehalten. Auf jeden Fall hat er sie in hohem Maße mitgeschaffen, sicherlich auch in Nordafrika. Die Frage aber, ob der Crô-Magnon-Mensch wirklich der alleinige Schöpfer der nordafrikanischen Felszeichnungen gewesen ist, steht noch offen.

Weitere Funde stammen vom Ende des Jung-Paläolithikums und aus dem Mesolithikum, der Mittel-Steinzeit.

Hier kann man deutlich zwei große Zivilisationsstufen erkennen: das Capsien, das nach dem lateinischen Capsa, dem heutigen Gafsa in Tunesien, seinen Namen erhielt, und das Mouillien, das nach der wichtigsten Fundstätte Mouillah bei Marnia an der algerisch-marokkanischen Grenze benannt wurde. Beide Zivilisationen hat man in den Zeitraum zwischen 10000 und 5000 v. Chr. eingereiht. In manchen Teilen Nordafrikas hat sich das Mesolithikum bis über den Beginn der Jung-Steinzeit, des Neolithikum hinaus verlängert. Diese Übergangsphase wird als Proto-Neolithikum bezeichnet.

Aus der Sahara wird von Felsbildern schon um die Mitte des 19. Jahrhunderts berichtet. Heinrich Barth entdeckte sie auf seiner berühmten Reise von Tripolis über Fezzan nach dem Tschad. Er schreibt sie allerdings, wie auch andere Forscher nach ihm, der karthagischen Epoche zu. Th. Monod, der im westlichen Hoggar zahlreiche Felsgravierungen untersuchte, konnte nachweisen, daß sich von hier aus in vorgeschichtlichen Zeiten die Felskunst in westlicher Richtung bis nach Marokko und nach Osten zu bis Oberägypten und dem Sudan ausbreitete. Diesem Deutungsversuch stehen allerdings andere Meinungen gegenüber. Der Italiener Graziosi, ebenfalls ein großer Kenner afrikanischer Felskunst, schreibt die nordafrikanischen Felsbilder einer schwarzen Bevölkerung libysch-berberischer Herkunft zu, da ähnliche Bilder bis nach Tibesti und bis zum Niger auftreten.

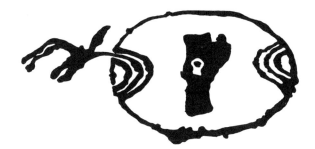

2 Felsmalerei aus Oukaïmeden

Henri Lhote, einer der besten Kenner nordafrikanischer Felskunst, der ein viel weiteres Feld als Monod überblickt, konnte nachweisen, daß in prähistorischen Zeiten von Nordafrika bis nach Südafrika uralte Wege existierten, und in den Irrgärten eines toten, schweigenden Felsengewirrs, das aus einem weiten Meer des Sandes südlich von Benghasi herausragt, entdeckte er in den Jahren 1956 und 1957 das »größte Museum vorgeschichtlicher Kunst«. Tassili n-Ajjer heißt diese Stätte, von der Henri Lhote annimmt, daß sie noch 8000 Jahre vor unserer Zeitrechnung belebt gewesen sein muß.

Wenn in Afrika wirklich die Wiege der Menschheit gestanden hat, wie vielfach angenommen wird, hat es hier auch die 'ersten Werkstätten von Künstlern' gegeben. Die Felsbilder von Menschen und Tieren in naturalistischen, oft aber auch in ganz abstrakt wirkenden Darstellungen können wir als die frühesten Kunstwerke bezeichnen.

Der den afrikanischen Felsbildern innewohnende Symbolismus und der betonte Glaube an die Beseeltheit der Natur zeigen, wie Monod und Lhote hervorheben, die Verwandtschaft der Felsmalereien mit der Negerkunst.

Die vielseitige Technik der Felsgravierungen, wie wir sie auch in Marokko antreffen, kann dazu beitragen, ihr Alter zu bestimmen. Henri Lhote meint: »Die Techniken des Schleifens und Punzens sind in mehreren Epochen von Künstlern verschiedener Stilrichtungen angewandt worden, doch kann man leicht feststellen, daß die älteren die besseren Arbeiten sind und daß ein fortschreitender Verfall dieser Kunst stattfand ... Somit wäre die technische Qualität zugleich ein Maßstab für das Alter einer Arbeit.«

Zu der letzten Stufe der Vorgeschichte gehören die Felszeichnungen in Marokko (Abb. 2, 3) und der Kromlech (Steinkreis) nordöstlich von Larache.

Der Kromlech von Msoura liegt bei dem Dorf Souk-Tnine-de-Sidi-el Yamani an der Straße von Larache nach Tetouan. Etwa 200 aufgerichtete Steine, die bis zu 6 m hoch sind, bilden einen Kreis von 55 m Durchmesser (Abb. 4). Ein Modell dieser Anlage ist im Archäologischen Museum von Tetouan ausgestellt. Ein zweiter, kleinerer Kromlech befindet sich in dem Dorf Sidi Harazem in der Nähe von Fès.

Zweifellos kannte auch der Urbewohner Marokkos die großen, heute nur noch im tropischen Afrika lebenden Säugetiere, Giraffen, Elefanten, Rhinozerosse und Flußpferde, die es vor der großen Austrocknung Afrikas hier gegeben hat. Es wird sogar berichtet, daß Elefanten noch bis ins 7. Jahrhundert n. Chr. zu beiden Seiten des Atlas gelebt haben.

DIE PRÄHISTORISCHE FELSKUNST

3 Felsmalerei aus Oukaïmeden

In Afrika hat sich die Felskunst länger erhalten als in Europa. Das liegt vor allem daran, daß jene berberischen, maurischen oder negroiden Stämme zum Teil noch bis in unsere Zeit hinein isoliert leben konnten. Aber auch hier verschwindet allmählich die echte Felsbildkunst. Noch immer kritzeln die Menschen der Wüste bei der Rast während ihrer Kamelritte Bilder an die Felswände, doch besitzen diese bei weitem nicht die Ausdruckskraft, wie sie die prähistorische Kunst jener unbekannten Jäger- und Hirtenvölker auszustrahlen vermag.

Wie kommt es nun, daß eine Kunst, die sich über Jahrtausende hinweg ungebrochen erhalten hat, an Kraft verliert und degeneriert? Der Hauptgrund besteht wohl darin, daß die uralten magischen Vorstellungen, die jene prähistorischen Völker zweifellos besessen haben, verloren gegangen sind.

So brachte eine neue Epoche zunächst wohl nur in der Form und in der Technik der Steinbearbeitung gewisse Änderungen hervor, aber das Interesse an dieser magischen Felsbildkunst, die über viele Generationen hinweg gedauert hat, verlor sich immer mehr. Die Ausdruckskraft jener prähistorischen Kunst verschwand spurlos, sie konnte sich den Umwälzungen sozialer und ökonomischer Art, die die neue Zeit herbeibrachte, nicht anpassen. Das gilt nicht allein für die Felsbildkunst, sondern vor allem auch für die künstlerische Gestaltung ihrer Gebrauchsgegenstände, unter denen es zauberhaft schöne Dinge gegeben hat. Und heute ist die Zivilisation des 20. Jahrhunderts längst bis an den Rand des großen Sandmeeres vorgedrungen. Die alte Ordnung versinkt und mit ihr die großartige Kunst der Sahara.

Hinweis auf die wichtigsten bisher in Marokko entdeckten Felsbilder

Am leichtesten zu erreichen sind die prähistorischen Felsgravierungen von Oukaïmeden im Hohen Atlas, einem beliebten Wintersportgebiet, 77 km von Marrakech entfernt.

Die prähistorischen Felsgravierungen befinden sich in unmittelbarer Nähe des 'Refuge du Service de la Jeunesse et des Sports'. Auch etwa 300 m unterhalb des ersten Skilifts befinden sich ähnliche Gravierungen. Sie sind gepunzt und stellen geometrische Figuren, Waffen oder Werkzeuge oder auch Menschen und Tiere dar. Häufig sind Faustkeile abgebildet.

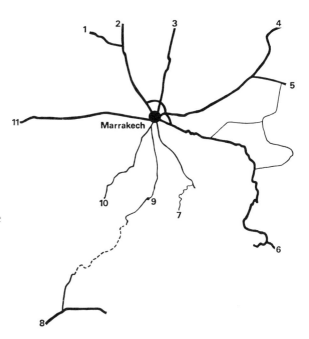

4 Umgebung von Marrakech

1 nach Safi
2 nach El Jadida
3 nach Casablanca und Rabat
4 nach Meknès und Fès
5 nach Demnate
6 nach Ouarzazate
7 Oukaïmeden
8 nach Agadir
9 Asni
10 Amizmiz
11 nach Essaouira

In derselben Berggegend des Hohen Atlas, am Djebel Yagour, befinden sich ebenfalls zahlreiche, noch eindrucksvollere Felszeichnungen, sie sind aber nur auf beschwerlichen Saumpfaden zu erreichen, und ein Ausflug dorthin erfordert schon eine kleine Expedition, die nur unter ortskundiger Führung unternommen werden sollte. Der Saumpfad beginnt beim Kilometer 56 an der Straße von Marrakech ins Ourika-Tal. Bei diesem Unternehmen, zu dem man mindestens zwei Tage braucht, gelangt man über das Zat-Tal und über die Ouarzazate-Straße zurück nach Marrakech. Der erste prähistorische Fundort befindet sich westlich vom Tizi n'ghellis, dem Paß, der die Wasserscheide zwischen dem Oued Ourika und dem Oued Zat bildet; er wird Lalla Mina Hammou genannt.

Auf einem Hochtal, Aougdal n'Ouagouns genannt, etwa auf halbem Wege zwischen dem Ourika- und dem Zat-Tal, stoßen wir wieder auf Felszeichnungen an rosafarbenen Sandsteinblöcken, unter denen sich auch Darstellungen von zwei Elefanten befinden. Weiter östlich am Talat n'Iisk erreichen wir dann eine ganze Reihe von Felsbildern, die A. Jodin für die interessantesten in diesem Teil des Atlas hält. Zu betonen wäre, daß praktisch sämtliche Sandsteintafeln des Djebel Yagour, die Felszeichnungen aufweisen, an den Sonnenseiten, den Adrets, und nicht an den feuchten Schattenseiten der Hänge liegen.

Diese Hochtäler des Atlas dienten seit Urzeiten dem Menschen als Unterschlupf (Abb. 1). Noch findet man hier und dort bis in Höhen über 3000 m terrassenförmig gefestigten Boden, dessen Erträge einer genügsamen Bevölkerung karge Ernten ermöglichen.

DIE PRÄHISTORISCHE FELSKUNST

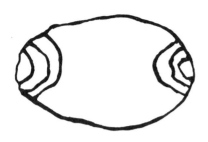 

5 Felsmalerei aus Oukaïmeden

Auch an Hängen der nach Süden sich erstreckenden Ausläufer des Anti-Atlas wurden Felszeichnungen entdeckt. Elefanten-, Vogel- und Antilopenbilder schmücken die Hügel an der Niederung von Kheneg Tafagount, die auf der gegenüberliegenden Seite des Oued Dra liegt. Dieser Platz ist auf einer Piste zu erreichen, die von Akka aus zur Transsahara-Fährte in Richtung Tindouf – Dakar führt.

Zahlreicher sind die Felszeichnungen in der Gegend zwischen Foum el Hassan und Tizgui el Haratine. Die prähistorische Stätte von Tizgui wurde schon 1880 von Oskar Lenz aufgesucht und beschrieben. Schwer zu finden und schwer zu erreichen sind die Felszeichnungen von Foum el Hassan am rechten Ufer des Oued Tamanart und am linken Ufer des Oued Tasseft. Sie gelten aber als die umfangreichsten und schönsten Felszeichnungen Marokkos. Eine weitere Gruppe von den insgesamt über hundert Zeichnungen befindet sich am Djebel Bani. Sie stellen allerlei Tiere, darunter Giraffen, Elefanten und Rhinozerosse, auch zweirädrige, sogenannte 'libysche Wagen', dar und wurden von zwei mutigen Forscherinnen, O. du Puigaudeau und M. Sénones, entdeckt. Weitere Felsbilder wurden 8 km östlich von Assa, einer 80 km südwestlich von Foum el Hassan liegenden Oase, entdeckt.

Auch 4 km südlich des Foum Tangarfa, eines Durchbruchs des Oued Dra durch den Djebel Bani, gibt es eine Gruppe von Felszeichnungen. Den Foum Tangarfa erreicht man über die zwischen Tissint und Mrimina abzweigende Piste 7086.

6 Felsmalerei aus Oukaïmeden

Die Kunst der Phönizier und der Römer in Marokko

Beginn der phönizischen Kolonisierung um 1200 v. Chr.
Mauretanien unter römischem Protektorat vom 1. Jh. bis zum frühen 5. Jh. n. Chr.

Der geschichtliche Hintergrund

Gegen Ende des 11. vorchristlichen Jahrhunderts trat Marokko in das Zeitalter der Antike, als semitische Seefahrer aus Syrien, die wir Phönizier oder Punier nennen, an den Küsten Marokkos landeten. Erst 18 Jahrhunderte später nahm diese Ära ein Ende, als Nordafrika durch die Araber islamisiert wurde und damit seine heutige Prägung erhielt. Einen Wendepunkt erlebte die Kulturgeschichte im Maghreb, als die Römer nach der Zerstörung Karthagos im Jahre 146 v. Chr. Marokko und den anderen maghrebinischen Ländern ihren Stempel aufdrückten. Im 5. Jahrhundert besetzte der Wandalenkönig Geiserich Tanger und Ceuta. Auch die byzantinischen Kaiser des Oströmischen Reiches hielten nur Tanger und Ceuta besetzt. Im Jahre 476 war dann der Zerfall des Weströmischen Reiches besiegelt.

Die Phönizier waren nur eine kurze Zeit lang im 3. Jahrhundert n. Chr. die politischen Herren des Landes, sie kamen aber über die Hafenstädte kaum hinaus. Im Atlas saßen Berberstämme, die sich zu selbständigen Fürstentümern zusammengeschlossen hatten, und weiter im Innern lebten räuberische Nomaden. Die Phönizier verließen schon im 11. Jahrhundert v. Chr. Tyros, ihr Zentrum in Vorderasien, südlich von Beirut gelegen. Ihre erste Gründung in Marokko, die unter dem Schutz ihres Nationalgottes Melkart stand, befand sich in der Nähe des heutigen Larache am rechten Ufer des Oued Loukkos, eines Flusses, dessen Wasser sich in den Atlantischen Ozean ergießen. Sie nannten die Siedlung Liks, ein berberisches Wort. Bei den Römern, die später den Platz besetzten, hieß sie Lixus (Abb. 5 ff.; Fig. 8). In den alten Berichten werden die karthagischen Kolonien in Marokko mit 'libyphönizisch' bezeichnet, obwohl man wörtlich genommen eigentlich nur die Gründungen der Phönizier in Libyen darunter verstehen sollte. Besser bezeichnen wir heute die Siedlungen, die phönizische Auswanderer in Marokko gegründet haben, mit karthagisch, da Karthago bald nach seiner Gründung im Jahre 814 v. Chr. die Stelle des Mutterlandes einnahm. Wann die anderen karthagischen Siedlungen wie Rusaddir (Melilla), Chella (bei Rabat), Rusibis (Mazagan) oder Tingis (Tanger), das in dem berühmten Reisebericht von Hanno aus dem 4. Jahrhundert v. Chr. erwähnt wird, gegründet wurden, wissen wir nicht.

DIE KUNST DER PHÖNIZIER UND DER RÖMER IN MAROKKO

Auch über die Geschichte des Königreiches Mauretanien, das vielleicht schon im 4. Jahrhundert v. Chr. gegründet wurde, sind unsere Kenntnisse recht spärlich. Es entstand nach dem Zusammenschluß mehrerer Berberstämme, die noch zur karthagischen Zeit ihre Selbständigkeit bewahrt hatten. Die mauretanischen Königreiche entwickelten sich im Innern des Landes unter römischer Hegemonie, die inzwischen im 2. Jahrhundert v. Chr. die punische abgelöst hatte. Erst am Ende der vorchristlichen Ära bemühte sich Kaiser Augustus um Marokko. Er romanisierte Westmauretanien, das von nun an Mauretania Tingitana hieß, im Gegensatz zu Mauretania Caesariensis, dem Gebiet zwischen Oran und Algier (s. Fig. 7), und übergab die Verwaltung dem Berberkönig Yuba II., dessen Sohn Ptolemäus später von den Schergen des Caligula ermordet wurde. Tingis erhielt römisches Stadtrecht, und neue Stützpunkte wie Babaa Campestris am oberen Loukkos und Banasa am Oued Sebou wurden gegründet.

In einem gleichmäßigen Wachstum war der römische Kaiserstaat wie ein mächtiger Ring um das Mittelmeer herum entstanden. In der Mitte lag Rom, der historische Kern; von hier aus wurde das Ganze zusammengehalten. Die mauretanischen Niederlassungen wurden von den Römern stark ausgebeutet: sie mußten Tribut zahlen und Soldaten stellen, Fische, Öl, Sklaven und vor allem Getreide liefern, denn Westmauretanien entwickelte sich damals schon zu einer reichen Kornkammer. Landwirtschaft und Handel standen in voller Blüte, und alle Erträge gelangten auf dem Seewege zum Mutterland.

Über das Ende der römischen Herrschaft in Marokko, die wahrscheinlich schon gegen Ende des 3. Jahrhunderts n. Chr. an Macht verlor, ist wenig bekannt. Der Zerfall begann im Innern des Landes und erreichte gegen Ende des 5. Jahrhunderts dann auch Tingis, das letzte römische Bollwerk im westlichen Afrika. Doch die berberische Bevölkerung, die sich im Laufe der Zeit in den Niederungen zwischen Atlantik und Atlas mit den römischen Kolonisten gemischt hatte, bewahrte auch weiterhin die Zivilisation, die ihnen die Römer gebracht hatten.

Die Kunst Mauretaniens zur Zeit der Phönizier und der Römer

Die Phönizier gingen als große Seefahrer in die Geschichte ein, doch nicht als große Künstler, und die Karthager genossen den zweifelhaften Ruhm, besonders grausam gewesen zu sein. Man denke nur an die unzähligen Kindesopfer für die Muttergöttin Tanit; in Tausenden von Tongefäßen wurden in Salambo die Gebeine jener unglücklichen Opfer gefunden. Daß sich später die Römer ebenfalls zu unwahrscheinlicher Grausamkeit haben hinreißen lassen, zeigt, daß die neuen Herren des römischen Weltreiches nicht weniger unnachsichtig waren als ihre besiegten Feinde, die Karthager. Allein im Kolosseum von El Djem in Tunesien, das 60000 Zuschauer faßte, wurden immer wieder bei den Christenverfolgungen Hunderte von Bären und Löwen vor aller Augen auf wehrlose Menschen

1 Bei den Herkules-Höhlen, die schon in prähistorischer Zeit bewohnt waren ▷

3 Felszeichnungen zwischen Assa und dem Oued Dra nordöstlich von Goulimine

2 Prähistorische Felszeichnung beim Kheneg Tafagount. Höhe von Kopf bis Fuß 1 m

4 Der Steinkreis (Kromlech) von Msoura bei Larache. Er umgibt einen Hügel (Grabhügel?) von 55 m Durchmesser

5, 6 Reste des Amphitheaters und der Thermen von Lixus nahe der Loukkos-Mündung

7 Baureste auf der Akropolis von Lixus, heute Tchemnich-Hügel genannt

8 Kopf des Poseidon auf einem Mosaikfußboden in Lixus

9 Ruinen der Nord-Thermen von Volubilis aus dem späten 2. Jh. n. Chr.

10 Ölmühle in Volubilis

11 In Volubilis finden sich auch die für die römische Architektur so charakteristischen Pfeilerarkaden

12 Haus des Orpheus in Volubilis

◁ 13 Römische Bildhauer schufen Marmorskulpturen nach griechischen Vorbildern zur Ausschmückung der Privathäuser

14, 15 Seit Beginn der Römerzüge war Volubilis Hauptstadt Mauretaniens. Bei den Kämpfen gegen Aedaemon teilweise zerstört, unter Claudius als römisches Municipium wiederaufgebaut, erlebte Volubilis unter den Antoninern und Severern seine Blütezeit. In dieser Zeit, im 3. Jh., entstand wahrscheinlich das Relief mit den Kriegsfiguren in graphischer, fast ornamentaler Stilisierung

16, 17 Mosaikfußböden aus dem Haus des Orpheus

18 Mosaikfußboden aus dem Haus des Desultors, des Athleten

19 Darstellung von Seetieren im Atrium des Orpheus-Hauses

21 Ait Benhaddou, Festungsdorf (Ksar) mit mehreren Kasbahs ▷

20 Kasbah-Dorf im Dra-Tal

23 Die Todhga-Schlucht im Hohen Atlas bei Tineghir

◁ 22 Eine Reihe von Kasbahs im Tal des Dra

losgelassen. Aber für solche Grausamkeiten machte zum Beispiel Charles Picard in gleichem Maße die einheimische karthagische Bevölkerung verantwortlich, denn »Baal und Tanit hätten sonst die fürchterlichsten Plagen über die Gottlosen geschickt, die sie um ihren Tribut an Menschenblut betrogen«.

In ihren künstlerischen Äußerungen waren die Karthager von geringer Originalität. Zu allem, was sie in der bildenden Kunst hervorbrachten, benutzten sie Vorbilder aus Griechenland oder Ägypten. Charles Picard geht vielleicht etwas zu weit, wenn er sagt, »die Sammlungen, deren einzelne Gegenstände aus allen Sozialschichten und aus allen Epochen Karthagos stammen, machen die Unfruchtbarkeit seiner Kultur in höchstem Maße deutlich. Mit wenigen Ausnahmen zeigt es sich, daß alle wertvollen Gegenstände importiert und alle in Karthago selbst erzeugten von mittelmäßiger Qualität sind«.

Auch in Marokko können wir bei den wenigen Resten punischer Kunst den karthagischen Nachahmungstrieb feststellen. Wie in Ägypten sind die unterirdischen Gewölbe der Grüfte aus großen Steinblöcken ohne Mörtel zusammengefügt und teilweise mit einer dünnen Stuckschicht überzogen. Die Ornamente, die anfänglich aus magischen Vorstellungen heraus entstanden, verloren bald ihren Sinn und verkümmerten. In Karthago selbst erscheint anfänglich an den Friesen der Miniaturtempel die geflügelte Scheibe als Sinnbild des ägyptischen Reichsgottes Amun Re, aber auch dieses Motiv verschwindet bald. In der Bildhauerei dagegen hielten sich die Künstler an griechische Vorbilder.

Auch die Römer nahmen die griechische Kunst anfangs mit offenen Armen auf. Sie ahmten nicht nur nach, sondern sie sammelten sie auch, so daß man sagen kann, sie waren die geborenen Antiquare. Mit teuer bezahlten Originalen oder billigen Kopien schmückten sie öffentliche Gebäude und Privathäuser. Das gilt nicht nur für das Mutterland, sondern auch für die afrikanischen Kolonien. Aber gerade die Sammelleidenschaft der Römer kam wieder indirekt dem Kunstschaffen zugute, denn der Bedarf an Kunstwerken wuchs allmählich ins Unermeßliche. Der Römer war es von Hause aus gewöhnt, sein Haus mit Bronzen und marmornen Skulpturen auszuschmücken und kostbare Steinmetzarbeiten für die Grabaltäre und Sarkophage zu bestellen. Dasselbe galt auch für die öffentlichen Bauten. Die Tempel, öffentlichen Bäder und Triumphbögen verlangten kostbare Ausschmückungen. Und was für Rom galt, galt auch für die Kolonien.

Die antiken Plastiken aus Marmor oder Bronze, die in Nordafrika gefunden wurden, kann man in drei Gruppen einteilen. Die erste Gruppe umfaßt Kopien berühmter griechischer Skulpturen, die hauptsächlich Mänaden, Satyrn und Epheben darstellen, ferner Kleinstatuen der Venus Anadyomene, eines jugendlichen Äskulap und der Laren-Gottheiten, der Beschützer des römischen Heims. Zu dieser Gruppe gehören einige zum Teil sehr schöne Bronzefiguren, die in Volubilis (s. Fig. 11), Banasa und Thamusida gefunden wurden: der *Einschenkende Dionysos*, eine römische Nachbildung eines dem griechischen Bildhauer Praxiteles zugeschriebenen Werkes, und die prachtvolle Statue eines *Epheben zu Pferde*, ebenfalls eine römische Nachbildung eines archaisierenden griechischen Originals, und zahlreiche kleinere Bronzearbeiten, die sich alle im archäologischen Museum in Rabat befinden.

DIE KUNST DER PHÖNIZIER UND DER RÖMER IN MAROKKO

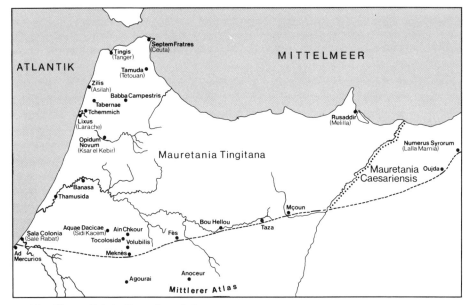

7 Marokko zur Zeit der Römerherrschaft

Zur zweiten Gruppe gehören die Porträtplastiken römischer Kaiser und Prokuratoren. Zu ihr gehört die prachtvolle *Büste des maurischen Königs Yuba II.*, die in Volubilis gefunden wurde. Auch von Ptolemäus, der seinem Vater Yuba II. als König von Mauretanien auf den Thron folgte und der später jenem mörderischen Anschlag Caligulas zum Opfer fiel, existiert eine schöne Bronzebüste. Zu den Meisterwerken mauretanischer Kunst gehört noch jener Bronzekopf aus dem 1. nachchristlichen Jahrhundert, der laut seiner versilberten Signatur *Cato Uticensis*, den erbitterten Gegner Cäsars, darstellen soll. Sie wurde ebenso wie die *Büste eines jugendlichen Mannes,* dessen Diadem seinen königlichen Rang verrät, 1944 in Volubilis gefunden.

Zur dritten Gruppe der bildhauerischen Werke gehören die Triumphbögen und die reliefgeschmückten Gedenksteine. Der Inhalt ihrer Inschriften bezieht sich entweder auf ein ganz bestimmtes historisches Ereignis oder verherrlicht Herrscher und hochgestellte Persönlichkeiten. Derartige Gedenksteine treffen wir an allen bedeutenden historischen Plätzen aus der Römerzeit in Marokko. Die Inschriften sind nicht immer leicht zu deuten. Da man auf engem Raum möglichst viel Text unterbringen wollte, sind viele Wörter nur in Abkürzungen eingemeißelt. Zu diesen komplizierten Inschriften gehört auch die Dedikation am Piedestal eines Denkmals für Marcus Sulpicius Felix in Chella (Sala), dessen Statue verschwunden ist. Sulpicius Felix lebte unter dem römischen Kaiser Antoninus Pius (138–161 n. Chr.). Wörtlich heißt es im Text mit den Ergänzungen einzelner Wörter:

M(arco) Sulpicio, M(arci), lib(eratori) et patr(ono),... amici ob adfect(ionem) munic(ipii) Sal(ensium) et innocentiam d(e)d(icaverunt) decretumq(ue) ordinis subiecerunt.
Das bedeutet:
Dem Marcus Sulpicius, Sohn des Marcus, wohnhaft in Rom, Mitglied des Tribus Quirina, dessen Befreier und Patron er ist... haben seine Freunde auf Grund seiner Zuneigung und seiner Verdienste für das Municipium von Sala diese Statue gewidmet und hier aufgestellt auf Grund eines Dekretes.

In die dritte Gruppe gehört auch das dekorative Relief, wie wir es an Votiv-Stelen und -Altären antreffen, das meist jedoch ziemlich roh ausgeführt ist. Aus rein dekorativen Reliefs bestehen die Akroterien, die Bekrönungen von Ecken, Firsten und Säulen in Form von Ranken oder Palmetten.

In den nordafrikanischen Kolonien entwickelte sich die Kunst, mit geringen Abweichungen, in ähnlicher Weise wie im römischen Mutterland. Besonderen Wert legte man an beiden Seiten des Mittelmeeres auf die Ausschmückung der öffentlichen Gebäude und der privaten Behausungen reicher, vornehmer Bürger (Abb. 13). Zu den wichtigsten Gebäuden zählten die Thermen, die öffentlichen Bäder, die in keiner Stadt fehlen durften (Abb. 6, 9). Zu jener Zeit rückte in Rom Caracalla den Thermenbau als Zeichen eines neuen Bauwillens in den Vordergrund, denn die Zeit der großen römischen Tempelbauten war beendet. Jetzt kam es den Baumeistern darauf an, die Natur möglichst genau nachzuahmen und ihre Bauten dort zu errichten, wo sie sich der Schönheit der Landschaft anpaßten.

Volubilis zum Beispiel liegt gebieterisch auf einem Plateau; schon die Lage verleitete die Baumeister, so zu bauen, daß der Blick durch die Öffnungen der Säulenhallen auf die Landschaft mit den zartgeschwungenen Konturen der Berge und die davorliegenden Täler fällt (Abb. 14, 15).

Über den Glanz römischer Wohnkultur in Nordafrika berichtet Lucius Apuleius, der, 125 n. Chr. in Madaura in Algerien geboren, zu den originellsten Schriftstellern seiner Epoche zählt. In seinem Hauptwerk ›Metamorphosen oder Der goldene Esel‹ schildert er die 'Lustwohnung eines Gottes' und veranschaulicht treffend den Glanz eines nordafrikanischen Kolonialhauses:

»Die Decke ist künstlich gewölbt, mit Elfenbein und Zitronenholz eingelegt und von goldenen Säulen unterstützt. Getriebene Arbeit von Silber überdeckt alle Wände... Der Fußboden prangt mit den köstlichsten Steinen, kleingeschnitten und von verschiedenen Farben, so meisterlich zusammengestellt, daß sie die vortrefflichsten Gemälde bilden. Oh, zwei- und mehrmals glücklich diejenigen, die das Gold und die Edelsteine mit Füßen treten...«

Der 'malerische Realismus' erreicht in Afrika seinen Höhepunkt unter der Römerherrschaft zur Zeit jenes genialen Dichters Apuleius, unter der Regierung des Antoninus. Die dichterische Phantasie, die seine Werke so berühmt gemacht hat, entfaltete sich auch im Bilde. Da jedoch nur unbedeutende Reste von Wandmalereien erhalten geblieben sind, bleiben uns als Beispiele der bildhaften Kunst die Mosaiken, mit denen die Fußböden von öffentlichen Gebäuden, von Thermen, Gräbern und Privathäusern oft aufs reichste ausgestattet waren (Abb. 7, 12, 16, 17–19).

Die Kunst des Mosaiklegens hatten schon die Punier von den Griechen übernommen. Sie begannen damit, daß man kleine Marmorstückchen verschiedener Tönungen in eine Zementunterlage einließ, zunächst noch im Schwarz-Weiß-Stil. Auch in Rom herrschte diese Technik noch im ganzen 2. Jahrhundert n. Chr. vor. Man vermutet sogar, daß die Mosaiklegekunst, die sogenannte *pavimenta punica*, erst von Afrika nach dem Rom des alten Cato gelangte. Erst später entwickelte sich in Rom eine Schule, die das vielfarbige Mosaik bevorzugte, das viel früher schon in Nordafrika gepflegt wurde, während die alte Schule dem Schwarz-Weiß-Stil treu blieb.

Die Mosaikarbeiten in Mauretania Tingitana beginnen im 1. Jahrhundert n. Chr. Zunächst herrschen geometrische Muster vor, aber bald kommen die Künstler den Wünschen des reichen Bürgertums, das immer mehr auf prunkhafte Ausschmückung seiner Villen drängte, entgegen. Pflanzenmotive lösen die geometrischen ab. Aber nicht mehr das Ornament allein genügt den Künstlern. Das Figürliche tritt jetzt in den Vordergrund; hauptsächlich dramatische Episoden aus der Mythologie werden dargestellt, und gerade hierin erreicht der malerische Realismus zur Zeit des Apuleius seinen Höhepunkt. In ungezwungener Weise wird versucht, die Malerei nachzuahmen. Und tatsächlich, es gelingt den Künstlern, durch die richtige Anordnung der Farbtöne, abgesehen vom zeichnerischen Effekt, Mosaikbilder von großer Ausdruckskraft zu schaffen. Pflanzenmotive kamen schon zur Zeit Hadrians (117–138 n. Chr.) auf. Zusammen mit Blumen und Blattgeflechten bilden sie nun die Umrahmung der Figuren. Daneben aber blieben die geometrischen Motive bestehen. Dieser neue überladene Stil entwickelte sich dann, sicherlich nicht ohne Einfluß der Tätigkeit des Apuleius, der den einzelnen Künsten eine eigene Ästhetik verlieh, zu einem afrikanischen Barock. Wir können diese Stilrichtung bei den Arbeiten des ganzen 3. Jahrhunderts verfolgen, doch wird das thematische Gerüst allmählich ärmer. Immer wieder kommen die Künstler auf bestimmte Themen zurück: Apollo und die Musen, der Triumph des Dionysos und vor allem Meeresszenen mit der oft sehr reizvollen Darstellung von Fischen und allerlei Seegetier werden bevorzugt. Aber auch atropäische Motive schleichen sich ein: symbolische Zeichen, die das Haus vor Unglück bewahren sollen.

Die unsicheren Zeiten, die in der zweiten Hälfte des 3. nachchristlichen Jahrhunderts eintraten, machten sich auch in der Kunst bemerkbar. Das technische Können nimmt allmählich ab, es erlebt erst in der Epoche der Tetrarchie einen neuen Aufschwung. Zusammenfassend können wir feststellen, daß zwischen der Regierungszeit Marc Aurels (161–180) und des Septimius Severus (193–211) eine schnelle Abfolge der Stile eintrat, die besonders in der Mosaiklegekunst zum Ausdruck kam. So verschieden auch die einzelnen Stilrichtungen zu bewerten sind, man kann keineswegs von Dekadenz sprechen. Begonnen hat die Kunst des Mosaiklegens noch nach überkommenen Gesetzen. Der zweite Stil erscheint zwar regellos und verworren, er ist jedoch von einem »sehr eigenen barocken Elan beseelt«, wie Charles Picard meint, der zusammenfassend die Mosaiklegekunst Nordafrikas zur Römerzeit folgendermaßen charakterisiert:

»Afrika hat Rom zumindest zurückgegeben, was es erhalten hat, und es hat sich fähig gezeigt, das Übernommene in einer Weise fruchtbar zu machen, die weder griechisch noch die der hellenisierten Levante ist. Das Bedeutsamste an diesem afrikanischen Vermächtnis an die Kultur – und was uns Menschen des 20. Jahrhunderts am meisten anzieht – ist die persönliche Note seiner Künstler.«

Hinweise zum Besuch der wichtigsten Altertümer aus der Zeit der römischen Protektoratsherrschaft

Lixus

Nur 3 km von Larache entfernt liegen am rechten Ufer des Oued Loukkos die Ruinen der ehemaligen römischen Stadt Lixus (Abb. 5ff.; Fig. 8), die auf den Trümmern einer ehemaligen phönizischen Hafenstadt, die seit dem 11. Jahrhundert v. Chr. angelaufen wurde und die spätestens seit dem 7. Jahrhundert v. Chr. eine feste Siedlung war, errichtet wurde. Aus römischer Zeit stammen die baulichen Reste einer Zubereitungs- und Konservierungsfabrik von Salzfischen und einer stark gewürzten Fischpaste oder Sauce, die bei den Römern besonders beliebt war und die sie Garum nannten (Fig. 8:17). Dieses Gewerbeviertel liegt unmittelbar an der Straße Tanger–Rabat beim Kilometer 82,5. Schon unter Yuba II. (25 v. Chr.–23 n. Chr.) wurde hier Garum hergestellt, und bis ins 3., vielleicht sogar bis ins 4. Jahrhundert waren die Anlagen in Betrieb, wie Prof. Tarradell meint, der hier die Ausgrabungsarbeiten von 12 gemauerten Bassins, Wasser- und Salzbehältern, und einer Zubereitungshalle mit zwei Rundbögen leitete.

Das eigentliche Ruinenfeld liegt jedoch auf dem heute 'Tchemmich' genannten Hügel, den man auf einem befahrbaren, von der Hauptstraße abzweigenden Feldweg erreicht (Abb. 8). Noch außerhalb der Umfassungsmauer, die schon aus vorrömischer Zeit stammt und die die 'Akropolis' umschließt, liegen die Thermen und das Amphitheater, das einzige in Marokko mit einem halbkreisförmigen Zuschauerraum (Abb. 5, 6; Fig. 8:13, 14). Bei den Thermen befindet sich auch ein schönes Bodenmosaik mit dem Kopf des Poseidon (Abb. 7).

Auf der Akropolis selbst sind die Ruinen verschiedener Tempel freigelegt (Abb. 8; Fig. 8:7). Beim Tempel F (Fig. 8:5) handelt es sich um ein ausgedehntes und besonders kompliziertes Heiligtum. Man erkennt die ionische Säulenhalle. Der Cella gegenüber liegt eine halbrunde Nische in Apsisform, die wohl für das Götterstandbild bestimmt war. Ein überragender Bau ist das sogenannte 'Bethaus', das Prof. Tarradell für eine frühchristliche Kirche hält (Fig. 8:9).

Unter den archäologischen Funden aus Lixus, die heute im archäologischen Museum von Tetouan aufbewahrt werden, befinden sich auch Münzen, deren Aufschriften beweisen, daß Lixus in der punischen Zeit Makom Schamasch, die 'Sonnenstadt', genannt wurde. Und Plinius der Ältere (23–79 n. Chr.) schreibt in seiner ›Naturalis Historia‹, daß Lixus auf einer

DIE KUNST DER PHÖNIZIER UND DER RÖMER IN MAROKKO

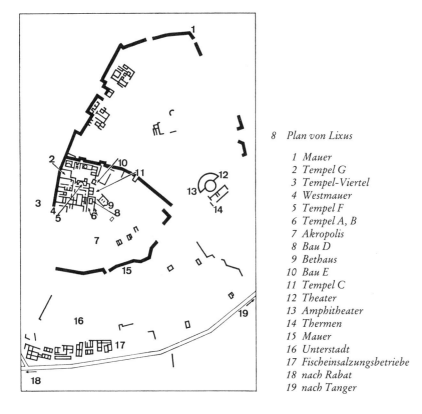

8 Plan von Lixus

1 Mauer
2 Tempel G
3 Tempel-Viertel
4 Westmauer
5 Tempel F
6 Tempel A, B
7 Akropolis
8 Bau D
9 Bethaus
10 Bau E
11 Tempel C
12 Theater
13 Amphitheater
14 Thermen
15 Mauer
16 Unterstadt
17 Fischeinsalzungsbetriebe
18 nach Rabat
19 nach Tanger

Insel im Loukkos-Mündungsdelta gelegen hätte und daß von den Lixiten dem tyrischen Gott Melkart, der später mit Herkules identifiziert wurde, dort ein Tempel erbaut worden sei. In der Nähe von Lixus soll auch der Sage nach der Garten der Hesperiden, aus dem Herakles (der römische Herkules) die drei goldenen Äpfel des Lebens entwenden mußte, gelegen haben, und in Lixus selbst wurde zu Plinius' und Strabos Zeiten die Stelle gezeigt, wo Herakles den Riesen Antäus in der Luft erwürgt haben soll. So wird Lixus in der griechischen und römischen Mythologie ein besonders ruhmreiches Denkmal gesetzt.

Banasa

Nur einen geringfügigen Abstecher von der Hauptstraße Larache–Rabat erfordert ein Besuch des im Vergleich zu Lixus und Volubilis allerdings recht spärlichen Ruinenfeldes der Römerkolonie Banasa, die auf den Trümmern einer vorrömischen Siedlung gegründet

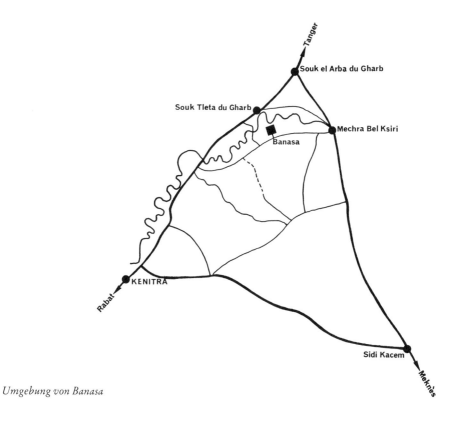

9   *Umgebung von Banasa*

wurde. 3 km hinter Souk Tleta du Gharb in Richtung Rabat gibt es links eine Abzweigung, die nach 7 km auf die Straße nach Mechra Bel Ksiri stößt. Wenn man hier wiederum nach links einbiegt, erreicht man nach 9,5 km die Fährte, die durch das in der Regenzeit allerdings schwer befahrbare Schwemmland des Sebou-Flusses nach Banasa führt. Der Weg endet bei einem kleinen Marabut, in dessen unmittelbarer Nähe der Wächter des Ausgrabungsgebietes wohnt.

Nach den Ausgrabungsarbeiten, die ab 1933 durch R. Thouvenot und in letzter Zeit durch A. Luquet durchgeführt wurden, sind in Banasa die Reste folgender Bauten erkennbar: das mit großen Kalksteinplatten gepflasterte Forum; sechs Räume des Kapitols, vom Forum aus gesehen in südlicher Richtung; vor einem der Räume (Cella) die Rednertribüne (Rostra) und dem Kapitol gegenüber das das Eingangstor des Gerichtshofes (Basilica). Ferner erkennen wir die Ruinen der großen West-Thermen mit Räumen für Warm- und Kaltbäder und einem großen Saal mit weißen Marmorfliesen. Fresken und Mosaikfußböden schmücken eine Reihe von etwas tiefer gelegenen Thermen. Diese Mosaikböden ruhen auf kleinen Ziegelstützen. Auch die Thermen nördlich der Markthalle (Macellum) gelegen, sind mit Mosaiken verziert. Geometrische Figuren und Weinranken, vier Amoren und vier zweihenklige Trinkgefäße bilden die Verzierungselemente der Mosaiken, ebenso eine Bacchus-Figur, woraus R. Thouvenot schließt, daß diese Thermen von Anhängern des Dionysos-Kultes besucht wurden.

Plinius der Ältere und der griechische Geograph Ptolemäus vermuteten schon, daß Banasa lange vor der Eroberung Mauretaniens durch die Römer bestanden hat. Seine Glanzzeit erlebte es zu Beginn des 3. nachchristlichen Jahrhunderts. Aus dieser Zeit stammen die meisten wiederentdeckten Ruinen Banasas einschließlich der Umfassungsmauer, derer Gesamtlänge 1100 m beträgt.

Volubilis

Die bedeutendste Ruinenstätte in Marokko ist zweifellos Volubilis (Abb. 9 ff.; Fig. 10, 11). Nach Volubilis, auf einer Hochebene am Fuße des Zerhoun-Massivs gelegen, gelangt man über die Abzweigung bei Ain el Kerma nach Moulay Idriss von der Hauptstraße Souk el Arba du Gharb-Meknès oder, wenn man von Meknès kommt, über die Abzweigung beim Kilometer 27,5. Von hier an ist der Weg zu der 30 km von Meknès entfernt liegenden römischen Ruinenstadt Volubilis gut beschildert.

Die Ruinen von Volubilis erstrecken sich über eine Fläche von etwa 40 Hektar, die durch das Oued Khouman reichlich mit Wasser versorgt wird, das die ganze Hochebene fruchtbar macht. Lange Zeit vor der römischen Kolonisation war dieser Platz schon besetzt, von den Berbern und von den maurischen Königen. König Yuba II. (25 v. Chr.–23 n. Chr.) machte Volubilis wahrscheinlich zu einer seiner Hauptstädte, doch konnte ihre genaue Gründungszeit bisher nicht bestimmt werden. Durch eine 2350 m lange Mauer mit an die 40 Bastionen hatten die Römer, die Volubilis zur Residenzstadt der Prokuratoren von Mauretania Tingitana machten, die Stadt gut gesichert, aus guten Gründen, denn gerade hier lieferten aufständische Berber den Römern heftige Schlachten, als Aedaemon, ein freigelassener Sklave des im Jahre 45 n. Chr. ermordeten Ptolemäus, des Sohnes und Nachfolgers Yubas II., ganz Mauretanien gegen die Römer aufwiegelte.

Seine Glanzzeit erlebte Volubilis aber erst unter den Antoninern und Severern. Ende des 3. Jahrhunderts erlebte Volubilis dann einen Niedergang, doch wurde die Stadt noch bis zum Ende des 8. Jahrhunderts von zum Christentum bekehrten Berbern bewohnt.

Die Ruinenstätte, die heute mit ihren zahlreichen Mosaiken einem wahren Freilichtmuseum gleicht, betritt man durch das Südosttor (Fig. 11:22). Hier beginnt der sogenannte 'Chemin des visiteurs', der durch rote Pfeile gekennzeichnet ist und der zu den wichtigsten Ausgrabungsplätzen führt. Er beginnt bei einer alten steinernen Ölmühle (Abb. 10; Fig. 11:44) und führt am *Haus des Orpheus* (Abb. 12, 16, 17, 19; Fig. 11:41) vorbei zum Forum (Fig. 11:38). Nach einem prachtvollen Mosaik, das den lyraspielenden Orpheus darstellt, ist das Haus benannt worden. Am Forum ist die Markthalle (Macellum) und das fünfschiffige Gerichtsgebäude (Basilica) mit den Resten von vier Säulenreihen erhalten. Etwas weiter

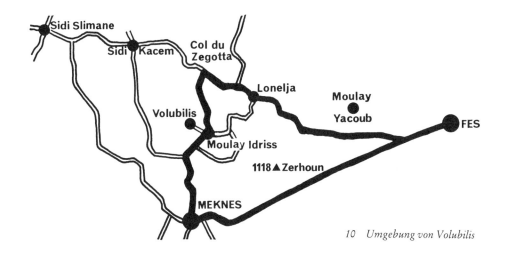

10 Umgebung von Volubilis

gelangen wir zum *Haus des Desultors* oder *Haus des Athleten*, das ebenfalls nach einem Bodenmosaik seinen Namen erhielt: einem rücklings auf dem Pferd sitzenden Sportler, der den Siegespreis, einen doppelhenkligen Kantharos, in der Hand hält (Abb. 18; Fig. 11:36).

Als überragendes Monument steht etwas weiter entfernt ein mächtiger Triumphbogen, der vom Prokurator Marcus Aurelius Sebastenus zu Ehren des römischen Kaisers Caracalla und der Julia Domna im Jahre 217 n. Chr. errichtet wurde (Fig. 11:34). Hier endet die Hauptstraße von Volubilis (Decumanus Maximus), die am 'Tanger-Tor' (Fig. 11:21) beginnt. Und hier betreten wir das Nordostviertel mit seinen prachtvollen Villen, die alle nach einem ähnlichen Grundplan gebaut wurden. Benannt hat man einige Häuser entweder nach bedeutenden Plastiken, die an Ort und Stelle gefunden wurden und die sich heute im archäologischen Museum in Rabat befinden, wie das *Haus des Hundes* und das *Haus des Epheben* (Fig. 11:33), oder nach den bildhaften Darstellungen ihrer Mosaiken, wie das *Haus der Arbeiten des Herkules* mit dem schönen Mosaik, das in ovalen Medaillons zehn der zwölf Arbeiten des Herkules darstellt (Fig. 11:27). Ferner sind noch folgende Bauten zu erwähnen, die ebenfalls nach gut erhaltenen Mosaiken benannt worden sind: das *Haus der Nereïden*, das *Haus des Dionysos* und das *Haus des Bacchus und der vier Jahreszeiten* (Fig. 11:77, 24, 15). In dem aus zahlreichen Räumen bestehenden *Haus des Venus-Gefolges* (Fig. 11:75) wurden nicht nur prächtige Mosaiken aufgedeckt, sondern auch bedeutende Kunstwerke gefunden, die sich heute ebenfalls im Museum von Rabat befinden, wie die schöne Bronzebüste von Cato Uticensis.

In Volubilis wird weiter gegraben, besonders von R. Thouvenot und A. Luquet, nachdem L. v. Chatelain im Jahre 1915 zum ersten Mal systematische Grabungen vorgenommen hatte. Beschrieben wurden die Ruinen von Volubilis zum ersten Mal von dem Engländer John Windus. Leider wurde das Ruinenfeld von Volubilis jahrelang als Steinbruch

DIE KUNST DER PHÖNIZIER UND DER RÖMER IN MAROKKO

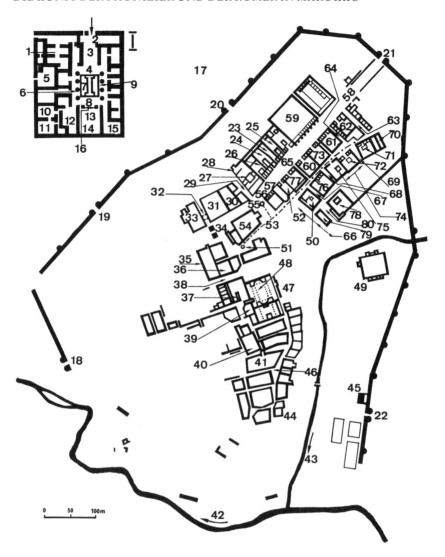

11 Plan von Volubilis. I Venus-Haus 1 Thermen 2 Gepflasterte Vorhalle 3 Vorhalle 4 Peristyl 5 Oecus 6 Ostportikus 7 Becken 8 Südportikus 9 Westportikus 10 'Entführung des Hylas durch die Nymphen' 11 'Diana im Bade' 12 Hof mit Becken und Exedra 13 'Schiffahrt der Venus' 14 Triclinium 15 'Bacchus und die vier Jahreszeiten' 16 Peristyl 17 West-Nekropole 18 Doppelbogiges Westtor 19 Dreibogiges Tor 20 Nordtor 21 Tanger-Tor 22 Südosttor 23 'Nymphenbad' 24 'Dionysos mit den vier Jahreszeiten' 25 Raubtiere 26 'Flavius Germanus' 27 'Arbeiten des Herkules' 28 Thermen 29 Nord-Cardo II 30 Haus

ausgeplündert; so wurden viele unersetzliche Baudenkmäler zerstört, und viele unersetzliche Kunstwerke sind auf diese Weise sicherlich für immer verloren gegangen.

Neben Lixus, Banasa und Volubilis gibt es in Marokko noch einige andere Römersiedlungen, von denen Teile ausgegraben wurden. Freigelegt wurden in diesen Siedlungen aber nur geringe Reste von Tempel-, Thermen- und Hausfundamenten. Die wichtigsten dieser Ausgrabungsorte sind Cotta, in der Nähe der 18 km von Tanger entfernt liegenden Herkulesgrotten, Tamuda bei Tetouan, Chellah bei Rabat und Thamusida, das 12 km nördlich von Kenitra an der Straße nach Souk el Arba liegt.

Das archäologische Museum in Rabat

Da sich im archäologischen Museum zu Rabat der Großteil der in Marokko gefundenen Altertümer befindet, möge an dieser Stelle auf diesen wichtigen Platz hingewiesen werden.

In den beiden Innenhöfen des Hauptgebäudes sind bedeutende Altäre, Stelen, Marmorstatuen und Sockel mit Inschriften aufgestellt, ebenfalls im Garten zwischen dem Hauptgebäude und dem ovalen Saal. In der überhöhten Galerie des ersten Saales des Hauptgebäudes gewinnen wir einen vollständigen Überblick über die marokkanische Altertumskunde von der Steinzeit bis zur Römerzeit. In Wandvitrinen sind hier Steinwerkzeuge und Steinwaffen aus der Altsteinzeit zu sehen. Aus der Jungsteinzeit finden wir Polierbänke, eine polierte Axt aus Volubilis, ferner Keramik mit eingravierten Verzierungen, Nadeln und Ahlen aus Knochen. Es folgen Funde aus der libysch-punischen Epoche, denen zum Vergleich einige Gegenstände aus Karthago gegenübergestellt sind, so daß hier die fremden Einflüsse des östlichen Mittelmeeres auf die stilistische Entwicklung der mauretanischen Kunst anschaulich gezeigt werden. In anderen Vitrinen sind kleine Götterfiguren ausgestellt, die dem griechisch-römischen Pantheon angehören.

Auch von den Bestattungsbräuchen in Mauretania Tingitana können wir uns ein Bild machen anhand von Bleiurnen, Grabinschriften und Fotos der Nekropolen von Tanger und Volubilis. Der letzte Schaukasten ist dem Christentum und dem Judentum in Mauretania Tingitana gewidmet: Gewichte, Devotionalien, Bronzeleuchter, ein byzantinisches Rauchgefäß etc.

des Reiters 31 *Haus der Säulen* 32 *Vorrömisches Mausoleum* 33 *Haus des Epheben* 34 *Triumphbogen* 35 *Haus des Hundes* 36 *Haus des Desultors* 37 *Macellum* 38 *Forum* 39 *Forums-Thermen* 40 *Gallienus-Thermen* 41 *Orpheus-Haus* 42 *Oued Khoumann* 43 *Oued Fertassa* 44 *Ölmühle* 45 *Lager und Wärterhaus* 46 *Gepflasterte Straße* 47 *Kapitol* 48 *Basilika* 49 *B-Tempel* 50 *Goldring* 51 *Brunnen* 52 *Halbsäulen* 53 *Aquädukt* 54 *Nord-Thermen* 55 *Brunnen* 56 *ohne Namen* 57 *Apsis* 58 *Decumanus Maximus* 59 *Gordianus-Palast* 60 *Zwei Ölpressen* 61 *Marmor-Bacchus* 62 *Goldstück* 63 *Süd-Cardo I* 64 *Süd-Cardo II* 65 *Süd-Cardo III* 66 *Süd-Cardo VII* 67 *Süd-Cardo VI* 68 *Süd-Cardo V* 69 *Süd-Cardo IV* 70 *ohne Peristyl* 71 *Kleeblatt-Becken* 72 *des Portikus* 73 *Sonnenuhr* 74 *Süd-Decumanus II* 75 *'Venus-Gefolge'* 76 *Bronze-Büste* 77 *Nereïden* 78 *Dicke Pilaster* 79 *Krypta* 80 *Süd-Cardo VIII*

DIE KUNST DER PHÖNIZIER UND DER RÖMER IN MAROKKO

In den oberen Stockwerken des Hauptgebäudes befinden sich weitere Funde aus Banasa, Volubilis und Chella, vor allem Keramik, Schmuck- und Gebrauchsgegenstände.

Die schönsten und interessantesten Kunstwerke, Bronzeplastiken aus Volubilis, Banasa und Thamusida, finden wir im ovalen Gebäude. Gleich am Eingang steht der *Hund von Volubilis* (frühes 2.Jh. n.Chr.). Einige der hervorragendsten Werke, die hier schön zur Wirkung kommen, mögen noch erwähnt werden: der *Einschenkende Dionysos*, die römische Nachbildung eines Werkes des griechischen Bildhauers Praxiteles, die berühmte *Büste des Cato Uticensis* (1.Jh. n.Chr.), der *Ephebe mit Efeukranz* (hellenistische Arbeit aus dem 1.Jh. v.Chr.), eine *Büste König Yubas II.* und der *Ephebe zu Pferde*, eine römische Nachbildung eines griechischen Werkes.

Außer in Rabat gibt es noch in zwei anderen Städten Marokkos Museen mit Funden aus der Römerzeit. Das archäologische Museum von Tetouan enthält mehrere Mosaike aus Lixus und Keramiken, Bronzen und Münzen aus mehreren Ausgrabungsorten der ehemaligen spanischen Zone in Marokko. In dem Museum befinden sich auch einige punische Keramiken, prähistorische Steinwerkzeuge, eine Felszeichnung aus der Sahara und ein Modell des Kromlech von Msoura.

Die archäologische Abteilung des Kasbah-Museums von Tanger enthält ein Mosaik aus Volubilis, die Kopien der wichtigsten Bronzen aus Volubilis und eine Reihe anderer Objekte aus römischen und prähistorischen Fundorten.

12 Haartracht und Kopfschmuck einer Berberfrau

Die Baukunst der Berber

Das Volk der Berber und seine Siedlungsgebiete in Marokko

Die Berber

Die Berber gehören ohne Zweifel zu den ältesten Bewohnern Nordafrikas. Ihre Herkunft ist umstritten und rätselhaft. Viel mehr als der berühmte arabische Schriftsteller Ibn Khaldun, der selbst berberischer Abstammung war, in seinem um die Mitte des 14. Jahrhunderts geschriebenen Werk über die Berber feststellte, weiß auch die moderne Forschung nicht zu sagen, nämlich daß »schon seit den ältesten Zeiten diese Menschenrasse den Maghreb bewohnte«. Die in altägyptischen Quellen erwähnten Numidier, Garamanten und andere Völker, die von den Ägyptern als 'Libyer' bezeichnet wurden, waren wahrscheinlich Vorfahren der Berber. Diese Libyer werden bereits um 3000 v. Chr. in ägyptischen Berichten genannt. Vermutlich besiedelten diese Völker Nordafrika schon im Jung-Paläolithikum. In ihre heutigen Siedlungsgebiete in Marokko sind viele Berberstämme aber erst viel später eingewandert.

Anthropologisch gehören die Berber zu den Mittelmeervölkern, sprachlich zur hamito-semitischen oder afro-asiatischen Sprachengruppe. Neben den Berbersprachen gehören zu dieser Sprachengruppe auch das Altägyptische, die in Somalia und Teilen von Äthiopien verbreiteten kuschitischen Sprachen, die von einigen Stämmen im Tschad, in Nigeria und Kamerun gesprochenen tschadischen Sprachen und die semitischen Sprachen der Araber, Israelis und der äthiopischen Amharen. Die berberischen Dialekte zeigen an sich schon alle Kennzeichen einer Sprachmischung. Ihr Wortschatz ist weitgehend semitisch, enthält aber auch viele wahrscheinlich ältere Elemente. »Die Erklärung dieser Tatsache«, meint D. J. Wölfel, »ist eine Bastardisierung einer alten Mittelmeersprache durch Überlagerung mit einer Nebenform des Ursemitischen.« Es stellte sich auch heraus, daß die ältesten Pyramidentexte der Ägypter in einer alten berberischen Sprache abgefaßt waren. »Zur Zeit der Pyramidenbauer war die Überlagerung des Vorberberischen durch Semitisch schon abgeschlossen.« So könnte man die Bildung des 'Berberischen' in den Zeitraum zwischen Megalithikum und Kupfersteinzeit setzen; die vorsemitische Schicht des Berberischen fiele dann mit der megalithischen Kultur zusammen, deren Wellen Westeuropa erreichten. Diese

DAS VOLK DER BERBER

13 Schmuck der Berber

Überlegungen sind aber nur Vermutungen, der genaue Ursprung der Berbersprachen ist noch ungewiß. Berbersprachen werden heute noch von der Küste des Atlantischen Ozeans bis nach Libyen und in der Sahara von mindestens 6 bis 7 Millionen Menschen gesprochen. Bei weitem die meisten Berber leben in Marokko. Die Bezeichnung »Berber« geht auf die Römer zurück, die alle Nichtrömer als 'Barbaren' bezeichneten, denn die Antike kannte keinen bestimmten Namen für die Völkerstämme, die wir heute Berber nennen. Erst später übernahmen die arabischen Eroberer die Bezeichnung *'barbari',* woraus dann schließlich *berbri* (Plur. *barber*) und Berber wurde.

Nie haben die berberischen Stämme eine einheitliche Nation gebildet, obwohl in der Geschichte auch berberische Königreiche und Sultanate verzeichnet sind; diese bezogen sich jedoch nur auf die Hegemonie, die ein Stamm oder eine Stammeskonföderation über andere Stämme ausübte. Die Stämme der Berber, in denen sich sehr verschiedene Rassen vereinigen, haben nie eine einheitliche Kultur besessen, obwohl sie früher über ein zusammenhängendes Verbreitungsgebiet verfügten, das das ganze außerägyptische Nordafrika umfaßte. Heute sind die Berberstämme größtenteils arabisiert. Am meisten widerstanden die Gebirgsbauern des Atlas der Arabisierung, ebenso wie in früheren Jahrhunderten der Punisierung und der Romanisierung.

Vermutlich sind die Berber schon in vorgeschichtlichen Zeiten rassisch ebensowenig einheitlich gewesen wie sprachlich. Anthropologisch werden sie allgemein als Nachkommen der urgeschichtlichen Crô-Magnon-Rasse bezeichnet. Demnach gehören sie also zu der großen Gruppe der 'hellhäutigen Nordafrikaner', wenn sie auch durch zahlreiche Mischungen mit aus dem Süden stammenden Schwarzen eine starke dunkle Komponente besitzen.

In Marokko sind die mediterranen Rasseneinschläge heute noch am deutlichsten erkennbar. Blauäugige und blonde Typen gibt es bei den Berbern im Rif.

Obwohl die meisten Gelehrten die Berber nicht als Völker-, sondern lediglich als Sprachfamilie betrachten, so unterscheidet man doch unter den marokkanischen Berbern heute deutlich drei große Volksgruppen: die Rif-Berber, die Beraber und die Schlöh. Dieser Einteilung entspricht auch die Klassifizierung der Berber nach ihren Dialekten. Im Rif wird Tarifit gesprochen, im Mittleren Atlas Tamazight und im Süden Taschelheit. Die Bewohner des Rif gehören zu den Zenata-Berbern, die erst vom 8. bis 12. Jahrhundert n. Chr. aus Tunesien und Tripolis nach Nord- und Ostmarokko kamen. Sie leben als Gebirgsbauern vom Getreidebau und von der Obstbaumkultur und betreiben daneben auch Viehzucht.

Die Beraber sind Nachkommen der kriegerischen Sanhadja-Nomaden. Sie führen heute noch ein Nomadenleben, sind aber gleichzeitig seßhaft im östlichen Hohen und im Mittleren Atlas. Die typische Lebensform der Sanhadja-Berber oder Beraber ist eine Wechselweide-Wirtschaft mit gleichzeitigem Ackerbau, einem 'kleinräumigen Berg-Tal-Nomadismus', den man Transhumanz nennt. Ein Teil des Stammes bestellt in den Tälern die Felder, während andere sich im Sommer mit ihren Herden und Tragtieren und mit ihren aus schwarzer Schafwolle gefertigten Zelten, den Khaimas, auf die Hochtäler zwischen 3000 und 4000 m hohen Gipfeln des Atlas begeben. Im Winter leben diese Berber alle gemeinsam in den Dörfern.

Die Beraber des Zentral-Atlas nennen sich Imazirhen, was soviel wie 'Edle' oder 'Freie' bedeutet, im Gegensatz zu den Haratin (Sing. Hartani), den Nachkommen der Sklaven aus dem Sudan, die heute als Hörige in Diensten einiger Berberstämme stehen.

Im westlichen Hohen und im Anti-Atlas leben die Schlöh, die direkten Nachkommen der Masmouda-Berber, welche mit ihren zahlreichen genealogischen Verzweigungen im 10. Jahrhundert den Hauptanteil der marokkanischen Bevölkerung stellten. Die Schlöh sind noch heute die größte Berbergruppe in Marokko. Die Sprache der Schlöh ist das Taschelheit. Ihre Grenze mit den Berabern verläuft 150 km östlich von Marrakech. An steilen Hängen haben sie kunstvoll bewässerte Terassenkulturen angelegt; sie leben in verschachtelten Dörfern, deren Häuser aus Stampflehm erbaut sind.

Grundverschieden von den Gebirgsbauern des Atlas sind die Berber, die in den Städten und im Kulturland an der Küste leben und die dort die arabische Sprache und arabische Sitten annahmen. Für einen Außenstehenden ist es deshalb äußerst schwierig, einen

14 Haarschmuck einer Berberfrau

arabisierten Berber von einem Marokkaner arabischen Ursprungs zu unterscheiden. Die fortschreitende Arabisierung hat das einst zusammenhängende Verbreitungsgebiet der Berber ganz zerstückelt, so daß die reinen Berberstämme heute nur noch über inselartige Wohngebiete verfügen. Berberische Einflüsse machen sich in nicht geringem Maße in der maurisch-arabischen Kultur bemerkbar, denn die Grundbevölkerung Nordafrikas besteht immer noch, das kann man wohl sagen, aus Berbern, die aber zum größten Teil arabisiert sind. Früher waren in Marokko auch islamisierte Berber das politisch entscheidende Element. Man denke nur an die verschiedenen Herrscherdynastien, die im Mittelalter von Berbern gegründet wurden.

Obwohl die Berber heute stark vom Islam und von der arabischen Zivilisation gestempelt sind, haben die mehr oder weniger isoliert lebenden Stämme weitgehend ihre Eigenarten bewahrt. Was vielleicht am meisten die Berber charakterisiert, ist eine gewisse soziale Einheit und bestimmte Sitten und Gebräuche. Vor allem sind es religiöse Vorstellungen, die das ganze Leben der Atlas-Berber beeinflussen. Da ist zum Beispiel das 'baraka', die 'göttliche, übernatürliche Kraft', die lebenden oder verstorbenen Personen, die als Heilige verehrt werden, zugeschrieben wird. Diese Heiligen werden arabisch 'Marabute' und in den Berbersprachen 'Igourramen' genannt.

Die segensreiche Kraft des *baraka* ist aber auch mancherlei Dingen eigen; *baraka* besitzt die Saat, das Korn, das im ewigen Kreislauf der Natur im Erdreich vergeht und gleichzeitig neues Leben hervorbringt. Auch die Henna-Pflanze und jener rotbraune Farbstoff, der aus ihr gewonnen wird, besitzt die göttliche Kraft des *baraka*. Henna, so sagen die Araber, ist eine Gabe Gottes an den Propheten Mohammed; die Sitte, sich Hände und Fingernägel mit Henna rot zu färben, wie es bei Frauen und Kindern überall im islamischen Orient üblich ist, haben die Berber sicherlich von den Mohammedanern übernommen.

Ursprünglich war die Religion der Berber ein ausgesprochener Monotheismus, der auch bei den Ureinwohnern der Kanarischen Inseln, den Guanchen, die ebenso wie die Tuareg zu den nahen Verwandten der Berber gehören, bis zu ihrem Untergang erhalten blieb. Dieser Monotheismus läßt sich bei den berühmten Tuareg der Zentralsahara heute noch erkennen: ihr Gottesname ist Messinegh, was soviel wie 'unser Herr' bedeutet.

15, 16   Silberschmuck der Berber. Links: Anhänger, 'Hand der Fatima'; rechts: Spange

24 Südarabische Lehmarchitektur in Terim, Hadramaut, die sehr viel Ähnlichkeit mit der Bauart der marokkanischen Kasbahs hat

25 In Zagora, jenseits des Hohen Atlas, endet der südöstliche Strang der Kasbah-Straße

26 Berber beim Dreschen vor einem Ksar, einem befestigten Dorf, im Tal des Dra

27 Berber auf dem Viehmarkt von Zagora

28, 29 Die Oase Tamegrout in der Nähe von Zagora

30 Ait Benhaddou, eine durch hohe Befestigungsmauern gesicherte Ansammlung von Kasbahs ▷

31 Künstlerisch aufgelockert werden die Außenmauern der Kasbahs durch ständig wechselnde Ornamente, die meist symbolische Bedeutung haben

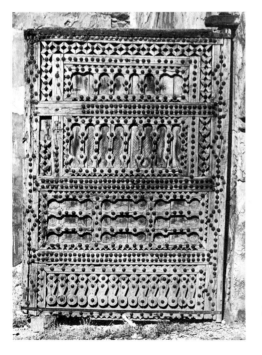

32 Reich verzierte Tür an der Kasbah von Telouet, früher Sitz des Glaoui, des ehemaligen Paschas von Marrakech

33, 34　Eine Reihe von Brennöfen bei Ouarzazate und zum Verkauf aufgestellte berberische Tonwaren

35 Der Djebel Saghro bei Tizi n'Tinifift

37 Holz- und Schilfdeckenkonstruktion in einem Berberhaus in El Goumt ▷

36 Mächtige Stammesburg im Oued Dra und Steilwand des Djebel Saghro

38, 39   Lehmbauten in dem großen Ksar el Goumt und Berberkinder

40   Eingangstor zum Großdorf El Kelaa des Mgouna

41 Diese turmartigen Bauwerke waren früher Festung, Wohnplatz und Speicher einer Stammesfraktion. Heute dienen sie vorwiegend als Gemeinschaftsspeicher

42 Ein durch Mauern und Bastionen gut gesichertes Ksar im Dadès-Tal

43 Geschlossene Berbersiedlung bei Tineghir

44 Im fruchtbaren Todhga-Tal gibt es zahlreiche Berbersiedlungen

46 Schafe und Ziegen sind die wichtigsten Haustiere der Berber
45 Frauen und Kind des Berberstammes der Ait Atta
47 Kamele, die wichtigsten Tiere der Saharanomaden

48 Kasbah-Dorf vor der Steilwand des Djebel Saghro ▷

Unter den Berbern gibt es Anhänger verschiedener Religionen. Am stärksten vertreten sind Moslems; auch koptische Christen und andere christliche Splittergruppen gibt es unter ihnen. Schon im 3. Jahrhundert v. Chr. gab es in Marokko zum jüdischen Glauben bekehrte berberische Stammesgruppen. Später wurden die gleichen Berbergruppen dann islamisiert.

Im Christentum und im Islam fußte das religiöse Führertum sowohl bei den berberischen Nomaden wie bei den Bauern und Transhumantes des Atlas. Noch bis zur französischen Kolonialzeit scharten sich die Stämme oft um einen tüchtigen und erfolgreichen Führer. Erst die französische Kolonialherrschaft setzte der zähen Behauptung berberischer Stämme, die bis dahin allen Fremden gegenüber feindlich gesinnt waren, oft mit Flugzeugen und Bomben ein jähes Ende.

Die politischen Anstrengungen, die die Berber in geschichtlichen Zeiten unternahmen, sind nicht zu bestreiten: der berberische Stammesfürst Massinissa widersetzte sich bereits im 2. Jahrhundert v. Chr. mit Erfolg den Römern. Unter der Sanhadja-Dynastie wurde im 11. Jahrhundert n. Chr. dem Einbruch der arabischen Hilâli-Nomaden in Nordafrika Widerstand geleistet. Die Dynastien der Almoraviden, Almohaden und Meriniden gingen aus Berberstämmen hervor, der Rifkabyle Abd el Krim und seine Anhänger brachten in den zwanziger Jahren dieses Jahrhunderts die Spanier in Nordmarokko an den Rand einer Niederlage, und in der Zeit des französischen Protektorats war Thami el Glaoui, der Führer des Schlöh-Stammes der Glaoua, zeitweise der einflußreichste marokkanische Politiker. Doch zu einer einheitlichen Staatspolitik und Kultur konnten die Berber nicht kommen, obwohl gerade aus ihren Reihen bedeutende Persönlichkeiten wie Augustinus, Averroes und Ibn Khaldun hervorgegangen sind. Ibn Khaldun schrieb jedoch in arabischer Sprache; die berberische Sprache mit ihren zahlreichen Dialekten ist nicht grammatikalisch geregelt, und es existiert heute auch keine berberische Schrift mehr, obwohl einst Schriftzeichen bekannt waren, deren Ursprung im Phönizischen vermutet wird. Bei den Tuareg-Stämmen der Zentralsahara dagegen ist heute noch eine Schrift gebräuchlich, von der einige Buchstaben den altberberischen Schriftzeichen gleichen. Die Berber sind auch dichterisch nicht unbegabt, selbst wenn sie in arabischer Sprache dichten.

Aus ihren Reihen gingen bedeutende Feldherren wie Hannibal und Septimius Severus hervor; der eine diente den Karthagern, der andere den Römern. »Niemals besaß der Maghreb die materiellen Voraussetzungen, die notwendig sind, um ein großes soziales und politisches Gebäude, die unerläßliche Basis einer Kultur, zu tragen«, meint E. F. Gautier, indem er die Ursache hierfür in der Beschaffenheit des nordafrikanischen Landes sieht.

Die Berber gehören zu den konservativsten Menschen der Welt, sofern es sich bei ihnen noch um intakte Stammeseinheiten handelt, mögen es die Ait Hadiddou im Mittleren Atlas, die Kabylen-Stämme des Rif oder die Ait Yafelmane im Hohen Altas sein. Die grundlegenden Sozialeinheiten der Berber sind Großfamilien oder Sippen, die unter der Leitung des ältesten Mannes stehen und in deren Besitz sich Boden und Vieh befinden. Mehrere verwandte Sippen bewohnen ein Dorf (Ksar) oder ein Zeltlager (Douar). Die Männer dieser Sippen bilden eine Ratsversammlung (Djemaa), die einen Vorsteher (Amghar oder Muqaddam) wählt. Mehrere verwandte Dörfer bilden eine Stammesfraktion (Taqbilt oder Fechda),

DAS VOLK DER BERBER

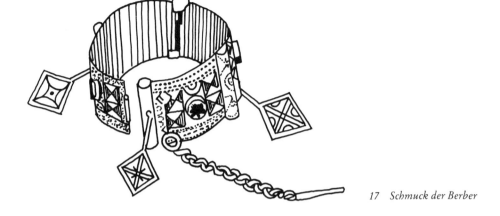

17 Schmuck der Berber

die meist einen gemeinsamen Wochenmarkt besitzt und die im allgemeinen zwischen 5000 und 10 000 Mitglieder zählt. Aus mehreren Stammesfraktionen – manchmal bis zu fünfzehn – besteht der Stamm (Qbila), der aber im Alltag kaum eine Rolle spielt, sondern fast nur in wirtschaftlichen Notzeiten oder bei Kriegen zusammentritt. Die Mitglieder eines Stammes führen ihre Abstammung auf einen gemeinsamen fernen Urahn zurück, nach dem sich auch der Stammesname richtet: Dem Namen des Urahns wird das Wort »Ait« (berberisch) oder »Beni« (arabisch) vorangestellt, was beides »die Söhne von...« bedeutet. Zu zeitlich begrenzten Stammesbünden ist es in der Vergangenheit gelegentlich gekommen; der Grund solcher Zusammenschlüsse waren meist gemeinsame Kriegszüge. In Marokko leben heute etwa 300 verschiedene Berberstämme.

Genauso wie die Dörfer haben auch die Stammesfraktionen und die Stämme ihre Djemaas, die Männerversammlungen, von denen früher die Vorsteher gewählt wurden. Bei vielen Stämmen wurden diese gewählten Führer aber nach dem Vorbild der arabischen Stämme durch den Kaid, den Stammesführer, und den Scheich, den Führer einer Stammesfraktion, ersetzt. Beide Ämter sind innerhalb bestimmter Familien erblich. Diese Änderung erfolgte zum Teil freiwillig, zum Teil wurde sie von den Sultanen erzwungen, da diese die Kaids und Scheichs oft selbst einsetzten. In den Ratsversammlungen der Berber haben nur die Männer Stimmrecht, die Rechte und Freiheiten der Frauen sind bei den Berbern aber weitaus größer als bei den Arabern.

Die Dörfer, manchmal auch besonders große Sippen oder Stammesfraktionen, besitzen einen Agadir (oder Tighremt), der früher als Wohnsitz und Festung diente, heute aber vorwiegend als gemeinsamer Vorratsspeicher benutzt wird.

Diese Speicherburgen sind das wesentliche Kulturelement der Berber in Marokko (Abb. 41; Fig. 27). Sie bestimmen die Formen des Hausbaus, eine Bauweise, die nur noch in Hadramaut in Südarabien ihre Parallele findet (Abb. 24).

Die Landschaft

Ein unvergeßliches Erlebnis ist eine Reise in das Land der Berber. Ihr Land ist weit und reicht von einem Extrem zum anderen, von den alpinen reich zerklüfteten Küstenbergketten des Rif über die 'Binnenkette' des marokkanischen Atlas bis zu den Oasensiedlungen in den unendlich weiten Schuttwüsten der Sahara.

Halbkreisförmig folgt das Rif-Gebirge, der 'Atlas minor' des Ptolemäus, der afrikanischen Küstenlinie des Mittelmeeres. Im Djebel Tidighin (2452 m) erreicht es seine höchste Erhebung. Im ganzen hat das Rif sehr viel Ähnlichkeit mit dem andalusischen Bergland, besonders durch die dort vorherrschende Mittelmeervegetation. Hier wie dort gedeihen der Ölbaum und der Feigenbaum, hinzu kommen der Weinstock und der Nußbaum. Diese 'mittelmeerische Baumkultur' ist heute noch ebenso ausgeprägt in Nordafrika wie im Süden Spaniens. Auf ihr beruhte schon der Reichtum des karthagischen, des römischen und des islamischen Nordafrika. Auch auf die Anlage von Terrassenkulturen und deren Bewässerung verstehen sich die Rif-Bewohner und die Schlöh-Stämme des Atlas ausgezeichnet. Diese Feldbautechnik soll schon lange vor den Arabern und auch schon vor den Karthagern in Nordafrika bekannt gewesen sein. Einen Beweis hierfür finden wir auf den Kanarischen Inseln, deren berberische Urbevölkerung bereits den Terrassenbau kannte.

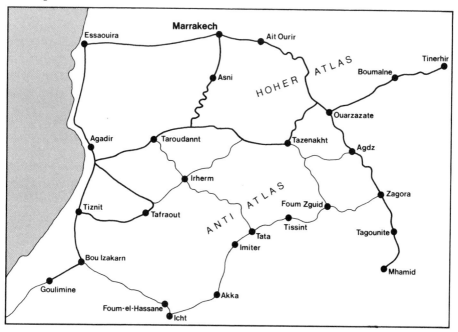

18   Wegekarte Südmarokkos

Die komplizierten Wasserrinnen, die schon hoch oben über den Terrassen und dem Talboden im Rif und im Atlas beginnen, führen den Feldern in Nebenleitungen in Form von breiten Gräben bis zu winzigen Kanälen, fingerdicken Wasserfäden, das kostbare Naß zu. Auch das Wasserrecht spielt bei diesem Feldbau eine große Rolle. Es bezieht sich auf den Anteil des Bodens, den der einzelne Bauer oft als uraltes Erbgut besitzt. »Ebenso wie am Wasser entwickelt sich auch am Kulturland ein wahrer Splitterbesitz, der bei den nordafrikanischen Berbern bis zum Sondereigentum eines einzigen Astes an einem Fruchtbaum geht, mit genauen Regeln für das abgefallene Obst.« Das komplizierte Wasserrecht gab häufig Anlaß zu Fehden zwischen benachbarten Stämmen.

Auch jenseits der großen Mauer des Hohen Atlas, dort, wo aus dem Gebirge wasserreiche Flüsse herausbrechen und dort, wo im Frühling die sonst trockenen Oueds oder Wadis durch die Schneeschmelze zu reißenden Flüssen werden, sich später aber in der Wüste verlieren, auch dort wird das kostbare Naß in den Gräben der Seguias, die oft unterirdisch angelegt sind, den Feldern und Dattelpalmgärten zugeführt. Unterirdische Wasserläufe kommen aber auch von Natur aus häufig vor. Als artesische Quellen entspringen sie südlich vom Atlas und tränken üppige Grünflächen, um die sich die Gehöfte der seßhaften Bevölkerung gruppieren. Westlich des Atlas in der großen Ebene von Marrakech hat man ebenfalls unterirdische Kanäle angelegt, Khottaras genannt. Sie drainieren das Regenwasser, das sie von Zisterne zu Zisterne und weiter zu den Gärten leiten.

Im Mittleren Atlas breiten sich in Höhen zwischen 1100 und 2300 m manchmal schöne Zedernwälder aus. Auch der Lebensbaum, Thuja, die Steineiche und verschiedene Arten von Koniferen rechnen zum Baumbestand des Atlas-Gebirges. Dazwischen wachsen die verschiedensten Duftpflanzen: Lavendel, Thymian, Salbei und Pfefferminzen. Aus den Länderbeschreibungen der Antike geht hervor, daß der Waldbestand in Marokko damals bedeutend größer gewesen sein muß. »Das Land ist überaus bewaldet, und die Bäume erreichen eine große Höhe«, schreibt der griechische Geograph Strabo, und Plinius der Ältere berichtet in seiner ›Naturalis historia‹, die Elefanten hätten »die Wälder von Mamora

19 Keramikmuster der Berber

20 Muster von einem Berberteller

verlassen, um in den benachbarten Gärten von Sale zu plündern«. Durch Tierfraß und Brände wurden die Wälder jedoch allmählich immer mehr dezimiert; es ist schwer, diesem Übel Einhalt zu gebieten, denn gerade die Wälder in den Bergen sind relativ dicht bevölkert. Ein Viertel der Landbevölkerung Marokkos lebt in den Wäldern.

Fast unmerklich geht der Wald in Brachland über. Eine Zwischenstufe bildet das Buschland, dessen Leitpflanzen der Mastixbaum, die Myrte, Ginster und Heidekraut sind. Diese Zone wird stellenweise von saftigen Weideflächen durchbrochen. In solchen Hochtälern haben durchziehende Nomaden ihre schwarzen Zelte aufgeschlagen und ihre Schafherden zusammengetrieben, wobei das Durchzugsrecht für die wandernden Berber mit ihren Herden genau geregelt ist. Diese Weiden sind oft Hunderte von Kilometern von den auf Bergkuppen gelegenen befestigten Dörfern entfernt. Gut die Hälfte aller nordafrikanischen Berber gehört zu diesem Wirtschafts- und Kulturtypus der Viehzüchter-Ackerbauer mit Wechselweide, den sogenannten Transhumanten. Diese Lebensweise gab stets Anlaß zu Streitereien und bewaffneten Aufständen, schon in der karthagischen und römischen Zeit.

Der Hohe Atlas, von den Berbern 'Adrar n'Deren' genannt, trennt Nordmarokko und die Haouz-Ebene von der vorsaharischen Landschaft. Seit Urzeiten fanden in den Hochtälern zwischen den 3000–4000 m hohen Bergen Berberstämme Unterschlupf und konnten hier ihre Sitten und Bräuche, an manchen Stellen bis auf den heutigen Tag, rein bewahren. Bezeichnend für ihre Siedlungen sind die Häuser aus Stampferde oder auch aus Stein mit ihren flachen über Strauchwerk und Erde gedeckten Dächern. Terrassenförmig wie die Felder sind auch diese Dörfer angelegt. Meist erhebt sich auf der Höhe der Dächer einer Häuserreihe das Mauerwerk einer zweiten darüberliegenden Häuserfront.

Die vorsaharische Landschaft jenseits des Atlas wird weitgehend durch das Flußbett des Dra (Farbt. 47) und seiner beiden Quellflüsse, des Oued Idermi und des Oued Dadès, die beide im Atlas entspringen, bestimmt. Erst nachdem der Dra einen völlig unbewachsenen Engpaß zwischen dem Djebel Saghro (Farbt. 16) und dem Anti-Atlas überwunden hat, wird er zum großen Sahara-Strom, der im Verlauf von über 200 km eine ununterbrochene Folge von ausgedehnten Bodenkulturen speist. So entsteht hier ein intensiver Farbkontrast zwischen dem satten Grün der Pflanzungen und dem Gelbrot der Schuttwüste, der Hamada.

DAS LAND DER BERBER

21 Stoffmuster der Berber

Das Wadi des Dra endet zwar am Atlantischen Ozean, es ist jedoch äußerst selten, daß sein Wasser die Mündung des Flußbettes erreicht.

Die seßhaften Bewohner des Dra-Tales waren von jeher stark von den südmarokkanischen Nomaden beeinflußt. Schon im 12. und 13. Jahrhundert fielen die zenitischen Berber bei ihnen ein, und später kamen die arabischen Maqil, die im Zusammenhang mit dem großen Einfall der Beni Hilâl in Nordafrika standen. Diese Tatsache erklärt die starke Mischung der Bevölkerung aber nur zum Teil. Der starke negroide Einschlag bei den Berbern des Dra-Tales hat andere Ursachen. Seit jeher besaßen die hier ansässigen Berber Negersklaven, die sie aus dem Sudan bezogen. Die Nachkommen dieser Neger nennen sich Haratin (Sing. Hartani), sie waren Hörige der alten berberischen Feudalordnung. Die Kinder der Negersklaven waren stets frei, sie blieben jedoch immer untergeordnet. Auch heute noch verrichten die Haratin, die sich inzwischen mit der hellhäutigen Berberbevölkerung vermischt haben, die schweren Arbeiten.

Bei den Berbern pflegen die Frauen ihr Gesicht nicht zu verschleiern (Abb. 45). Ihre Kleidung ist einfach: das Gewand besteht aus einem einzigen nahtlosen Tuch, das durch einen Gürtel und durch silberne Spangen an den Schultern zusammengehalten wird. Das Kopftuch, das oft durch zahlreiche Schnüre und üppigen silbernen Schmuck gehalten wird, wechselt je nach dem Stamm in Farbe und Art des Stoffes. Bei kaltem Wetter tragen die Berberinnen über dem Gewand ein wollenes buntbesticktes Tuch und in manchen Gegenden auch farbige gestickte Beinkleider.

Die Männer tragen den Burnus, Khenif, aber nur in einigen Gegenden im Atlas werden die Stoffe hierzu aus ungebleichter Wolle von den Berbern selbst hergestellt. Die Glaoua trugen noch vor kurzem einen bestickten Burnus aus schwarzer Wolle, Akhnif, dem am Rückenteil ein großes rotes oder orangenes Medaillon aufgesetzt war. Die Juden der Gegend trugen früher dieselbe Tracht. Besonders ausgeprägt ist bei den Bewohnern des Hohen Atlas, bei den Berbern und bei den Juden, die Schmiedekunst. Aus Silber und Kupfer stellen sie Schmuck her und verzieren ihre Dolche und Dolchscheiden mit graviertem Silber. Die Hörner für das Pulver stellten sie entweder aus Naturhörnern her, die mit Kupfer eingefaßt waren, oder sie verfertigten Pulverhörner aus reinem, ziseliertem Kupfer. Früher trug jeder Berber seinen Dolch; heute sieht man selten Berber mit reich verzierten Waffen, zumal ihnen das Waffentragen in bestimmten Gegenden von der Regierung untersagt ist.

Die Baukunst

Ebenso wie der Ursprung und das Alter der berberischen Völkerschaften bisher nicht festgestellt werden konnten, steht es mit ihrer Baukunst. »Wahrscheinlich hat sich hier, in diesen abgelegenen Buchten am Wüstenrande, eine sehr alte Bauart erhalten«, meint Titus Burckhardt, »die einst über weite Gebiete des Nahen Ostens und des nördlichen Afrikas verbreitet war und deren letzte Ausläufer auch in Südarabien zu finden sind (Abb. 24). Der maurische Einfluß hat den Stil dieser Baukunst nicht wesentlich verändert; er hat nur die archaischen, in die Lehmmauern vertieften Zierate aus Rauten und Treppenlinien um ein paar Zeichen bereichert. So dürften diese kühnen Berberburgen noch gleich aussehen wie zu den Zeiten Sumers und Assurs oder wie im alten Kanaan, und weder die große Landschaft, in deren roter Einöde die wenigen, am Flußufer gereihten Felder wie grüne oder gelbe Teppiche liegen, noch die strengen Gestalten der Berber in ihren einfachen Mänteln und dem wie ein Kranz geflochtenen Turban widersprechen diesem Bilde einer uralten, wie zeitlos verharrenden Welt.«

Anklänge an babylonisch-assyrische Formen sind nicht zu verkennen, an den vorspringenden Zinnen, den Umfassungsmauern, den wuchtigen Ecktürmen und Schießscharten, an der Gestalt der Torbögen, an den sich nach oben hin verjüngenden Formen und an der Zusammenfassung eines ganzen Häuserkomplexes, hier im Lande der Berber ebenso wie in Hadramaut.

Der berühmte französische Geschichtsforscher H. Terrasse führt in seinem zweibändigen Werk ›Histoire du Maroc‹ die wichtigsten Merkmale der berberischen Bauweise auf römische Vorbilder zurück. Das Ksar (Abb. 21) sei, so meint er, in großen Zügen dem *castrum Romanum* nachgebaut. Die mit Ecktürmen versehenen Fluchtburgen, Tighremt (Farbt. 11; Fig. 23), hätten als Vorbild das römische *castellum* gehabt. Diese Ansicht des französischen Geschichtsschreibers wird nicht allgemein akzeptiert, denn es ist leicht möglich, daß die berberische Architektur in ihren Grundzügen schon vor dem Eintreffen der Römer in Nordafrika existiert hat. In der berberischen Sprache haben sich jedoch mit Sicherheit eine Anzahl Wörter lateinischen Ursprungs erhalten, die in der arabischen

22 *Teppichmuster der Berber*

DIE BAUKUNST DER BERBER

Sprache nicht vorkommen oder dort erst später über das Berberische in den arabischen Sprachschatz aufgenommen wurden. 'Tajuga', das 'Joch', zum Beispiel kommt vom lateinischen *iugum*. Auch Namen von Geräten, die in der Landwirtschaft gebraucht werden, drangen ins Berberische und später ins arabische Wörterbuch ein.

Die berberischen befestigten Dörfer heißen Ksour (Sing. Ksar) und sind zusammengeschachtelte und zum Teil aufeinandergetürmte Wohnstätten mit meist konisch zulaufenden Mauern (Abb. 20, 30, 36). Der ganze Komplex solcher Stammes- und Familienburgen ist gewöhnlich von einer hohen Umfassungsmauer umschlossen (Farbt. 13), wobei die größeren Ksour bis zu 100, die kleineren bis zu 30 Feuerstellen besitzen. Innerhalb eines Ksar befinden sich meist ein oder mehrere Gemeinschaftsspeicher, kleine Burgen, Irherm oder Tighremt, auch Agadir genannt, die von vier zinnengekrönten Ecktürmen flankiert werden (Farbt. 11; Abb. 21, 22). Oft stehen zu beiden Seiten eines Tores einer dörflichen Umfassungsmauer ähnliche quadratische Türme. Diese können sich ebenfalls am Tor eines ummauerten Marktplatzes befinden, der – wie im Falle Ksar Goulmima – auch außerhalb des Dorfes gelagert sein kann.

Für alle diese befestigten berberischen Bauten, mögen es nun Speicher- oder Sippenburgen sein, befestigte Dörfer oder palastähnliche Privatwohnsitze der Kaids, der Stammesfürsten, wird die Bezeichnung Kasbah gebraucht (Farbt. 10–13, 22–25; Abb. 20ff.). In diesen

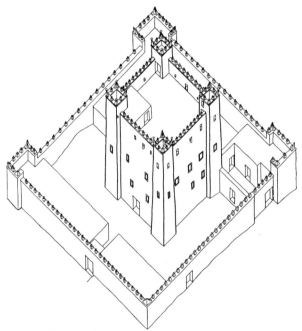

23 *Familienburg des Sidi Moha ben Ali in Semrir. Aus: Werner Wrage, Die Straße der Kasbahs, Radebeul o.J., S. 159*

Kasbahs herrschte früher ein ähnliches Leben wie im Mittelalter auf den europäischen Burgen. Bei den häufigen Überfällen feindlicher Stämme boten die Kasbahs mit ihren hohen Mauern der gesamten Bevölkerung einer Sippengemeinschaft Schutz. Im Hohen Atlas hatten noch in jüngerer Zeit die Kaids der Goundafa ständig Fehden mit anderen Stämmen. Ihr kaum bezähmbares Streben nach Macht richtete sich hauptsächlich gegen den Pascha El Glaoui, den 'Herrn des Südens', der durch die Protektion der Franzosen die Kontrolle über die meisten Stämme des Südens und das Amt des Paschas von Marrakech erhalten hatte. Schon im 12. Jahrhundert begannen die im Lande Goundafa ansässigen Berberstämme ihre kriegerischen Eroberungszüge. Es gelang ihnen sogar, die herrschenden Almoraviden zu stürzen; aus ihren Reihen ging sodann ein berberisches Herrscherhaus hervor, die ganz Marokko beherrschende Almohaden-Dynastie.

Da heute nach der allgemeinen Befriedung des Landes die Rivalität der einzelnen Stämme untereinander nachgelassen, die sozialen Verhältnisse sich geändert und die festungsartigen Ksour ihre eigentliche Bedeutung eingebüßt haben, sind die Kasbahs zum großen Teil dem Verfall preisgegeben, denn plötzlich eintretende Wolkenbrüche, die nicht nur im Herbst und Winter, sondern auch im Hochsommer eintreten können, fügen ihnen großen Schaden zu. Wie Blei fällt dann der Regen auf das ausgedörrte Land und kann sehr schnell die Lehmmauern in formlose Schlammhaufen verwandeln. Und wenn dann die Lücken, die die

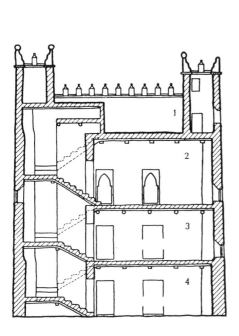

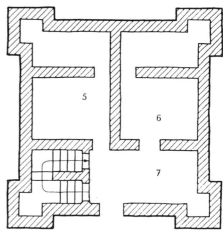

24 *Familienburg des Sidi Moha ben Ali in Semrir. 1 Dachgeschoß 2 Wohnräume 3 Speicherräume 4 Stall und Geräte 5 Geräte: Pflug und Quern 6 Winterstall 7 Flur. Aus Wrage, a.a.O., S. 161*

DIE BAUKUNST DER BERBER

25   Hausornamente der Berber

Wassermassen in das kunstvolle Werk von Menschenhand gerissen haben, nicht schnell ausgebessert werden, ist die Kasbah bald ein Trümmerhaufen. Heute nimmt man sich leider nur noch selten die Zeit, besonders kunstvoll ausgeführte Bauwerke, wenn sie erst einmal ernstlich gelitten haben, in derselben Form wieder herzurichten. Und wenn es wirklich geschieht, dann wird häufig der ornamentale Schmuck (Fig. 25, 26) vernachlässigt.

Die eindrucksvollsten Beispiele berberischer Baukunst finden wir im vorsaharischen Gebiet des Hohen Atlas, im Sous und im Anti-Atlas, vor allem aber am Oued Dra (Abb. 20, 22, 26, 36, 48), am Oued Dadès (Abb. 42) und im Todhga-Tal (Abb. 44). Hier befinden sich auch die ältesten Kasbahs, von denen einige über 400 Jahre alt sein sollen. Das ist natürlich so zu verstehen, daß auch bei diesen Kasbahs im Laufe der Jahre mancherlei Erneuerungen vorgenommen wurden, denn diese eindrucksvolle Architektur braucht auf jeden Fall Pflege. Da aber diese Burgen stets im Besitz derselben Sippe geblieben sind, wurde der Bau nach jeder Naturkatastrophe überlieferungstreu wiederhergestellt.

Obwohl die Kasbahs in ihrer Anlage alle einem Grundplan entsprechen und in der ganzen Anlage auffallend an die südarabischen Hochbauten in Hadramaut (Abb. 24) erinnern, so unterscheiden sie sich doch oft in ihren Einzelheiten. Ein Ksar mit einer oder mehreren Sippenburgen bildet einen Komplex von ungleich hohen Bauten, von zahlreichen Türmen und Türmchen, der trotz seiner oft verwirrenden Verschachtelung doch ein harmonisches Ganzes bildet. Die Burg, die Vorburg, die Wohnhäuser und Speicher verschmelzen zu einer großen einheitlichen Festungsanlage. Türme und Wohnbauten, die mit Schießscharten und spärlichen Fenstern versehen sind, sind meist mehrere Stockwerke hoch. Die flachen Dächer sind von Zinnen und Türmchen umsäumt, und die Außenflächen der Mauern tragen geometrische Ornamente (Abb. 30).

Charakteristisch für eine Familienburg sind die vier Ecktürme. Bis zu 5, manchmal sogar 6 Stockwerken steigt das Zentralgebäude auf. Die Burg mit ihren Nebengebäuden wird gewöhnlich noch von einer Wehrmauer innerhalb der gesamten Anlage eingeschlossen. Bisweilen steht sie auch erhöht über den anderen Gebäuden auf einem Felsvorsprung oder natürlichen Sockel, wobei jede Bodenunebenheit ausgenutzt wird. Das Fundament einer Berberburg besteht aus Stampferde, hin und wieder in gebirgigen Gegenden auch aus flachen Lesesteinen. Die Beschaffung des Baumaterials macht keine Schwierigkeiten. Im Oued sticht man einfach dort, wo das Gebäude stehen soll, den Lehmboden aus, mischt ihn mit Wasser und etwas feingeschnittenem Maisstroh und füllt mit der breiigen Masse Bretterverschläge, die genau die Breite der aufzuführenden Mauern haben, bis zum Rand. Sobald der Lehm festgeworden ist, werden die Bretter entfernt, und Knüppel werden quer über das fertige Mauerstück gelegt. Nun wird das kastenartige Holzgestell, das oben und unten offen ist, auf die Knüppel über dem fertigen Mauerstück gesetzt, und die Füllung des Kastens beginnt von neuem. Nach dem Lösen der Bretter werden die Knüppel jedes Mal aus der Stampflehmmauer herausgezogen. Auf diese Weise bleiben in den Wänden immer in bestimmten Abständen Löcher. Von weitem gesehen, könnte man glauben, diese Löcher seien kleine Fenster oder Schießscharten, so daß die Bauten noch höher erscheinen, als sie eigentlich sind. Bei besonders sorgfältig ausgeführten Baukonstruktionen werden die Löcher nachträglich mit Lehm zugeschmiert, und die Wände werden verputzt. Vielfach wird der Bau in den oberen Stockwerken mit luftgetrockneten Lehmziegeln fortgesetzt. Diese Ziegel werden, genauso wie in Südarabien, aus der gleichen Masse wie beim Stampflehmbau in hölzernen Kästen geformt. Durch die intensive Sonnenbestrahlung erhalten sie eine solche Härte, daß Bauten aus diesem Material Jahrhunderte überdauern.

Durch bestimmtes Legen und Aussparen der Ziegel lassen sich in den Mauern interessante geometrische Muster und Zeichen formen. Die Zimmerdecken im Innern der Burg werden durch roh behauene Balken abgestützt. Auch als Träger der Decken werden behauene Baumstämme benutzt, während die Decken von unten mit einem Rohrgeflecht in Fischgrätenmuster belegt werden (Abb. 37).

Die Burg besitzt meist nur eine Tür. Sie führt in einen dunklen Raum, der als Stallung oder Ab-

26 Geometrische Ornamente an der Außenwand einer Kasbah im Hohen Atlas

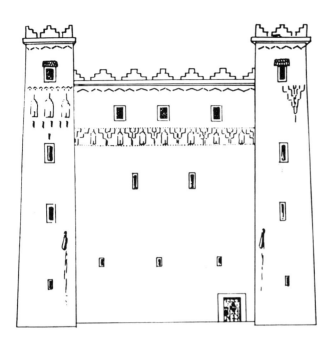
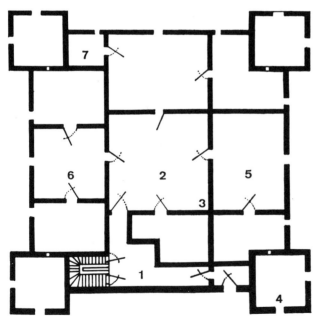

stellraum für Geräte benutzt wird. Das Erdgeschoß besteht entweder aus diesem einzigen großen Raum oder ist in mehrere Kammern unterteilt. In einem der Ecktürme führt die Treppe in die oberen Stockwerke. Der zweite Stock wird gewöhnlich noch als Speicher zur Aufbewahrung von Hülsenfrüchten und Getreide benutzt. Im dritten Stockwerk befinden sich die Schlafräume, die mit Liegepolstern, Truhen, Holzgestellen und Pflöcken an den Wänden zum Aufhängen von Kleidern ausgestattet sind. Erst im dritten Stock beginnen die Wohnräume, deren Wände weiß gekalkt sind. Die Fenster können mit hölzernen Läden verschlossen werden. Es gibt keine Glasfenster, oft sind aber die Fenster noch mit schmiedeeisernen Gittern versehen. Auf dem Boden liegen Matten oder Teppiche, Polster und Decken. Sie bilden das hauptsächlichste Mobiliar, denn Stühle kennt der Berber nicht: er sitzt oder hockt am Boden wie der Araber. Die weiß getünchten Wände sind in manchen Kasbahs mit farbigen Ornamenten geschmückt.

Die Außenmauern tragen ebenfalls Ornamente, aber gewöhnlich erst von der Höhe des Wohngeschosses aus nach oben bis zur Dachrampe. Die Zinnen sind gestuft, und fast bei jeder Rampe sind sie anders geformt. Ebenso wie die Ornamente an den Mauern haben sie magische Bedeutung. Sie sollen bewirken, daß die 'Lebenskraft' (Baraka) an das Haus gebannt wird, sie sollen böse Geister fernhalten und dafür sorgen, daß die Menschen und das Vieh gesund bleiben. Die Fensterverteilung und die Ornamente sind auf jeder Seite der Wohnräume verschieden. So sehr sie auch im Detail variieren, so halten sie sich doch stets an die Tradition der Sippe oder des Stammes.

Sehr viel komplizierter als der Tighremt, der urtümliche quadratische Bau, sind jene Kasbahs, die beim Anwachsen der Familie und der ganzen Sippe durch Anbauten mit neuen Höfen, Ringmauern und Türmen zu regelrechten Festungen wurden. So entstanden allmählich jene mächtigen Burgkomplexe, in denen oft Hunderte von Menschen Unterkunft fanden. Von hier aus beherrschten mächtige Berberfürsten, die Kaids, den Hohen Atlas. Viele Kasbahs liegen weitab in den Bergen und sind auch heute noch schwer zugänglich. Die meisten befinden sich jedoch in den Flußtälern des Dra und des Dadès; die Straße, die an ihnen entlang führt, wird 'die Straße der Kasbahs' genannt. Sie ist heute durchweg asphaltiert und dem Touristenverkehr erschlossen.

◁ 27 *Speicherburg der Berber.* 1 Gang 2 Hof 3 Vieh 4 Speicher für Getreide 5 Feldgeräte 6 Gesinde 7 Butter und Honig

Die Straße der Kasbahs

Hinweise zu den wichtigsten zugänglichen Burgenstädten

Nur wenige Pässe führen von der großen Haouz-Ebene über das Atlas-Gebirge in das vorsaharische Gebiet mit seinen Kasbahs. Schon seit Jahrhunderten wurden diese Pässe von den Karawanen benutzt, die zwischen Marokko und den wichtigsten innerafrikanischen Plätzen verkehrten. Diese Pässe wurden auch später noch von den mächtigsten 'Herren des Atlas' beherrscht und bewacht: der Tizi n'Tichka von den Glaoua, der Tizi n'Test von den Goundafa und der Imi n'Tanout von den Mtougi.

Noch bis zum Jahre 1933 herrschte zwischen den Ait Hadiddou, den Ait Morghad und den Ait Atta (Abb. 45) ein permanenter Fehdezustand, eine nicht endenwollende Folge von Blutrache, Mord und Plünderung, den die französischen Flugzeuge schließlich durch den Einsatz von Bomben ebenso gewaltsam beendeten. Heute jedoch gehört dieses Gebiet zum beliebtesten Reiseland Marokkos. Die neue Autostraße, die seit einigen Jahren dem Tourismus offensteht, führt von Marrakech aus über den Tizi n'Tichka in das Land der Berber. Schon von Marrakech aus sehen wir in der Ferne eine gewaltige Mauer, das Atlas-Gebirge, aufsteigen, das sich über 800 km von Nordosten nach Südwesten erstreckt. Jahrhunderte hindurch haben sich die Menschen hier an den Berglehnen und in den Tälern verborgen gehalten und sich allen Eindringlingen widersetzt. Erst wenn wir den 2260 m hohen Paß, den Tizi n'Tichka, überquert haben, gelangen wir in den Bereich der Berberstämme, deren Dörfer und Kasbahs sich der grandiosen Bergwelt angepaßt haben und deren Lebensweise sich bis heute kaum geändert hat.

Telouet

Schon in geringer Entfernung hinter dem Paß in 1800 m Höhe liegt das Großdorf Telouet in einer prachtvollen Landschaft (Farbt. 9). Die 20 km lange Abzweigung, die bei km 108 von der Hauptstraße beginnt, führt in ein weites grünes Tal zwischen roten, durch Erosion stark zerrissenen Bergen hindurch. Es ist das Oued Imarene, das sich etwas weiter bergab mit dem Asif Mellah vereint und das zu den Quellflüssen des Dra gehört. Etwas abseits vom Dorf, erhöht über dem Tal, liegt der Dar Glaoui, das Bergschloß des El Glaoui, der einst der mächtigste Kaid der Berber war (Abb. 32). Sein Fürstenschloß hatte er später, als er Pascha von Marrakech wurde, wesentlich erweitert. In den an sich schon weitläufigen Bereich der Kasbah hatte er einen Neubau einbezogen, der in seiner prunkvollen städtisch-arabischen Bauweise den schlichten und ernsten Baustil der Berber durchbricht. Sogar eine Moschee mit einem Minarett hat der Pascha innerhalb des Palastbezirkes errichten lassen.

Bis zum Ende der französischen Protektoratszeit erlebte die Feudalherrschaft des Atlas in Telouet ihre letzte Glanzzeit. Hier im Herzen des Gloua-Gebietes lebte seit alten Zeiten die Hauptgruppe der Masmouda-Berber, die schon im frühen 11. Jahrhundert der arabische Geograph El Bekri in seinem Geschichtswerk als dort ansässige Bevölkerung erwähnt.

Heute ist es still geworden in der ehemaligen Residenz des El Glaoui, wo noch bis in die fünfziger Jahre prunkvolle Feste gefeiert wurden. Da sich der El Glaoui, der mit den Franzosen zusammenarbeitete, gegen den Sultan gestellt hatte, wurde er nach der Unabhängigkeit Marokkos abgesetzt, und sein Besitz wurde enteignet. Hier sind nun die Zeichen zunehmenden Verfalls sichtbar, denn niemand findet sich, der die inzwischen notwendig gewordenen Ausbesserungen vornehmen will. Eine Gendarmeriestation ist in einem kleinen Teil des umfangreichen Bezirkes der Kasbah untergebracht und hält die weitläufigen

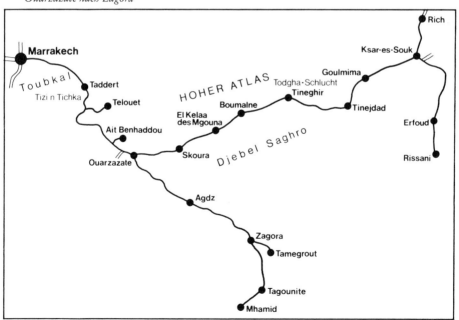

28 Die Straße der Kasbahs, von Marrakech über Ouarzazate und Ksar es Souk nach Rissani und von Ouarzazate nach Zagora

DIE STRASSE DER KASBAHS

Räumlichkeiten unter Verschluß. An vielen Stellen sind die morschen Holzverkleidungen mit ihren bunten Bemalungen ebenso wie Teile der Stuckarbeiten von den Decken und Wänden herabgefallen, so daß ein Gang durch die leeren Räume, über halbzerfallene Treppen und an eingestürztem Mauerwerk vorbei nur ahnen läßt, welcher Glanz und welche Pracht einmal in diesem Märchenschloß geherrscht haben müssen.

Eine der schönsten alten Kasbahs liegt am oberen Lauf des Oued Iounil in der Nähe von Telouet, die Kasbahs von Anemitèr, die von Telouet aus in vierstündigem Maultierritt zu erreichen ist.

Ait Benhaddou

Ein besonders schönes Festungsdorf ist Ait Benhaddou, am Rande des Asif Mellah gelegen (Farbt. 13; Abb. 21, 30). Von Amergane (km 159) aus ist es über eine 15 km lange Abzweigung mit dem Auto zu erreichen. Das Ksar, ein Labyrinth von ineinandergeschachtelten Häusern, lehnt sich an eine Felswand an und ist ringsherum von einer Festungsmauer eingeschlossen. An den Türmen der Tighremts, der Kollektivspeicher, von denen es allein sechs in Ait Benhaddou gibt, erkennen wir Ornamente im reinen berberischen Stil, und die Eingänge zu den Häusern sind zum Teil mit schönen alten holzgeschnitzten Türen verschlossen, die sich mit hölzernen Zackenschlössern verriegeln lassen. Diese Schlösser sind genauso gearbeitet wie die Zackenschlösser in Südarabien an den Haustüren der Hochhausstädte Hadramauts. Selbst die eingeritzten Kreuzornamente sind hier wie dort die gleichen.

Solch ein Schloß besteht aus einem Holzblock mit einer Aushöhlung, in der sich ein Riegel hin un her schieben läßt, aber nur dann, wenn man in den Riegel, der ebenfalls hohl ist, einen hölzernen Schlüssel mit aufrecht stehenden Zacken aus Hartholz hineinschiebt, bis die Zacken genau unter den korrespondierenden Löchern stehen. In diesen Löchern befinden sich entsprechende bewegliche Holzstifte, die, wenn der Schlüssel herausgezogen ist, das Schloß blockieren. Erst wenn man den Schlüssel wieder in den Kasten schiebt und ihn dann nach oben drückt, so daß die herabgefallenen Stifte zurück in den Block gedrückt werden, wird das Schloß frei. Man kann nun den Riegel herausziehen und die Tür öffnen. Durch geringe Änderungen in der Anordnung der Stifte und der Löcher lassen sich solche Sicherheitsschlösser in unbegrenzter Zahl herstellen.

Ait Benhaddou ist der Name des Ksar, er ist aber auch gleichzeitig der Name des Stammes, der hier ansässig ist. Aus dem Gewirr der Lehmbauten ragen die Türme der Kollektivspeicher mit ihrem typischen Ornamentschmuck an den oberen Stockwerken heraus. Ungewöhnlich mächtig erscheint das Stadttor von Ait Benhaddou, das vor ein paar Jahren neu aufgebaut wurde, nicht von den Berbern, sondern von dem amerikanischen Regisseur Orson Welles, der hier den Film ›Sodom und Gomorrha‹ gedreht hat. Für die Filmaufnahmen sollte der an sich schon so eindrucksvolle Ort noch 'verschönert' werden. Auch die Farben waren den Filmleuten noch nicht intensiv genug; so wurden die Gebäude, die man als

1 Ruinen der Nord-Thermen in Volubilis

3 Das Kapitol von Volubilis

2 Seitliches Mauerwerk des Triumphbogens von Volubilis, der zu Ehren Caracallas und der Julia Domna 217 n. Chr. errichtet wurde

4   Verzierter Brunnen an einem Haus in Chéchaouen

6   Eine der vielen malerischen Gassen in Chéchaouen ▷

5   Am Markt von Chéchaouen

7 Blick auf Chéchaouen, den Hauptsitz der Rif-Kabylen
8 Die Gebirgslandschaft des Hohen Atlas bei Asni
9 Blick auf Telouet, wo die Straße der Kasbahs beginnt ▷

10 Tor zu einer Berbersiedlung am Oued Dadès

12 Tal des Oued Dadès bei Boumalne ▷

11 Von vier Ecktürmen flankierte Familienburg der Berber, Tighremt genannt

14 Das fruchtbare Tal des Ziz am Südhang des Hohen Atlas
◁ 13 Ait Benhaddou, eine der schönsten Berbersiedlungen, die aus zahlreichen Kasbahs besteht
16 Im Djebel Saghro, einem vegetationsarmen Südausläufer des Hohen Atlas ▷
15 Eine Kasbah bei Ouarzazate im Hohen Atlas

17 Eingang zum Markt von Zagora

18 Kamelmarkt in Goulimine, im äußersten Südwesten des Landes

19 Heißer Wüstenwind bei Erfoud, im vorsaharischen Oasengebiet des Tafilalet

20 Berbersiedlung bei Zagora im Dra-Tal

21 Markt in einem Berberdorf des Dra-Tals ▷

22, 23 Berberburgen südlich des Hohen Atlas

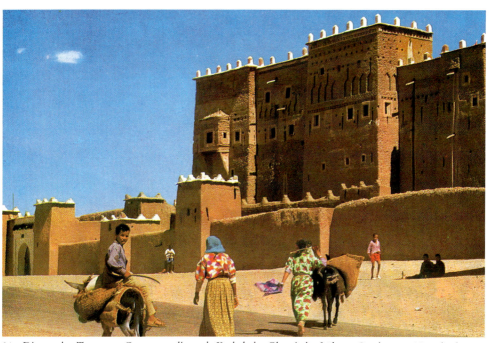

24 Die vor den Toren von Ouarzazate liegende Kasbah des Glaoui, des früheren Paschas von Marrakech

25 Teilansicht von Ait Benhaddou

26 Fès: Hier werden die Tierhäute in Laugen gegerbt

27 Im Souk von Fès ▷
28 Am Jemaa El Fna, dem kulturellen Mittelpunkt Marrakechs ▷▷

29 Jemaa El Fna: Ein Musikant spielt die ›Genbri‹, ein berberisches Musikinstrument

30 Jemaa El Fna: Gaukler tragen zum Jahrmarktcharakter des Platzes bei

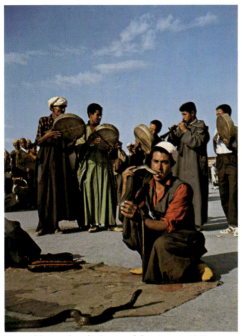

31 Schlangenbeschwörer auf dem Jemaa El Fna

32 Marrakech: Händler auf dem Weg zum Markt

33 Marrakech: Bei den Sandelholzdrechslern

34 Händler im Souk von Marrakech

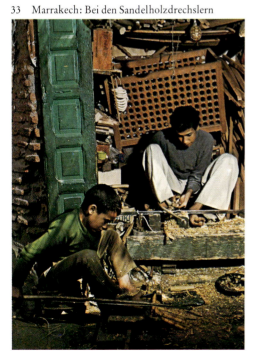

35 Marrakech: Im Souk der Färber
36 Reiterspiel (Fantasia) in Fès
37 Blick auf Moulay-Idriss, die ›heilige Stadt‹ Marokkos ▷

38 Marrakech: Bab Agenau

39 Innenhof der Karauin-Moschee von Fès ▷

40, 41 Meknès: Innenhof der Bu Inania-Koranschule

42, 43 ›Spinngewebe Gottes‹, das schönste geometrische Ornament des keramischen Dekors

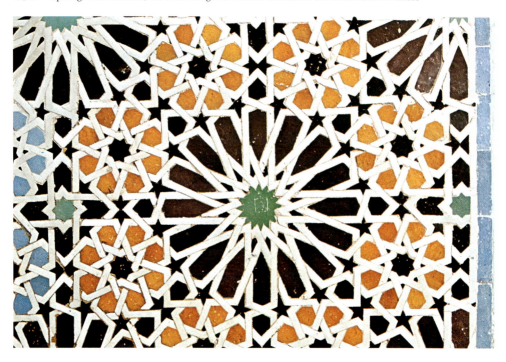

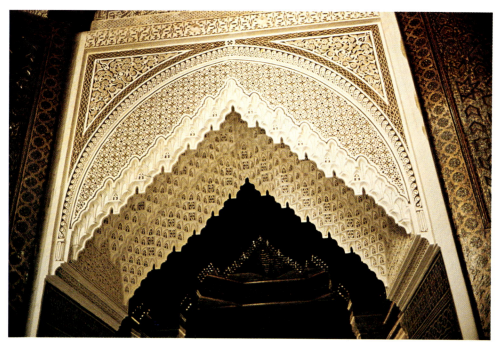

44 Zu den beeindruckendsten maurischen Stilelementen gehört die Tropfsteinverzierung
45 Hier verbinden sich Arabeske und geometrisches Ornament
46 Stuckornamente am Kapitell einer Säule

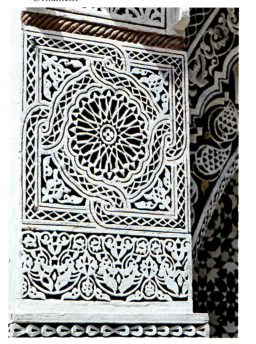
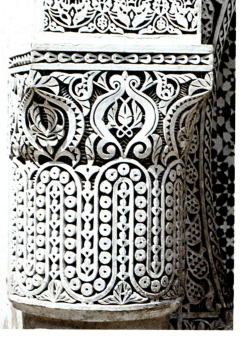

47 Landschaft bei Zagora am Oued Dra nach einem Sandsturm

Kulissen brauchte, mit roter Farbe angemalt, die erst zentnerweise angefahren werden mußte.

Tiffoultoute

Nur 6 km von Ouarzazate entfernt und nur noch 1160 m hoch gelegen, erhebt sich, einen kleinen Ksar überragend, eine ehemalige Feudalburg, die Kasbah Tiffoultoute. Ein Teil der Burg ist heute modern arabisch ausgestattet und als staatliche Etappenraststätte im Zweigbetrieb vom Hotel in Ouarzazate für den Touristenverkehr zur Verfügung gestellt worden. Um hier 'rasten' zu dürfen, muß man sich allerdings vorher in der Hauptraststätte von Ouarzazate anmelden. Die Kasbah liegt in einer herrlichen Landschaft (Farbt. 15). Sie besteht aus zwei Teilen, dem restaurierten, modern eingerichteten Gebäude, der Raststätte, und der halbverfallenen berberischen Wohnburg, in der früher ein Khalifa (Vertreter) des Glaoui residiert hat. Auf einem der Türme nistet in aller Ruhe ein Storchenpaar. Störche sind in Marokko so zahlreich, daß sie mit zum Landschaftsbild gehören, nicht nur im Lande der Kasbahs, sondern vor allem auch im Flachland jenseits des Atlas.

Taourirt

Die Kasbah von Ouarzazate liegt 1,6 km von der modernen Ortschaft entfernt und heißt Taourirt, ein mächtiger Komplex, der ebenfalls früher als Residenz eines Vertreters des El Glaoui diente und die Mitglieder eines ganzen Stammes beherbergte. Taourirt liegt unmittelbar an der Straße, die von Ouarzazate nach Ksar es Souk führt, eine Ansammlung ungleich hoher Bauten mit zahlreichen Türmen, einer Burg und einer Vorburg. Alles in allem verschmilzt der Komplex zu einem harmonischen Ganzen, zu einer großen einheitlichen Befestigungsanlage, die sich am Oued Ouarzazate entlang zieht. Unter der Bezeichnung 'Kasbah' ist hier also die Altstadt mit der Burg zu verstehen, eine der größten Kasbahs Marokkos. Sie umfaßt außerdem noch ein Mellah, ein Judenviertel, dessen Einwohnerzahl sich früher auf 10% der Gesamtbevölkerung von Taourirt belief. Viele Juden sind jedoch im Laufe der letzten Jahre nach Israel ausgewandert.

In Marokko leben Juden nicht allein inmitten der arabischen Bevölkerung, sondern auch unter den Berbern; es sind Juden verschiedenen Ursprungs. Viele von ihnen sind Nachkommen von Berbern, die vor langer Zeit zum mosaischen Glauben bekehrt worden sind. Sie verehren Heilige, die oftmals auch den Muselmanen bekannt sind, halten sich im übrigen aber streng an die Vorschriften des Talmud. Die Juden von Taourirt sollen im 2. Jahrhundert n. Chr. mit den Römern und ein zweiter Schub im 5. Jahrhundert mit den Wandalen gekommen sein; sie siedelten sich außerdem in den westlichen Gebieten des Atlas und im Sous an.

DIE STRASSE DER KASBAHS

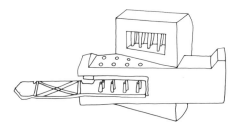

29 *Hölzernes Türschloß eines Berberhauses*

Die 'Straße der Kasbahs' teilt sich von Ouarzazate aus in zwei Stränge: der eine führt das Dadès-Tal entlang bis Boumalne und weiter über Tinerhir und Goulmima nach Ksar es Souk, der andere über Agdz nach Zagora; er folgt in südöstlicher Richtung dem Oberlauf des Dra-Flusses. Beide Wege führen durch Gebiete, in denen die Kasbahs dicht beieinander liegen. Von großer Schönheit ist die Landschaft, die man auf der Fahrt nach Zagora durchquert. Um in das Dra-Tal zu gelangen, muß man den Djebel Saghro über den Tizi n'Tinifift in 1680 m Höhe überqueren (Abb. 35). Der Djebel Saghro erstreckt sich, zum Hohen Atlas parallel laufend, über 100 km, indem er das Dadès-Tal vom Oued Dra trennt. Im Saghro-Gebirge besitzen die berberischen Transhumantes vom Stamme der Ait Atta einige Speicherburgen (Abb. 36). Sie unterhalten aber auch gleichzeitig Handelskarawanen und leben, zu äußerster Unabhängigkeit neigend, ein genügsames Nomadenleben. Im Dra-Tal betrachten sie sich als Beschützer der nicht mehr stammesgebundenen seßhaften Bevölkerung, die sich auf etwa 150000 Menschen beläuft.

Bald hinter dem Tizi n'Tinifift wird das Großdorf Agdz erreicht, das früher einmal ein wichtiger französischer Militärstützpunkt war. Heute ist es einer der Hauptverwaltungsorte. Das Tal des Dra, das wir nun erreicht haben, ist eine ununterbrochene Folge von Oasen, seit altersher das Sammelbecken sämtlicher Berber- und Araberrassen. Besonders stark machte sich hier im 12. und 13. Jahrhundert der Einfluß der zenitischen Berber und der arabischen Maqil bemerkbar, die während der großen Invasion der Beni Hilâl hier eindrangen.

Tamenougalt und Tamkasselt

Gleich zu Beginn der Oasenstrecke, Agdz gegenüber, liegt die ehemalige Mezguita-Hauptstadt Tamenougalt, die sich durch besonders kühne Gestaltung der Lehmarchitektur und durch schöne Ornamentik auszeichnet. Der Ksar liegt mitten in einer blühenden Oase.

Bei Tamkasselt (km 89) beginnt das Stammesgebiet der Ait Seddrat, ein Unterstamm dunkelhäutiger Berber, die stark mit Haratin, Nachkommen von Sklaven aus Westafrika, vermischt sind. Im Dra-Tal ist die Zahl dieser Haratin besonders groß.

Am Saum der Tasminaght-Wüste, bei der Einfahrt in das Oued Tasminaght, einem Nebenfluß des Dra, beginnt ein anderes Stammesgebiet, das der Ait Zerri. Ihnen gehört auch das befestigte Großdorf Timesla auf dem gegenüberliegenden Dra-Ufer.

Zagora und Tamegrout

In Zagora (Farbt. 17; Abb. 25, 27), 162 km von Ouarzazate entfernt, endet der südöstliche Strang der Kasbah-Straße. Zagora war früher ein wichtiger französischer Militärstützpunkt. Die von den Franzosen erbauten Militärgebäude sind heute durch marokkanisches Militär besetzt. In Zagora gibt es ein ausgezeichnetes Hotel des staatlich-marokkanischen Fremdenverkehrsamtes, das etwas erhöht über der schönen grünen Oase liegt. Hier lohnt es sich, ein paar Tage Station zu machen und von hier aus Ausflüge in die nähere Umgebung von Zagora zu unternehmen (siehe auch Farbt. 20), zum Beispiel nach Tanzita (km 152), einer malerischen Ortschaft mit einer Zawiya, von denen es im Dra-Tal mehrere gibt.

Die Zawiyas wurden meistens von Marabuten gegründet, von Fanatikern des islamischen Glaubens, die aus verschiedenen Ländern Nordafrikas gekommen sind. Ein Marabut ist ein Mohammedaner, der als Heiliger verehrt wird; 'Marabut' werden aber auch ihre Grabmale mit den kleinen weißen Kuppeln genannt, die man immer wieder, oft auch in den entlegensten Gegenden, antrifft. Der Marabut gehört meist einer religiösen Bruderschaft an, die in der Zawiya ihr Zentrum hat. Die Mitglieder einer Zawiya sind wahre Missionare des Glaubens. Sie gehen predigend zu den Stämmen, und sie waren es auch, die viel zur Islamisierung der Berberstämme beigetragen haben.

Die bedeutendste Zawiya im Dra-Tal befindet sich in dem 22 km von Zagora entfernt liegenden Tamegrout (Abb. 28, 29). Der religiöse und politische Einfluß dieser Bruderschaft macht sich noch weit über das Dra-Tal hinaus bemerkbar, bis in den Sous und den Anti-Atlas hinein. In ihrer Bibliothek wird ein kostbarer Schatz gehütet: auf Gazellenhaut geschriebene illuminierte Koranbücher aus dem 13. Jahrhundert, die erst vor wenigen Jahren entdeckt wurden.

Skoura

Wenn man von Ouarzazate aus in östlicher Richtung auf der Straße durch das Dadès-Tal fährt und die Kasbah Taourirt passiert hat, öffnet sich vor einem zunächst ein Wüstenplateau. Erst nach 32 km beginnen wieder Pflanzungen, die Dattelpalmhaine von Skoura. Von dem satten Grün der Gärten mit ihren Feigen- und Granatapfelbäumen hebt sich das leuchtend rote Mauerwerk reich verzierter Kasbahs ab. Nischen mit treppenartiger Ziegelversetzung tragen zum Schmuck der Bauwerke bei und bereichern noch die Ausschmückung in der üblichen Form der Luftziegelversetzung. Aber auch hier schreitet der Verfall immer mehr voran, und oft sind es gerade die schönsten Kasbahs, die betroffen werden. Ein besonderes Beispiel hierfür ist eine alte Feudal-Kasbah. Eingeschlossen von einer Wehrmauer, hebt sie sich aus der Oase hervor; sie scheint schon lange Zeit dort verlassen zu liegen. Diese alten Feudalburgen, von denen es in der Oase Skoura eine ganze Anzahl gibt, besitzen außer den eigentlichen Wohnburgen auch Dienerwohnungen und andere Nebengebäude mit Innen- und Außenhöfen. Die Unregelmäßigkeit der Türme, die in verschiedener Höhe und Breite aufsteigen, verleiht den Kasbahs von Skoura einen besonderen Reiz.

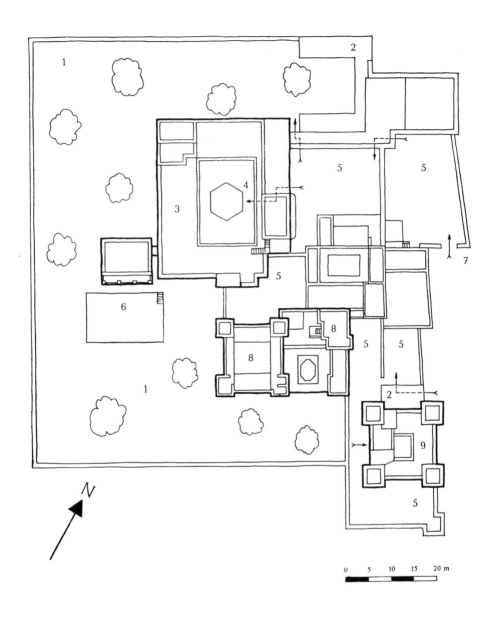

30 Feudal-Kasbah in der Oase von Skoura. Gesamtanlage mit Nebengebäuden. 1 Garten 2 Ställe 3 neuer Wohnbau mit Gartenpavillon 4 Innenhof 5 Höfe 6 Schwimmbecken 7 Tor 8 alte Wohnburg (Doppelbau) 9 alte Wehrburg. Aus: Wrage, a.a.O. S. 184

El Kelaa des Mgouna

Hinter Skoura, in dessen Gärten Rosenstöcke für die Gewinnung von Rosenwasser gezüchtet werden, beginnt wiederum eine wüstenartige Hochebene, doch bald nähert sich die Straße wieder dem Dadès-Tal, in dessen unmittelbarer Nähe gruppenweise malerische Kasbahs liegen. Die bedeutendste von ihnen, von der Straße aus kaum sichtbar, heißt Imassin (km 61). Bald darauf beginnt dann das Siedlungsgebiet der Ait Seddrat mit zahlreichen Ksour. Von ihnen ist das bedeutendste Ksar das Großdorf El Kelaa des Mgouna (km 90,5); es liegt in 1 467 m Höhe am Ufer des Asif Mgouna, eines Nebenflusses des Dadès, in einer weit ausgedehnten Oase (Abb. 40). Kelaa ist ein arabisches Wort und bedeutet Festung; Mgouna ist der Name eines Unterstammes. Auf einem Felsen, die ganze Oase überragend, liegt wirklich eine Festung, eine der früheren Kasbahs des Paschas von Marrakech, El Glaoui.

Das Bergmassiv, in dem der Asif Mgouna entspringt, trägt ebenfalls den Namen der Sippe, es heißt Ighil Mgoun und ist über 4 000 m hoch. Asif ist ein Berberwort und hat dieselbe Bedeutung wie der arabische Ausdruck Oued oder Wadi. Hier in diesem Hochtal von Kelaa des Mgouna haben die Berber ihre Unabhängigkeit noch bis 1937 bewahrt, und noch bis 1952 war diese Gegend französisches Militärgebiet, das Fremden nicht zugänglich war. Als die berberischen Stämme dieser Gegend 'befriedet' wurden, haben sich hier so manche Kämpfe zwischen Berbern und Franzosen abgespielt, und sicherlich ist der Verfall vieler Burgen den Folgen von Beschießungen während jener Kämpfe zuzuschreiben.

Bei einigen Kasbahs, die sich noch in einigermaßen gutem Zustand befinden, sind die Ecktürme, Iguedmane (Sing. Agueddim) genannt, und die oberen Stockwerke mit den zinnengekrönten Dächern weiß gekalkt, genauso wie ich es bei dem Sultanspalast von Saiwun in Hadramaut gesehen habe. Aus Prestigegründen werden einige der anspruchsvollen Bauten nach einem Unwetter ausgebessert, obwohl sie als Wehrburgen keine Bedeutung mehr haben. Das gilt auch für die eindrucksvolle Kasbah von Boumalne (Farbt. 12), die Familienburg des Si Brahim, die nur noch als Speicher benutzt wird, während ihr Besitzer in einem der Nebengebäude wohnt.

Tinerhir (Tineghir)

Dieser große Ksar liegt in einer ausgedehnten Oase, in der das saftige Grün kunstvoll bewässerter Felder mit dem dunklen Grün der Dattelpalmhaine und den rotbraunen Kasbahs kontrastiert. Tinerhir besitzt eine im Kasbah-Stil erbaute staatliche Etappenraststätte, die das ganze Jahr über geöffnet ist. Von hier aus hat man eine weite Sicht über die Oase und über einen Teil der Kasbahs. Auf demselben 1 342 m hohen Plateau liegt eine imposante Feudalburg, die, wie so viele andere, dem Pascha El Glaoui gehört hat.

Von Tinerhir aus erreicht man leicht eine berühmte Schlucht: das enge Felsental, das sich der Todhga-Fluß bei seinem Austritt aus dem Atlas-Gebirge gebahnt hat (Abb. 23). Die Schlucht ist an ihrer engsten Stelle nur 10 m breit. Setzen wir die Reise auf der 'Straße der

DIE STRASSE DER KASBAHS

Kasbahs' nach Ksar es Souk fort, so passieren wir noch einmal ein interessantes Dorf namens Tinejdad, das von Schlöh-Berbern und Haratin bewohnt wird.

Als letzte größere Ansammlung von Kasbahs ist noch das Großdorf Goulmima in der Oase Gheris zu nennen. Etwa zwanzig Dörfer, von denen jedes einzelne eine Festungsmauer mit außergewöhnlichen Wehrtürmen besitzt, liegen hier an der Grenze zwischen den dort ansässigen Ait Morghad und den Ait Atta (Abb. 45), die als Transhumantes hauptsächlich den Djebel Saghro bewohnen. Hier in diesem Gebiet, wo es immer Streitereien unter den Stämmen gab, hatten die mächtigen Festungsbauten sicherlich ihre Berechtigung.

Gewiß gibt es hier in diesem Gebiet noch viele schöne und interessante Plätze, die sich aufzusuchen lohnen, wie zum Beispiel die Oase von Erfoud (Farbt. 19), doch die 'Straße der Kasbahs' findet hier ihr Ende.

Anti-Atlas

Außerhalb der 'Straße der Kasbahs' gibt es noch zahlreiche andere Kasbahs der Berber, von denen die meisten sehr verstreut an unzugänglichen Stellen des Anti-Atlas liegen. Die Kasbahs des Anti-Atlas, die Agadire heißen, unterscheiden sich von denen des Dra- und des Dadès-Tales vor allem dadurch, daß sie vorwiegend aus Stein gebaut sind und daß ihnen die charakteristischen Ecktürme fehlen. Die um mehrere Innenhöfe gruppierten, bis zu sieben Stockwerke hohen Gebäude werden von einer massiven, bis über 20 m hohen Steinmauer umgeben, die den Agadiren von außen ein noch kompakteres und massiveres Aussehen verleiht, als es bei den anderen Kasbahs der Fall ist. Auch die Funktion dieser Agadire unterscheidet sich von denen der übrigen Kasbahs: Sie dienten nicht als dauernde Wohnstätten einer größeren Gruppe, sondern waren Gemeinschaftsspeicher, Festung und Versammlungsort eines ansonsten in der Umgebung verstreut lebenden Stammes oder einer Stammesfraktion. Da die Agadire des Anti-Atlas nicht dauernd, sondern nur zu bestimmten Anlässen genutzt wurden, liegen sie nicht eng zusammengedrängt inmitten fruchtbarer Täler wie die Kasbahs des Dadès- und Dra-Tales, sondern verstreut an strategisch günstigen, schwer angreifbaren Stellen. Sie sind daher alle nur schwer erreichbar.

Die Agadire, die von dem »Amin«, einem von der Stammesversammlung gewählten Wächter verwaltet wurden, teilen heute das Schicksal der meisten anderen Kasbahs: Viele von ihnen werden heute kaum oder gar nicht mehr genutzt, so daß sie zunehmend verfallen.

Die meisten Kasbahs des Anti-Atlas liegen im Gebiet des Pays Illalene, eines 18 Schlöh-Stämme umfassenden Stammesbundes, der im Gebiet zwischen Tioulit und Ait Baha und im Gebiet des Stammesbundes der Idouska Oufella zwischen Tafraoute und Igherm lebt. Unter den Agadiren der Idouska Oufella hat der Agadir Tesguent in der Nähe von Tiguermit eine besondere Bedeutung, da er als heiliger Ort gilt. Außerhalb dieser beiden Gebiete ist vor allem der am Südrand des Anti-Atlas liegende Agadir Id Aissa, der heute verlassen ist, wichtig, da er der größte Agadir des Anti-Atlas ist. Dieser Bau, der über 300 Wohn- und Vorratsräume umfaßt und in dessen Umgebung einige weitere Agadire liegen, ist über eine schlechte Piste ab Tarhijt erreichbar.

Die islamische Kunst

Geschichtliche Streiflichter zur Islamisierung Marokkos

Begründer des Islams war der um 570 n. Chr. in Mekka als Sohn einer Nomadenfamilie geborene Mohammed, der später als Kaufmann auf weiten Reisen die Religionen der Juden, Christen und der arabischen Stämme kennenlernte. Beeinflußt von diesen Religionen und überzeugt von einem in Visionen erteilten göttlichen Auftrag begann er, ab 607, eine neue Religion zu verkünden. Die wichtigsten Elemente dieser Religion waren ein strikter Monotheismus und zahlreiche Gebote und Verbote, die das Verhalten der Gläubigen in allen Lebensbereichen bestimmen. Die wichtigsten dieser Regeln sind die Pflichten zum Sprechen des Glaubensbekenntnisses, zum regelmäßigen Verrichten von Gebeten, zum Geben von Almosen, zur Pilgerfahrt nach Mekka und zum Fasten im Monat Ramadan sowie die Verbote von Alkohol, Schweinefleisch, Glücksspiel und Geldverleih gegen Zins. Niedergeschrieben wurden die Verkündigungen Mohammeds im 'Koran', dem heiligen Buch des Islam.

Mohammed predigte seine neue Religion zunächst in Mekka, von wo er aber 622 n. Chr. fliehen mußte. Diese 'Hedschra' (Flucht) ist der Beginn der islamischen Zeitrechnung. In Medina konnte Mohammed neue Anhänger sammeln, mit denen er um 630 Mekka eroberte. Als der Prophet Mohammed im Jahre 632 starb, hatte die neue Religion, die er verkündete, der Islam, bereits ganz Arabien erfaßt; sie sollte jedoch nicht allein den Arabern vorbehalten sein, sondern der ganzen Welt gehören. Das Mittel zu ihrer Ausbreitung war das Schwert, hatte doch der Prophet selbst verkündet, es gäbe für die übrige Welt nur zwei Möglichkeiten: die Annahme des Islam oder den Tod.

Das Wort 'Islam' bedeutet 'Unterwerfung und Hingabe'. Es ist aber ein zweideutiges Wort. Im religiösen Sinne meint das natürlich Unterwerfung und Hingabe an Gott. Politisch gesehen, bedeutet es jedoch die Unterwerfung unter Allah *und* seinen Propheten, den Verkünder der wahren Religion. Und wer sich nicht freiwillig unterwarf, der sollte mit Gewalt dazu gezwungen werden. »Siehe, euer Herr ist Allah, der den Himmel und die Erde in sechs Tagen erschaffen hat«, so heißt es im Koran, 7. Sure, Vers 52, »alsdann setzte er sich auf den Thron. Er lässet die Nacht den Tag verhüllen – sie verfolgt ihn schnell; und er schuf die Sonne, den Mond und die Sterne, die seinem Befehl fronen. Ist nicht sein die Schöpfung und der Befehl? Gesegnet sei Allah, der Herr der Welten«. Das waren die Worte, die den Kampf um die Weltherrschaft des Islam beflügelten. Die Pflicht zum 'Djihad', zum heiligen Krieg, wird heute allerdings nicht mehr als Gebot zur gewaltsamen Verbreitung des Islam, sondern nur noch als Gebot zur Verteidigung des Glaubens gegen Angriffe interpretiert.

Von Arabien aus ging die Verbreitung des Islam in zwei Richtungen vor sich, nach Osten und nach Westen, und zwar mit unglaublicher Schnelligkeit. Kaum ein Jahrhundert nach dem Tode des Propheten hatten die fanatischen Verkünder der neuen Religion den Islam mit Waffengewalt im Osten bis zum Ganges und im Westen bis zur Loire vorgetragen. Dieser außerordentliche Erfolg ist vor allem dem Umstand zuzuschreiben, daß die zwei großen Reiche, mit denen die neue Religion sich konfrontierte, sich im Stadium des Verfalls befanden: das Byzantinische und das Persische Reich. Als besondere Triebfeder der religiösen Begeisterung, zu der die Lehre des Propheten die Gläubigen aufzustacheln verstand, war die Verkündigung, daß die Krieger, die auf dem Schlachtfeld fielen, geradewegs in das Paradies eingehen würden. Die Annahme des Islam durch die unterworfenen Völker wurde dadurch erleichtert, daß der Islam die Gleichheit aller Menschen predigt und auch das Weiterbestehen traditioneller Sitten und Vorstellungen toleriert.

Außerordentlich schnell kamen die mohammedanischen Krieger auf dem Wege südlich um das Mittelmeer herum vorwärts. Ägypten wurde bereits unter dem Kalifen Omar (634–644) erobert. Mit dem Islam nahm die ägyptische Bevölkerung auch die arabische Sprache an; nur eine kleine Minderzahl der Bevölkerung, die sich Kopten nannte, behielt ihren christlichen Glauben, den sie vorher angenommen hatte. Die strengen Vorschriften, die der Prophet zur Ausbreitung des Islam hat verlauten lassen, waren unter dem Vorbehalt gemacht worden, daß Christen und Juden, die ja beide 'anerkannte Offenbarungen von Gott durch Moses und Jesus' erhalten hatten, ihre Religion beibehalten dürften, wenn sie eine persönliche Steuer zahlten. Da der Regierung des Landes, nachdem der erste Glaubenseifer verflogen war, sehr viel an der Einnahme von Steuern gelegen war, legte man keinen so großen Wert darauf, die Bekenner dieser Religionen zu bekehren. Die große Duldsamkeit des Islam kam später besonders den Juden bei der Eroberung Spaniens zugute.

Sehr schnell eroberte der arabische Heerführer Okba Ibn Nafi die ganze afrikanische Mittelmeerküste. Im Jahre 670 gründete er den 'Waffenplatz' Kairouan in Tunesien. Arabischen Chronisten zufolge, deren Berichte jedoch ungenau und übertrieben erscheinen, da sie erst lange Zeit nach den Ereignissen entstanden, soll Okba Ibn Nafi sogar bis zum Atlantischen Ozean vorgestoßen sein: als Orte, wo er das Meer erreicht haben soll, werden Tanger und die Mündung des Oued Masse im Souss genannt. Der Sage nach soll er mit seinem Pferd so weit in die Wogen des Meeres hinausgesprengt sein, wie es noch Grund unter den Füßen hatte. Mit gen Himmel erhobenen Händen rief er aus: »Gott, dich rufe ich zum Zeugen an, daß hier keine Stelle zu finden ist, an der man hinübergelangen kann; wenn es eine solche gäbe, dann würde ich es tun.« Es dauerte noch mehr als ein Menschenalter, bis es den Arabern gelang, die spanische Küste zu erreichen.

Die arabischen Eroberer stießen aber auch auf verschiedene Schwierigkeiten, die ihnen hauptsächlich von der berberischen Bevölkerung bereitet wurden. Die Berber waren kriegsbegierig, freiheitsliebend und jeder Regierung gegenüber feindlich gesinnt. Ebenso ablehnend wie der ihnen aufgezwungenen Fremdherrschaft stellten sie sich zunächst dem Islam gegenüber. Erst nach fortwährend hartnäckig durchgeführten Erhebungen nahmen sie die mohammedanische Lehre gründlich in sich auf und wurden nun ihre fanatischsten Verteidiger, die sie bis auf den heutigen Tag geblieben sind. Viele altüberlieferte Vorstellungen gingen jedoch von der einen in die andere Religion über. An den gleichen Orten wurde zuerst der Tempel von der Kirche verdrängt, um später der Moschee Platz zu machen, denn es hat sich erwiesen, daß die religiösen Vorstellungen, ganz abgesehen von ihrem dogmatischen Inhalt, am besten gedeihen, wenn sie mit dem gleichen Ort verknüpft bleiben.

Okba Ibn Nafi geriet 683 bei Tahouda, südwestlich von Aurès (Algerien) in einen Hinterhalt und wurde von seinen eigenen Waffengefährten getötet. Erst Mussa Ibn Noceir, der 705 als Nachfolger Hassans die Herrschaft übernahm, gelang es, die arabischen Streitmächte bis zum Altantischen Ozean und bis an den Rand der südlichen Sahara zu führen und, sobald er das alte Mauretania Tingitana (Fig. 7) im Jahre 711 erobert hatte, die Berberstämme zur Eroberung Spaniens aufzuwiegeln. Die ganze Iberische Halbinsel wurde jetzt von den Arabern und Berbern überflutet. Das war das Ende des westgotischen Reiches.

Das neue arabische Reich, das nun entstand und das seine größte Ausdehnung unter den Omaijaden (661–750) erreichte, besaß keinen natürlichen Mittelpunkt. Es zerfiel in zwei scharf getrennte Hälften – den afrikanisch-spanischen Teil und den asiatischen – die nur durch eine schmale Landenge zwischen dem Roten Meer und dem Mittelmeer miteinander verbunden waren. Für das Bestehen des neuen Weltreiches war dies eine höchst gefahrvolle Form. Dagegen war das alte Römische Reich eine feste Verknüpfung von Ländereien rings um das Mittelmeer mit seinem Zentrum in Rom.

Der Zusammenhang des mohammedanischen Weltreiches konnte deshalb auch nicht auf die Dauer bewahrt werden. Bald nach dem Tode des Kalifen Herun al Raschid (809) begann der Zerfall. Dieser berühmte und berüchtigte Kalif gehörte zur Abbasiden-Dynastie (750–1258), deren Hauptstadt nun nicht mehr Damaskus war, sondern Bagdad, das dann nach einem halben Jahrhundert mit Samarra am Tigris vertauscht wurde. Um Länder wie Spanien und Marokko unter der Herrschaft einer Zentralmacht zu halten, die in Damaskus oder Bagdad saß, wäre eine Reichsorganisation von großer Straffheit und Stärke erforderlich gewesen, doch die besaßen die Araber nicht.

Das Gefühl der Zusammengehörigkeit innerhalb des Stammes war bei den Arabern wie auch bei den Berbern in Marokko stark. Hartnäckig wurde die Erinnerung an einmal erlittenes Unrecht über Geschlechter hinaus von einem Stamm gehütet. Die geringste Andeutung von anderer Seite her konnte die alten Wunden wieder aufbrechen lassen und gab Anlaß zu neuen Fehden. Die Araber blieben immer das, was sie gewesen waren, ein Volk von Stämmen, deren politischer Gedankengang selten über den durch die Einteilung der Stämme gegebenen Rahmen hinausging. Da der Prophet es versäumt hatte, Richtlinien für die Wahl seiner Nachfolger festzulegen, wurde das Problem der Nachfolge der Herrschergewalt über die Gemeinschaft der Moslems zunächst in der Weise gelöst, daß der Ältestenrat den Mann wählte, der am besten für die Übernahme der Herrschaft geeignet erschien. Die

Wahl fiel auf die engsten Freunde des Propheten, die ihm außerdem durch Heirat verbunden waren. Die drei nacheinander Gewählten wurden die 'rechtgeleiteten' Kalifen genannt.

»Wenn aber ein Mann, der auf Grund des Stammesbewußtseins den Rang eines Anführers erlangt hat, auf einmal den Weg zur eigentlichen Herrschaft vor sich sieht, folgt er ihm, denn das Ziel, das sich ihm bietet, ist aller Wünsche wert«, schreibt Ibn Khaldun (1332–1406). »Er kann jedoch dieses Ziel nur auf Grund des Stammesbewußtseins, das ihm Gefolgschaft sichert, erreichen. So ist das Königtum das Ziel, zu dem das Stammesbewußtsein letzten Endes hinführt«.

Monarchen waren es, die im Laufe der Geschichte des Islam aus einer Reihe von Dynastien hervorgingen. Aber daß einer Dynastie, die sich auf Familienmitglieder bei der Ablösung des Führertums gründete, die Macht sehr bald entgleiten mußte, sah auch Ibn Khaldun: »Die Führerschaft erschöpft sich innerhalb einer bestimmten Herrscherfamilie nach vier Generationen: Der Urheber des Ruhmes der Familie weiß, was ihn sein Werk an Anstrengungen gekostet hat, und bewahrt deshalb die Eigenschaften, die seine Macht begründeten. Der Sohn, der ihm in der Herrschaft nachfolgt, hat noch eine persönliche Beziehung zu seinem Vater gehabt und von ihm gelernt... Die dritte Generation aber begnügt sich mit einer äußerlichen Nachahmung ihrer Vorgänger und verläßt sich auf den Brauch... Die vierte endlich macht sich keine richtige Vorstellung mehr von der Mühe und Anstrengung, mit welcher der Bau errichtet wurde«.

Der Zerfall des großen islamischen Weltreiches begann nach dem Tode des Kalifen Harun al Raschid (809). Da die Truppen allmählich zu Söldnern geworden waren und folglich kein eigenes Interesse mehr an dem Reich hatten, sondern nur für die Beute, die sie bei den Kriegen und Überfällen zu erwarten hatten, sahen sie sich demjenigen Gouverneur einer Provinz gegenüber verpflichtet, der ihnen den meisten Lohn versprach. Begünstigt durch die großen Abstände vom Zentrum des Reiches, dessen Kräfte allmählich versagten, maßten sich die Gouverneure immer mehr Macht an und wurden schließlich zu selbständigen Herrschern über die Ländereien, die sie bisher für das Reich zu verwalten hatten. So bildeten sich neue Herrscherhäuser, und diese begünstigten den Auflösungsprozeß.

Im Westen entwickelte sich die islamische Kultur zunächst in Spanien zu höchster Blüte: Nach der Schlacht von Jerez de la Frontera (711) errichtete der von den Abbasiden gestürzte Omaijade Abd er-Rahman I. von Córdoba aus ein 'Westreich', das die Hochburg islamischer Kultur im äußersten Westen werden sollte und das fast dreihundert Jahre lang bestand.

Noch ein anderes Moment trug zum Abfall Spaniens und des Maghreb vom arabischen Großreich bei: die Religion, die die Grundlage des islamischen Großreiches war, entwikkelte sich in zwei ganz verschiedene Richtungen. Grund dafür war die Frage nach der rechtmäßigen Nachfolge für das Amt des 'Kalifen', des Vertreters von Mohammed. Unter dem vierten Kalifen Ali, einem Neffen und Schwiegersohn des Propheten, der im irakischen Kufa residierte, entstand die Sekte der Schiiten (von Schi'a, 'Parteigänger', abgeleitet). Die Schiiten sind der Meinung, daß nur ein leiblicher Nachkomme Mohammeds zum Kalifen ernannt werden darf. Sie haben deshalb nur Ali, nicht aber die drei ersten Kalifen, die diese Bedingung nicht erfüllten, anerkannt.

Die Mehrheit der Sunniten, zu denen auch die marokkanischen Moslems gehören, verlangten dagegen von einem Kalifen nur besondere geistige und sittliche Fähigkeiten, um ein Staatsgebilde lenken zu können. Ihren Namen haben die Sunniten daher, daß sie sich neben dem Koran auf die 'Sunna', eine Sammlung von Aussprüchen, die dem Propheten und seinen Gefährten zugeschrieben werden, berufen.

Die Schiiten wurden nach ihrer Trennung von den Sunniten stark von indischer und persischer Mystik beeinflußt, was dazu führte, daß sie sogar einige ursprüngliche Grundgedanken des Islam leugneten. Die Schiiten sind heute vor allem im Iran und Irak verbreitet.

Die Marokkaner gehören heute zu den Sunniten, und zwar zur malekitischen Rechtsschule, die Koran und Sunna etwas anders auslegt als die drei anderen sunnitischen Rechtsschulen, die sich alle gegenseitig anerkennen. Im 8. Jahrhundert allerdings fanden die Schiiten ein starkes Echo unter den Berbern. In Marokko wurden die Schiiten als Kharedjiten (Abgetrennte) bezeichnet.

Als die Abbasiden-Heere aus dem Irak die Gebiete zurückeroberten, die die Omaijaden bei den heftigen Kämpfen mit den Berbern verloren hatten, konnte nicht verhindert werden, daß kharedjitische Königreiche gegründet wurden, die sich wie ein Keil zwischen Marokko und das Zentrum des Weltreiches schoben. So entstanden drei Hauptdynastien, die der Berghou und die von Sijilmassa am Rande der Wüste unter berberischer Herrschaft, sowie die arabische Idrissiden-Dynastie.

Idriss Ibn Abdallah war ein Nachkomme Alis und Fatimas, der Tochter des Propheten. Die Anhänger Alis wurden von den Abbasiden verfolgt und in der Schlacht von Fakh bei Mekka im Jahre 786 geschlagen, doch Idriss konnte dem Massaker entkommen und flüchtete nach Marokko, wo er von dem Berberstamm Aouraba aufgenommen und zum Imâm gewählt wurde. Dieser Mann, ein Scherif oder 'Edler', wie sich die Nachkommen des Propheten nannten, war nicht nur durch seine Abstammung geheiligt, er besaß außerdem die Eigenschaften eines geistigen und politischen Führers. Er verstand es, das ganze nördliche Marokko während seiner fünf Jahre dauernden Herrschaft zu einem theokratischen Königreich zusammenzufassen und schuf so den Kern, um den herum sich jetzt eine einheitliche islamische Kultur zu entwickeln begann.

Ursprung und Vorbild der marokkanischen Staatsform war das Kalifat, und das Königtum war die natürliche Grundlage der islamischen Staatsform.

Alle geistigen Tugenden, die von einem Nachfolger des Propheten verlangt werden, sollen nach Angabe des Chronisten Mohammed ben Dja'far al-Kettânî (im Salwât al-Anfâs) Idriss I. und sein Sohn Idriss II. besessen haben. Idriss Ibn Abdallah al Kamil war vor dem grausamen abbasidischen Kalifen geflohen und, wie al-Kettânî schreibt, »der erste Mann aus dem Hause des Propheten, der bekanntermaßen nach dem Westen kam«. Aber schon im Jahre 792 oder 793 erreichte ihn die rächende Hand Harun al Raschids, der ihn immer noch als Anwärter auf sein Amt fürchtete. In Ulili, dem ehemals römischen Volubilis, das er zu seiner Hauptstadt gemacht hatte, fiel er durch die Hand eines Abgesandten des Kalifen einem Giftmord zum Opfer. Sein Sohn Idriss II. war um diese Zeit noch nicht geboren. Ihm gelang es später, das Reich seines Vaters zu erweitern, er gründete die Stadt Fès und machte sie zu seiner Hauptstadt, jene Stadt, die später als Mittelpunkt des marokkanischen Geisteslebens eine große Rolle spielen sollte (Abb. 56ff.).

Die Dynastie der Idrissiden konnte sich auf die Dauer auch nicht behaupten. Die Fürstentümer wurden nach dem Tode Idriss' II. an seine beiden Söhne aufgeteilt; sie gingen dann während der Eroberungszüge der ägyptischen Fatimiden im Jahre 921 unter. Das Gebiet der Djebala-Kette bei Tanger wurde dem Omaijaden-Kalifat von Córdoba angeschlossen, und den Besitz von Fès machten diese den Fatimiden streitig.

Im 11. Jahrhundert fiel der arabische Beduinenstamm der Beni Hilâl in Nordafrika ein, plünderte und mordete. Am meisten wurden von dieser großen Invasion Tunesien und Algerien betroffen, doch wurden auch in den Atlas-Gebieten Bodenkulturen und Städte zerstört. Die kriegerischen Beni Hilâl waren jedoch nicht imstande, ihre Macht zu festigen, vielmehr gelang es den jetzt aufkommenden Dynastien, die neuen Einwanderer als willkommene Werkzeuge für ihre Interessen zu gewinnen. Große Bedeutung hatte die Invasion der Beni Hilâl für die weitere Arabisierung Marokkos.

Zu gleicher Zeit zerfiel die andalusische Kultur in eine Anzahl kleiner Fürstentümer, während aus der Sahara eine neue Eroberungswelle über das muselmanische Spanien und über einen großen Teil von Algerien hereinbrach. Diese Bewegung ging von einer fanatischen puritanischen Gruppe malekitischer Glaubenskämpfer aus, die seit dem 9. Jahrhundert zum Islam bekehrt waren. Sie gehörten zu einem Berberstamm der Sanhadja-Gruppe; kamelzüchtende Nomaden waren sie und nannten sich Lemtouniine, die 'Verschleierten', denn ihre Männer trugen ebenso wie die Tuareg, mit denen sie verwandt sind, einen Gesichtsschleier, während ihre Frauen unverschleiert gingen. Die Glaubenskämpfer dieses Stammes, die den Keim zu einem der mächtigsten Reiche des Islam legen sollten, hießen Almoraviden. Sie waren Mitglieder eines Ribât, einer Ordensburg, und übten als muselmanische 'Rittermönche' eine ähnliche Tätigkeit aus, wie später die christlichen Ritterorden. Ihr Name ist eine spanische Umdeutung des arabischen al-Morâbitûn, was 'Leute des Ribât' bedeutet. Die Franzosen wiederum machten aus Marbût, der Einzahl von al-Morâbitûn, Marabout, eine Bezeichnung, die nicht nur für den 'heiligen Mann' einer Bruderschaft, sondern auch für sein Grab, jene weißgetünchten, mit einer Kuppel versehenen kleinen Mausoleen angewandt wird.

Als Abdallah ben Yasîn die Führerschaft über diese neue Bewegung übernahm, versuchte er zunächst, immer mehr Anhänger unter den berberischen Nomaden zu gewinnen, die mit dem Islam bisher nur oberflächlich vertraut waren. Mit ihnen unterwarf er die kharedjitischen Berghuâta in der nordatlantischen Ebene. Hier fand er im Jahre 1058 im Kampf den Tod.

Politische Erfahrung besaß Abdallah ben Yasîn als ehemaliger Nomade nicht, wohl aber Yusuf Ibn Taschfin, der eigentliche Gründer des Almoraviden-Reiches und der Gründer des 'Makhzen' Marrakech, der zweiten 'Königstadt' Marokkos (Abb. 76ff.). Aus der spanischen Umdeutung des Wortes Marrakech in Maruecos entstand später der Landesname

Marokko. Die Almoraviden dehnten ihre Herrschaft über Marokko bis nach Algerien und Spanien aus. Schon im Jahre 1086 gewann Yusuf nach der Schlacht bei Badajoz Andalusien. Unter den Almoraviden entstand eine neue maurische Kunstrichtung in Spanien, die wiederum im Maghreb ihre von den Almoraviden begünstigte Verbreitung fand. Diese wechselseitige Befruchtung zwischen Spanien und dem Maghreb war für beide Teile segensreich. Jetzt begann eine Zeit großen Wohlstandes, von dem wiederum die Kunst profitierte. In Marrakech, Fès und Tlemcen entstanden prachtvolle Bauwerke im andalusischen Stil.

Bald nach dem Tode Yusufs war das Schicksal der Almoraviden-Dynastie besiegelt. Es trat das ein, was Ibn Khaldun allen Herrscherhäusern nachsagte, die aus den Nomaden der Wüste hervorgegangen waren: die Dynastie der Almoraviden verstädterte. »Das Stammesbewußtsein ihrer aristokratischen Schicht erlahmte, und ihr sittliches Werk, die Erneuerung der koranischen Gesetzgebung, wurde zur ausschließlichen beruflichen Angelegenheit amtlicher Schriftgelehrter.«

Den Almoraviden folgte eine andere Dynastie, die ebenfalls aus einem Berberstamm hervorgegangen war, der zur Masmouda-Gruppe des Hohen Atlas gehörte. Diese Berber nannten sich 'die Bekenner der (göttlichen) Einheit' oder al-Muwahhidûn, woraus über das Spanische das Wort 'Almohaden' entstand. Auch diese Bewegung begann mit dem Überfall beduinischer Berber auf das nordwestliche Afrika und auf Andalusien. Sie wurde getragen von dem Reformator Ibn Tumart, dessen Werk umfangreicher und tiefschürfender war als das der Almoraviden. In den Augen seines eigenen Stammes, der Masmouda, war Ibn Tumart der Mahdi, der 'Rechtgeleitete', von dem der Prophet gesagt hatte, er werde »gegen das Ende der Zeiten den Islam erneuern«. Doch erst sein Schüler Abd el Mumen konnte das große Werk vollenden. Er eroberte nicht nur ganz Marokko und Andalusien, sondern auch die wichtigsten Städte Algeriens und Tunesiens. Später beherrschte er als Kalif, wozu er sich selbst ernannte, das größte Reich, das je in der Geschichte des muselmanischen Okzidents bestand. Unter den Almohaden (1147–1230) gelangte der maurische Stil zu voller Entfaltung, und die maghrebinische Kunst erhielt ihr einheitliches Gepräge.

Die Dynastie der Almohaden begann schon zu Anfang des 13. Jahrhunderts zu wanken, zunächst nur in Spanien. Unter Mohammed en Nassir, dem Sohn Abu Yusufs, gelangten noch zuletzt zwei neue Kunstrichtungen zur Blüte: der Granadiner und der Alhambra-Stil, der dann später in Nordafrika großen Anklang fand. In Spanien drangen jedoch die christlichen Reiche immer mehr vor, und über den östlichen Teil des Maghreb brach, von Südalgerien ausgehend, eine neue Sturzwelle von Nomaden herein: die sogenannten Meriniden oder Mereniden, ein Zenata-Berberstamm, der sich Beni Merîn nannte. Von den durch viele Kriege erschöpften Almohaden waren sie zu Hilfe gerufen worden. Sie erschienen zwar, kamen ihnen aber nicht zu Hilfe, sondern fielen, unterstützt von den arabischen Beni Hilâl, über die Almohaden her und bemächtigten sich selbst der Herrschaft über deren Land. »Sie fanden, daß sich die Könige der Almohaden nicht mehr um ihre Pflicht und Aufgabe kümmerten«, berichtet Ibn Abi Zar' in seinem Raud al-Qartâs, »daß sie dem Wein, der Wollust und dem Wohlleben ergeben waren. So drangen sie (die Meriniden) mühelos in das Land ein und begannen, die befestigten Orte zu erobern. Denn es war Gottes Wille, daß sie über den Westen herrschen sollten. Wie ein Schwarm von Heuschrecken überzogen sie bald das ganze Land. Tätig und mutig im Kampf, behaupteten sie immer mehr ihre Macht und eigneten sich ein Gebiet nach dem anderen an, bis sie endlich, im Jahre der Hedschra 613 (1216 n. Chr.), das Heer der Almohaden schlugen.«

So brach das große Reich der Almohaden zusammen. In Tunesien übernahmen die almohadisch-masmoudischen Hafsiden die Herrschaft, während die zenitischen Abd-el-Waditen Tlemcen besetzten und die Meriniden Fès zur Hauptstadt ihres Reiches machten. Durch die Rückwanderung andalusischer Muselmanen erlebte gerade diese Stadt eine neue Blütezeit. Der Untergang der muselmanischen Kultur in Spanien begünstigte die Entwicklung der mohammedanischen Kultur in Marokko. Als Granada im Jahre 1492 von den Spaniern erobert wurde, trat Fès endgültig das Erbe der maurischen Kultur an. Trotzdem verloren die maurischen Künstler, die in Spanien blieben, nicht die islamische Substanz. Im Mudejar-Stil lebte sie bis in das 16. Jahrhundert hinein fort.

Auch die merinidische Kultur, die ab 1465 der mit den Meriniden verwandte Stamm der Beni Ouattas weiterführte, wurde von Feinden bedroht. Sie kamen dieses Mal aber nicht aus der Wüste, sondern über das Meer. Bereits im 15. Jahrhundert setzten sich zunächst die Spanier, dann die Portugiesen an der Küste des Berberlandes fest, und im 16. Jahrhundert gründeten letztere an der atlantischen Küste bis hinunter nach Agadir Stützpunkte. Da entschieden sich die Maghrebiner, aufgerufen durch die saaditischen Scherifen, wieder zum Heiligen Krieg. Sie vertrieben die Portugiesen aus Agadir, Safi und Azemmour (1541–1542), nachdem sie schon vorher den Sous (1510) und Marrakech (1520) erobert hatten; in Fès setzten sie sich 1548 fest.

Nach langer Zeit kam mit den arabischen Saaditen wieder einmal ein Geschlecht zur Herrschaft, das seine Abstammung direkt vom Hause des Propheten ableitete. Nachdem sich die einzelnen Stämme immer mehr um geistige Führer geschart hatten und die Bruderschaften größeren Einfluß auf die geistige Gesinnung des Volkes gewannen, war man froh, sich Herrschern anschließen zu können, die als »die wirklichen Stellvertreter oder Kalifen des Propheten« galten. Die Saaditen, die erst in jüngster Zeit in Marokko eingewandert waren, gelangten bald zu großer Macht. Sie beschränkten sich aber durchaus nicht allein auf die Festigung der von ihnen besetzten Gebiete des Maghreb, sondern unternahmen auch Kriegszüge in weit entlegene Gebiete. So gelangte der Saaditen-Sultan Ahmed el Mansour (1578–1602) bei einem seiner Kriegszüge bis nach Timbuktu (1591) und, mit überreicher Beute zurückgekehrt, ließ er in seiner Residenzstadt mit unvergleichlicher Pracht ausgestattete Paläste errichten. Auch das Geistesleben und die Kunst erlebten unter seiner Herrschaft einen regen Aufschwung, an dem auch die letzten aus Spanien vertriebenen Muselmanen Anteil nahmen, die sogenannten Moriscos. Diese Neuankömmlinge, unter denen sich auch zahlreiche Juden befanden, waren vorwiegend arabischstämmig, und die große Zahl dieser Flüchtlinge bewirkte eine weitere Arabisierung Marokkos. Neben der bedeutenden Rolle, die die Moriscos in Kunst, Handwerk und Wissenschaft spielten, machten sich viele von ihnen einen gefürchteten Namen als Korsaren, die von verschiedenen

Küstenorten, besonders aber von Rabat und Salé aus Kaperfahrten gegen die Schiffe christlicher Nationen unternahmen.

Die den Saaditen nachfolgende Dynastie war wiederum ein Herrscherhaus, das seine Abstammung auf Nachkommen des Propheten zurückführte. Die Alouiten oder Aliden – so nannte sich die Familie – waren vor nicht langer Zeit aus Arabien in das Tafilalet im marokkanischen Süden eingewandert. Sie haben bis auf den heutigen Tag den marokkanischen Thron inne. Ihre Herrschaft begannen sie im Jahre 1663. Jetzt wurde Fès wieder das politische Zentrum Marokkos, das nie aufgehört hatte, geistige Kräfte in sich zu vereinen. Nur Sultan Moulay Ismail machte eine andere Stadt zu seiner Residenz: er wählte Meknès (Abb. 72), ließ die Stadt erweitern und durch neue Prachtbauten verschönern.

Da der weitere geschichtliche Verlauf für die Entwicklung der islamischen Kunst in Marokko von geringem Interesse ist, möge das Folgende genügen: Seit der zweiten Hälfte des 18. Jahrhunderts weitete sich der Handel Marokkos mit Europa stetig aus. Zunehmende Rebellionen einzelner Stämme und von Gruppen, die sich um religiöse Führer scharten, schwächten das Land immer mehr, so daß Marokko sich des wachsenden europäischen Einflusses immer weniger erwehren konnte. 1912 schließlich wurde der größte Teil Marokkos französisches Protektorat, der kleinere Nordteil des Landes wurde von den Spaniern besetzt und die Stadt Tanger wurde internationaler Kontrolle unterstellt. Die 'Befriedungsaktionen' gegen die rebellischen Berber in den Gebirgen und die Nomaden in der Sahara dauerten aber noch bis 1934 an. 1953 setzten die Franzosen den Sultan, der sich auf die Seite der Unabhängigkeitsbewegung gestellt hatte, ab, was zu blutigen Unruhen im ganzen Lande führte. Die Franzosen mußten schließlich der Rückkehr des Sultans zustimmen, und 1956 wurde Marokko zum unabhängigen 'Scherifischen Königreich des Maghreb'. Erster König wurde Mohammed V., der ehemalige Sultan. Nach seinem Tode 1961 folgte ihm sein bis heute regierender Sohn Hassan II. Bis heute wurde der Weg des unabhängigen Marokko von zahlreichen inneren und äußeren Krisen begleitet. Die größten ungelösten Probleme des Landes sind heute die andauernde bittere Armut vieler Menschen, die Spannungen mit dem Nachbarn Algerien und die kriegerischen Auseinandersetzungen in der ehemaligen spanischen Kolonie West-Sahara, die 1976 von Marokko besetzt wurde.

Die maghrebinische Architektur

Im Gegensatz zur christlichen Kunst, die im Laufe ihrer Entwicklung jedes Mal etwas ganz Neues hervorbrachte – man denke nur an die byzantinische, die romanische oder die gotische Kunst –, hatte sich die islamische von Anfang an ein ganz bestimmtes Ziel gesetzt, das mit der Religion aufs engste verbunden war, ein Vorbild, das über alle Zeiten hinaus geheiligt war. Wie im Leben des Moslem spielte auch in seiner Kunst die Religion die alles beherrschende Rolle. Da die Araber durch das alte Mißverständnis eines Koran-Spruches gezwungen waren, aller bildnerischen Darstellung zu entsagen, blieb ihnen nur die Baukunst und die ornamentale Ausschmückung. Aber Nomaden, die die Araber einmal waren, hatten keine Baukunst. In Arabien, der Wiege des Islam, gab es keine bedeutenden öffentlichen Gebäude. Auch das erste Gotteshaus, die Kaaba in Mekka, war noch von bescheidenen Ausmaßen: von vier Wänden und zwei Säulenreihen wurde das annähernd 8 m hohe Dach getragen. Der Prophet war gegen Gebäude von größerer Ausdehnung. Diese seine Haltung entsprach der Einfachheit des Wüstenlebens der Araber.

Erst in Persien und Byzanz lernten die Araber das Bauen. Als Vorbilder dienten ihnen in Syrien die griechische Basilika und in Persien die altpersischen Bauwerke. Von den vielen unterworfenen Völkern, mit denen der Islam im Laufe der Zeit in Verbindung trat, kopierte er nicht einfach ihre Kunst, sondern wählte mit kritischen Augen die Elemente aus, die sich der Ausstattung seiner Bauten anpaßten und die den Anforderungen des neuen Kultes zustatten kamen. »Die islamische Kunst hatte drei Wurzeln«, sagt Ernst Diez, »die römisch-hellenistische, die persisch-sassanidische und die christliche. Aus diesen drei Kulturen übernahm der Islam Gestalten und flößte ihnen eine neue Seele ein.« »Im Gegensatz zur gemeinhin als 'sarazenisch' bezeichneten Kunst Syriens und Ägyptens«, meint Ernst Diez weiter, »die eine Mischung von hellenistisch-byzantinischen mit persischen und vor allem türkischen Elementen darstellt, hat sich für die Kunst der westlichen Länder des Islams die Bezeichnung 'maurisch' durchgesetzt ... Diese 'maurische' Kunst nun kann insofern als reifste Frucht am Baume der gesamtislamischen geltendgemacht werden, als sie die gemeinislamische Mentalität vielleicht am besten verkörpert: Das Ephemere des irdischen Daseins und ihre phantastische Transzendenz.«

In Spanien schufen die Araber diesen Stil. Unter den Almoraviden und Almohaden wurde der maurische Stil dann nach Marokko gebracht, und als unter den Meriniden dann zahlreiche Flüchtlinge aus Andalusien ins Land kamen, erreichte die Kunst in Marokko ihre Blütezeit. Sie ist die Fortsetzung einer Entwicklung, die in Spanien begann.

Das Hauptcharakteristikum des maurischen Stils in der Baukunst ist die Neigung zur Ausdehnung in die Breite. Das zweite Moment, das den maurischen Baustil kennzeichnet,

50 In der Medina von Tetouan
◁ 49 Tetouan: Kleine Moschee im maurischen Baustil des 17. Jh.
51 Brunnen in Chéchaouen, der 'verbotenen, heiligen' Stadt, die bis 1920 nur Muselmanen betreten durften

52 In den zum Teil überwölbten Souks von Tetouan

53 Der Hassanturm in Rabat. Das unvollendete Minarett stammt aus der Gründungszeit der Stadt (1197).

54 Moulay Idriss, der heiligste Wallfahrtsort Marokkos
56 Fès, die rangälteste der vier Königsstädte, im 13. Jh. unter den Mereniden gegründet, liegt in einer ▷ Talmulde und zerfällt in zwei Stadthälften: Fès el Bali und Fès el Jédid
55 Die Grabmoschee des Moulay Idriss, in der Mitte der Stadt, die seinen Namen trägt

57 Bab Chorfa in Fès

59 Im Gerberviertel von Fès ▷

58 Das Bab Boujeloud in Fès mit glasierten grünen und blauen Kachelverzierungen

◁ 60 Meknès: Die aus Holz geschnitzten Vordächer bieten in ihrer formvollendeten Ausführung einen würdigen Witterungsschutz für die prachtvollen Stuckverzierungen

61, 62 Sehr ähnlich sind die mit Stuckarabesken verzierten Wände und die Zedernbalken mit eingeschnittenen Koransprüchen an den Medersen von Fès (oben) und Meknès (unten)

64 Die Malerei spielt in der Architektur als Gesamtbild eine untergeordnete Rolle. Sie trägt zur farbigen Belebung von Stuck und Holzwerk, hauptsächlich an Deckenverkleidungen, bei

◁ 63 Hof der 1350–57 unter dem Mereniden-Sultan Abu Inan errichteten Medersa Bu 'Inaniya in Fès

65 Bei Außenportalen von Moscheen und Palästen wird häufig die Bronzetechnik herangezogen. Dann folgen die Formen der Beschläge stets streng der ornamentalen Gliederung

66 Der keramische Dekor entwickelte sich im 14. Jh. zu voller Blüte. Sockel und Wandflächen wurden mit Fayencemosaiken überzogen

67 Medersa Bu 'Inaniya in Fès

ist die fast völlige Vernachlässigung der Fassaden. Bezeichnend für ihren Stil ist auch, daß die Mauren bestrebt waren, durch scheinbare Umgehung des Gravitationsgesetzes den Eindruck zu erwecken, als ob der obere Teil eines Gebäudes in der Luft schwebe. Das erreichten sie dadurch, daß sie die Säulen, die die oberen schwereren Partien zu tragen hatten, immer dünner und leichter gestalteten.

Obwohl die maurische Baukunst in ihren Einzelheiten stärker ist als in der Gesamtheit, erreichten doch ihre architektonischen Schöpfungen durch Anhäufung stilisierter Muster und symmetrischer Verschlingungen ein harmonisches zusammenhägendes Ganzes. Zwei besonders charakteristische Momente sind hierbei die Tropfsteinverzierungen und der Hufeisenbogen. Eine besondere Rolle spielt bei der Ausschmückung der Räume die Polychromie und die Vergoldung. Leider haben diese im Laufe der Zeit sehr viel Schaden erlitten. Auf persisches Vorbild sind die Kuppeln mit den Trompen zurückzuführen und auf Byzanz die durch hölzernes Gitterwerk verkleideten Fensteröffnungen.

Die Künstler, die die Meisterwerke maghrebinischer Baukunst schufen, suchten nicht so sehr das Neue und Ungewohnte, sie hielten sich vielmehr an das Vorbild, »dessen Vorzüge die Übereinkunft aller geheiligt hatte«, und strebten dabei nach Erneuerung und Verjüngung durch ständiges Variieren des Details.

Die Moschee

Das arabische Wort *masdjid* bedeutet 'sich niederwerfen'. Eine Moschee – das Wort ist auf die arabische Bezeichnung *masdjid* zurückzuführen – ist der Ort, an dem man sich niederwirft zum Gebet. Die großen Freitagsmoscheen, die den gemeinsamen Gebeten am Feiertag der Moslems dienen, heißen 'Djemaa', was Versammlung bedeutet und auch der Name des Feiertages Freitag ist. Eine Moschee ist kein Tempel, sondern ein Bethaus ohne figürlichen Schmuck. »Baut eure Gotteshäuser mit Einfachheit, eure Städte mit Kunst«, so heißt es. Der Prophet selbst wollte kein Gotteshaus und keine Priesterschaft, ihm genügte es, seine gläubigen Anhänger im Hof seines Hauses um sich zu versammeln. Er predigte und hielt den gemeinsamen *Ssalat* (das Pflichtgebet) in dem von Palmblättern beschatteten Teil des Hofes ab. Der Moscheebau entwickelte sich erst viel später nach dem Tode des Propheten.

Der Grundriß des Hauses des Propheten war der Idee nach maßgebend für den Moscheebau in der ganzen islamischen Welt, er wurzelte jedoch in Wirklichkeit in der Basilika und in der altpersischen Säulenhalle. In Medina begnügte man sich nach dem Tode des Propheten weiterhin mit der einfachen Form des eingedeckten Hofes. Erst nach einem halben Jahrhundert machte ein völlig neues Gebäude dieser alten Stätte der Andacht Platz. Und zwar schickte der omaijadische Kalif Walîd (705–715) griechische und syrische Arbeiter nach Medina. »Die Mauern und Säulen der neuen Moschee wurden von gleich großen, behauenen Steinen aufgeführt und mit Gips verbunden«, berichtet Samhûdi, »zu gleicher Zeit wurden Verzierungen von Muscheln und Marmor angebracht und das Dach aus

DIE MAGHREBINISCHE ARCHITEKTUR

Palmenholz gebaut und mit Goldfarbe angestrichen.« Zur selben Zeit begann der Kalif Walîd mit dem Bau der großen Moschee von Damaskus.

Der maghrebinische Moscheebau erhielt durch einige charakteristische Eigenarten eine offizielle Form. Mit der Errichtung der großen Moschee von Damaskus durch die Omaijaden war in der Architektur des Islams ein verschwenderischer Luxus aufgekommen, der eigentlich gar nicht im Sinne des Propheten war. Dieser neue Stil versetzte die Architektur in ein neues Stadium. In allen Ländern, die der Islam inzwischen eroberte, trafen die Moslems eine mehr oder weniger reiche Formenwelt an, die sie sich dann auch sogleich in der Architektur für ihre Zwecke dienstbar machten. So entstand die Hof-Moschee nach hellenistischen Vorbildern; die Kuppel-Moschee dagegen hatte in Persien ihren Ursprung, und zwar erinnert sie an die nestorianischen Kirchen, deren Anhänger um die 'Reinheit der Natur Christi' kämpften. Diese Bewegung wurde nach dem Patriarchen von Konstantinopel, Nestorius, genannt, im Gegensatz zum Arianismus und Monophysitismus.

Nun haben aber auch die bedeutendsten Moscheen aller islamischen Länder im Laufe der Zeit Umbauten erlebt, so daß sie in ihrer heutigen Gestalt oft wesentlich von dem ersten Bau aus der Zeit ihrer Gründung abweichen. Das trifft auch auf die berühmte Moschee des Sidi Okba in Kairouan zu, die zu den größten Heiligtümern des Islams rechnet. Mit ihrem Bau begann Hischam I. im Jahre 724, also 54 Jahre nach dem Entstehen der Verehrungsstätte in Kufa im Irak. Sie verdient als erste den Namen Moschee. Auf das Schema der Sidi-Okba-Moschee in Kairouan führt dann die Entwicklung des Moscheebaus in Spanien und in Marokko zurück. Seine typischen Kennzeichen sind folgende: das Grundmodell besteht aus einem Hof *(sahn)* mit einem zentralen Brunnen, dem Betsaal *(haram)* mit einer scheinbar unbegrenzten Reihe von Säulen oder Pfeilern, die das Dach tragen. Im Betsaal befindet sich die Gebetsnische *(mihrab)* und die mehrstufige Kanzel *(minbar)*, die für die Freitagspredigten gebraucht wird. Mihrab und Minbar sind die am reichsten geschmückten Teile einer Moschee. Da die Gebetsrichtung *(kibla)* für die Gläubigen bindend ist, nämlich nach Mekka, ist der ganz Bau so ausgerichtet, daß die eine Wand, die Kibla-Mauer, nach Mekka weist. Im Maghreb ist die Kibla-Wand südöstlich ausgerichtet, also nicht genau nach Mekka. Diese Wand ist bestimmend für die ganze topographische Anlage der Moschee. Damit die Andächtigen, die sich in breiter Front zu den Gebetsübungen aufstellen, genügend Platz haben, muß der Betsaal so angelegt sein, daß die zahlreichen Säulen und Pfeiler, die das Dach stützen, die Betenden nicht behindern. Die Schiffe des Betsaales laufen fast immer senkrecht auf die Kibla-Mauer zu, das erhöhte Mittelschiff wird oft von einigen kleinen Kuppeln bedeckt. Vor der Kibla-Mauer verläuft meist ein paralleles Querschiff, so daß die typische Form des maghrebinischen Betsaales die T-Form ist.

Während in Syrien in der Frühzeit des Islams ehemalige christliche Kirchen in Moscheen umgebaut wurden, wurde in den Ostländern, vor allem in Persien, die Säulenhalle die architektonische Form für den Betsaal (Abb. 81). Auch in Ägypten waren die ersten Moscheen Säulen- und Pfeilerhallen. Mit den Omaijaden gelangte der Basilikastil aus Syrien nach Andalusien, und aus Ägypten kam die Vorliebe für den 'Säulenwald' im Betsaal. Das

31 Tor mit breiten Zackenbogen

eigenartigste Bauglied der neuen Architektur, die nun in Spanien entstand, war der Hufeisenbogen. Während in den östlichen Maghreb-Ländern unter türkischem Einfluß seit dem 16. Jahrhundert der Bau von Zentralkuppelmoscheen begann, wurde in Marokko die klassische Form der Hallenmoschee bis heute beibehalten. Auch die Meriniden, die noch einige bedeutende Moscheen errichten ließen, behielten den unter Almohaden vollendeten Grundplan bei. Die Ausmaße der Moscheen wurden allerdings kleiner, die Verzierungen, insbesondere die Stuckverzierungen, wurden reicher. Auch verlagerte sich das Hauptgewicht der Bautätigkeit von der Anlage von Moscheen auf andere Bauten.

Das Minarett

Auch das Minarett, das zur eigentümlichsten Bildung der islamischen Architektur gehört, bekam eine neue Betonung und wurde zur offiziellen Form für die malekitischen Moscheen des Maghreb erhoben, und zwar nimmt es hier vorwiegend eine vierkantige Gestalt an (Abb. 76). Das zylindrische Minarett, von dem es im Maghreb auch Beispiele gibt, kam erst nach der türkischen Eroberung, also nach 1551, nach Nordafrika. Die vierseitige Form des Minaretts wurde schon zur Zeit der Omaijaden in Spanien verbindlich. Mit wenigen Ausnahmen ist das Minarett mit in die Umfassungsmauer des Moscheehofes eingeschlossen und steht meist an der Nordwestseite, die der Kibla-Mauer gegenüberliegt. Das maghrebinische Minarett in blockartiger Form ist in zwei Abteilungen gegliedert, wobei die untere den meisten Raum in Anspruch nimmt. Eine besondere Note in der Ausstattung der Fassade erhielt das Minarett schon in Andalusien. Als Musterbeispiel hierfür gilt die Giralda in Sevilla, das ehemalige, jetzt zu einem Glockenturm umgewandelte Minarett, das schon 1190 erbaut wurde; sein charakteristisches Rautennetz-Dekor aus Backsteinen erhielt es erst 1499. Diese für die Almohaden-Zeit typische Ornamentik fand zu gleicher Zeit im Hassan-Turm von Rabat und in dem Minarett der Kutubiya-Moschee in Marrakech ihre Parallelen (Abb. 53, 76). Gleichzeitig kam aber ein anderes Dekor an den Minaretten in Marokko auf, das bald weite Verbreitung fand: ein keramischer Schmuck aus weiß und grün glasierten Ziegeln, der sich von einem geometrisch gemusterten Fries plastisch abhebt. Der obere, schlanke Teil des Minaretts, der durch eine Fensterarkade durchbrochen wird, erhebt sich aus der Plattform heraus, von der der Muezzin den Gebetsruf erschallen läßt. Diese Fensterarkaden können aber auch schon in dem breiten und hohen Hauptteil des Minaretts auftreten wie bei der Kutubiya. An demselben Minarett umschließen breite Zackenbögen (vgl. Fig. 31) das für die maghrebinische Architektur typische Doppelfenster. In Marokko entwickelt sich das Minarett, das noch bei der Aglabiden-Moschee des Sidi Okba in Kairouan ein breitwandiger, schwerfälliger Turm war, zu einem schlanken, hohen Turm, dessen Ausstattung immer reicher wird. Erst im 17. und 18. Jahrhundert geht die Entwicklung des Minaretts wieder zurück auf die mächtigen Proportionen der Frühzeit.

Die Bezeichnung Minarett stammt aus dem Arabischen. *Manâr* und *manâra* bedeutet einen 'Ort, wo Feuer brennt'; es kann also ein Leuchtturm gemeint sein. Für das Minarett, das sich in jedem alten Kulturland, das das islamische Weltreich umschloß, zu anderen Formen entwickelte, gibt es im Maghreb ein Charakteristikum, das bei seinem Bau stets berücksichtigt wird: aus dem oberen Turmkern, der von einer kleinen, flachen Kuppel gekrönt wird, steigt eine mehrere Meter hohe Stange empor, die von drei an Größe abnehmenden goldenen Hohlkugeln gekrönt ist, ein »uraltes Symbol göttlicher Dreiheit, die auch im einzigen 'Allah' verborgen ruht«. Eine Einteilung von Stockwerken kennt das maghrebinische Minarett nicht, jedenfalls ist sie nicht von außen sichtbar; die Ornamente der Fassaden sind auf die ganze Fläche verteilt. Kahl und mit schönem Steinverbund sind die Minarette an der Atlantikküste Marokkos, während die Fassaden der Minarette in Fès und Meknès oft mit großen leuchtend grünen Fliesen verkleidet sind. Auf einfache, schlichte Weise wird durch das Aufsteigen des stilisierten Schmuckes von der Basis bis zur Höhe der Eindruck vollkommener Ruhe erzielt.

Die Medrese oder Medersa

Die Medrese ist eine theologische Lehranstalt und gleichzeitig eine Moschee, da in jeder Medrese gemeinsam gebetet wird. Das Wort Medrese ist eine Partizipialbildung von dem arabischen Wort *darasa*, 'lehren'. Die Medrese oder Medersa ist der zweitwichtigste Sakralbau des Islams nach der Moschee; jeder Zweig der theologischen Wissenschaften des Islams wird hier gelehrt, auch die islamische Gesetzeswissenschaft und die Rechtspflege. In Damaskus wurde früher in der Medrese auch vom Kalifen Recht gesprochen; sie war die Stätte politischer Dispute und ein Asyl für politisch Verfolgte. In Marokko entstanden die ersten Medresen Ende des 12. Jahrhunderts unter Yacoub-el Mansour und unter den

Meriniden wurden sie ab dem 13. Jahrhundert in großer Zahl angelegt. Sie waren ähnlichen Einrichtungen in Ägypten nachgeahmt; hier wie dort waren es Hochschulen zur Ausbildung späterer Staatsbeamter.

Auch in der Anlage ähneln die Medresen Marokkos denen in Ägypten, nur fehlen ihnen die in Ägypten häufig mit ihnen verbundenen Grabkuppeln. Die Medrese ist wie ein Wohnhaus um einen Innenhof gebaut (Abb. 63), mit dem Unterschied, daß die eine Seite statt einer Anzahl kleiner Räume ein großes Breitschiff, eine hohe offene Halle besitzt, die gleichzeitig Unterrichtssaal und Bethalle ist, wie bei der Moschee. Die übrigen unteren Räume dienen ebenfalls als Hörsäle, während sich die Wohnzellen für die Studenten im Obergeschoß befinden. Die Medrese vereint also in sich Schule und Kloster.

Die Medresen in Fès und in den anderen Städten Marokkos sind ebenso wie manche Moschee aus privaten Stiftungen hervorgegangen. Auch ihr Unterhalt wird aus sogenannten 'Stiftungen toter Hand' bestritten, das sind Stiftungen namenloser Wohltäter. Da der Islam keine öffentlichen sozialen Einrichtungen, keine Armen- und Altershilfen kennt, ist der Moslem weitestgehend auf private wohltätige Hilfe angewiesen. Die moralische Pflicht der Reichen, den Armen zu helfen, ist in einem berühmten Vers des Korans festgelegt, in dem es heißt: »Die Frömmigkeit besteht nicht darin, eure Gesichter nach der Seite des Sonnenaufgangs und -untergangs zu wenden. Fromm ist, wer an Allah und den Jüngsten Tag, an die Engel und die Bücher, an die Propheten glaubt; wer um der Liebe Allahs willen seinen Verwandten, den Waisen, den Armen, den Reisenden und denen, die darum bitten, von seiner Habe gibt; wer die Gefangenen zurückkauft; wer das Gebet befolgt; wer Almosen gibt, wer Verpflichtungen erfüllt, die er eingeht; wer im Mißgeschick, in den Zeiten der Gewalttätigkeiten geduldig ist. Jene sind gerecht und fürchten den Herrn.«

Der Islam ist gewissermaßen ein Vertrag, ein juristischer Vertrag zwischen Gott und den Gläubigen, der in der Religion begründet ist. Hieraus ergeben sich die Pflichten der Gläubigen, die sie innerhalb der Gemeinschaft einhalten müssen. Der Islam als Religion ist vor allem Barmherzigkeit: die Hungrigen sollen gespeist werden. »Jede Sache hat einen Schlüssel«, hat der Prophet einmal gesagt, »der Schlüssel zum Paradies ist die Liebe zu den Kleinen und den Armen«.

Der Marabut

Marksteine der maghrebinischen Oasenlandschaften sind die weißen Kuppeln der kleinen Mausoleen, die in Marokko volkstümlich Marabute genannt werden (Fig. 32), jene kubischen Kuppelbauten, die entweder geschlossen und an einer Seite ein Tor besitzen oder nach allen vier Seiten hin durch Torbögen geöffnet sind. Der klassische Name des Mausoleums ist *turba*, der Name der Kuppel ist *kubba*. Da sich diese Gebäude gerade durch die Form der Kuppel auszeichnen, werden sie in den meisten anderen islamischen Ländern *kubbas* genannt. Mit 'Marabut' wird in Marokko aber nicht nur ein mit einer weißen Kuppel gekröntes Heiligtum bezeichnet, sondern Marabut wird auch der 'Heilige Mann' genannt,

DIE MAGHREBINISCHE ARCHITEKTUR

32 Marabut, kubischer Kuppelbau

der hier seine letzte Ruhestätte gefunden hat. Die 'al Morâbitûn', die 'Leute des Ribât', einer Art Ordensburg, waren als Glaubenskämpfer in ganz Nordafrika verbreitet. Der Marabut – die Einzahl von 'al Morâbitûn' – war u. U. eine Art Mönchs-Ritter. Er war jedoch kein Heiliger im christlichen Sinne, also kein Mittler zwischen Gott und dem Menschen, denn einen Vermittler oder Fürsprecher kennt der Islam nicht in dem Maße wie das Christentum, sondern er ist ein Mann, der wegen seines vorbildlichen Lebenswandels auch noch nach seinem Tode Gedenken und Verehrung genießt. Ein Marabut hat zu seinen Lebzeiten eine mehr oder weniger große Schar von Anhängern, die dann eine Sekte oder Bruderschaft bilden und jährlich Gemeinschaftswallfahrten, sogenannte 'Moussems', veranstalten. Noch heute gibt es in Marokko eine große Zahl solcher Bruderschaften, deren Hauptsitz 'Zawiya' genannt wird. Eine Reihe dieser Zawiyas, die oft das Grab ihres Gründers enthalten, sind keine Kuppelbauten, sondern besitzen ein pyramidenförmiges Dach. Oft gehören die Mitglieder einer Bruderschaft, die sich um einen 'Heiligen Mann' gruppieren, zu einer bestimmten gesellschaftlichen Schicht. Da gibt es Mystiker und Asketen und die berühmten Aissaoua, frenetische Tänzer; es ist nicht verwunderlich, daß das einfache Volk, das stets einer »sinnlichen Vergegenwärtigung des Göttlichen« zugeneigt ist, oft den Marabuten übernatürliche Fähigkeiten zuschreibt. Anschauungen wie Aberglauben und Geisterglauben waren der islamischen Lehre natürlich anfänglich fremd, sie werden aber stillschweigend in Marokko geduldet.

Die Marabute gelten als 'Schorfa' (Sing. Scherif), leibliche Nachkommen des Propheten. Heute gibt es eine große Anzahl von Schorfa in Marokko; sie bilden trotz der im Islam herrschenden Gleichberechtigungsbestrebungen eine Art Blutadel. Die meisten von ihnen stammen aus dem Tafilalet und leiten ihre Herkunft von Ali, dem Schwiegersohn des Propheten, ab. Mehrere Häupter einer Bruderschaft haben oft so große Macht besessen, daß sie politische Umwälzungen hervorgerufen haben und schon manche Regierung beunruhigten.

Die Brunnen

In der Mitte des Innenhofes der Moscheen und der Medresen befindet sich stets ein Brunnen (Farbt. 39; Abb. 63, 72). In Marokko ist er meist ein offenes Wasserbecken mit der 'fiskîja', dem Springbrunnen. Das flache Bassin ist rechteckig oder rund. In Ägypten, aber auch nicht selten in Marokko, sind die Schalen sechs- oder achteckig und mit einem von Säulen getragenen Baldachin oder einem regelrechten Kuppelbau überdacht. Oft sind diese Brunnen, wahrhafte Kunstwerke, nur als Zierbrunnen gedacht, während für die religiösen Waschungen besondere Waschbecken, die *mêdâ*, vorhanden sind. Früher hätte man die Benutzung des Zentralbrunnens als Waschbrunnen für eine Entweihung der Moschee gehalten.

Alle islamischen Brunnen, die dem Ritus verbunden sind, weisen auf das Vorbild des heiligen Brunnens Zem-Zem, der sich im Innenhof der Moschee mit der Kaaba in Mekka befindet. Bevor der Islam ihn in den Bezirk höchster Verehrung einschloß, war dieser Brunnen schon ein heidnisches Heiligtum. Er wird von drei unterirdischen Quellen gespeist, und die Moslems glauben, daß er mit einem der drei Flüsse des Paradieses in Verbindung steht, mit dessen Wasser der Brunnen einmal im Jahr gefüllt wird, und zwar in der Nacht des 14. Schabân nach dem mohammedanischen Kalender.

In der fünften Sure des Korans heißt es: »O ihr Gläubigen, wenn ihr euer Gebet verrichten wollt, so wascht euch das Gesicht und die Hände bis zu den Ellenbogen und reibt euren Kopf und die Füße bis zu den Knöcheln, und wenn ihr verunreinigt seid, so reinigt euch ganz; und wenn ihr krank oder auf Reisen seid oder einer von euch den Abtritt verläßt oder ihr Frauen berührt habt und kein Wasser findet, so nehmt reinen Sand und wascht Gesicht und Hände damit.«

Das Wasser ist für den Moslem eine Gabe Gottes, es ist ihm heilig. Schon die Brunnen, mit denen die ersten Kultbauten ausgestattet waren, dienten den religiösen Waschungen, wie es der Koran vorschrieb. Es wurde den Gläubigen auch nicht verwehrt, aus den unterirdischen Zisternen, mit deren Wasser die meisten Brunnen der Kultplätze gespeist wurden, einen kühlen Trunk zu nehmen.

Wie die Brunnen, die im Zusammenhang mit dem Kult errichtet wurden, so spielen im Brunnenbau auch diejenigen Anlagen, die profanen Zwecken dienen, eine bedeutende Rolle. In den Höfen und Gärten der Privathäuser und Paläste gehört das Spiel des Wassers inmitten von Bäumen und blühenden Sträuchern zum Gesamtbild jener kleinen künstlichen Oasen.

Überall in den islamischen Ländern kennt man die Einrichtung öffentlicher Brunnen, die meist aus den Mitteln privater Stiftungen errichtet wurden. Es gibt sie längs der großen Karawanenstraßen, auf Rastplätzen und vor allem in den Städten. In Konstantinopel zählte man im 18. Jahrhundert allein 10390 öffentliche Brunnen. In Fès und Marrakech sind sie meist in die Außenfassade eines Gebäudes eingelassen. In der Form ähneln sie einem Toreingang oder Fenster. Anstelle des Durchgangs besitzen sie eine Flachnische, ein vorspringendes Dach und reiche Holz- und Keramikverkleidungen.

Einer der schönsten Brunnen dieser Art ist der En-Nejjarin-Brunnen mit glasierter Fliesenmosaikverkleidung und einem vorspringenden Dach aus Zedernholz und grünen Ziegeln (siehe vorderes Umschlagbild).

Wie wir gesehen haben, kann sich der Moslem durch eine freiwillige Stiftung das Himmelreich erkaufen. Wer nicht soviel Geld aufbringen konnte, eine Moschee oder Medrese zu stiften, der errichtete dann wenigstens einen Brunnen und ließ es sich nicht nehmen, hierzu oft die besten Künstler heranzuziehen.

Festungsmauern und Stadttore

Die Städte, die im Verlauf der Geschichte des Islams neu entstanden, entwickelten sich vielfach aus den befestigten Heerlagern der Eroberer; sie wurden dann bald zu Kulturzentren, wie Basra und Kufa im Irak als erste und später Kairouan im Maghreb. Auch Bagdad war eine islamische Neugründung; als Rundstadt wurde sie aus den Ziegeln von Ktesiphon erbaut. Sie entstand zwar nicht aus einem Zeltlager wie Kairo, das die Araber mit 'al Fostat', den 'Zelten', begründeten, sondern wurde in der schon bei den Assyrern üblichen Art einer von starken Mauern umschlossenen Festung erbaut.

Als wichtigste Neueinführung im Festungsbau gelten die Monumentaltore, die bastionsartig aus dem Mauergürtel hervorspringen; sie kamen zuerst unter den Fatimiden im 10. Jahrhundert in Ägypten auf. Diese neue 'Militärarchitektur' beeinflußte auch den Moscheenbau. Die Moscheen wurden nach außen hin mit festungsartigen Mauern umgeben und auf diese Weise zu wahren 'Burgen des Islams'. Mit der wuchtigen Steinarchitektur entstand auch eine neuartige, dem Material angepaßte Ornamentik, da bei der Behandlung des harten Materials ganz andere Voraussetzungen berücksichtigt werden müssen als beim weichen Gips.

Wahre Meisterwerke im Festungsbau schufen die maurischen Architekten des 12. und 13. Jahrhunderts, als Marrakech und Rabat ihre mächtigen Stadttore erhielten (Farbt. 38; Abb. 80). Diese gewaltigen Festungstore bedeuteten für die damalige Zeit nicht nur höchst wichtige Verteidigungsanlagen, hier fanden auch wichtige Versammlungen der Regierung und Gerichtsverhandlungen statt. Ja, das Tor wurde zum Symbol der Regierung überhaupt, woran heute noch die Bezeichnung 'Hohe Pforte' für 'Regierung' im Osmanischen Reich erinnert. In Marokko sind die mächtigen Stadtmauern mit den Toren der Königsstädte Fès, Meknès (Abb. 57, 58, 71), Marrakech und Rabat erhalten geblieben und auch eine Reihe kleinerer Orte weist noch alte Befestigungsanlagen auf. Sie zeigen deutlich, wie an den Bauprinzipien festgehalten wurde.

Die Paläste

Der Palastbau entwickelte sich in Marokko nach dem Prinzip des Hausbaus mit dem Innenhof als Mittelpunkt. Er erreichte schließlich solche Dimensionen, daß ein Palast mit den dazugehörigen Gärten, Dienerwohnungen und Stallungen oft einen ganzen Stadtteil einnahm. Von den alten Palästen sind nur wenige erhalten geblieben. Das Musterbeispiel einer solchen großartigen Palastanlage, die sich weltberühmter Popularität erfreut, ist die Alhambra im spanischen Granada.

Die Paläste waren immer in drei Komplexe eingeteilt, von denen jeder seinen eigenen Innenhof besaß. Zuerst gelangte man in den Bezirk des 'Meschuar' – in der Alhambra heißt er heute noch 'Patio del Mexuar'. Hier fanden die öffentlichen Audienzen und die Gerichtsverhandlungen des Sultans statt. Diesem Trakt schlossen sich die Räume an, 'Diwân' genannt, in denen feierliche Staatsakte stattfanden und wo sich die Minister mit dem Staatsoberhaupt berieten. Der dritte Komplex umfaßte die Privatgemächer des Sultans und seinen Harem, zu dem nur er, die weibliche Dienerschaft und die Eunuchen Zutritt hatten.

Am prunkvollsten war der zweite Trakt ausgestattet. Ein großer Brunnen stand in der Mitte des Hofes, an den sich eine geräumige Festhalle anschloß. Der Komplex für die öffentlichen Empfänge war viel einfacher gehalten. Der dritte Komplex dagegen war wieder großzügiger angelegt, er hatte weitläufige Räume, an die sich prachtvolle, gepflegte Gärten mit Pavillons und Teichen anschlossen. Von den mittelalterlichen Palastanlagen in Marokko haben sich nur kleine Teile der Sultanspaläste von Fès und Rabat erhalten, von den Palästen in Meknès und Marrakech sind nur noch Ruinen übrig. Eine Reihe von Palästen aus dem 19. Jahrhundert, die weitgehend nach dem Vorbild älterer Anlagen geschaffen wurden, sind aber in allen diesen Städten gut erhalten.

Das Dekor

Die maurische Architektur legte in der Planung der einzelnen Konstruktionen weniger Wert auf die Erzielung eines harmonischen Ganzen als auf die dekorative Ausstattung der Innenräume. So wurde das dekorative Moment der wichtigste Bestandteil der maurischen Architektur. Es tritt in so verschwenderischer Fülle auf, daß es sich nicht nur ganzer Wände, sondern auch der tragenden Glieder, der Bögen und Gewölbe bemächtigt.

Die Unterwerfung des Maghreb unter die islamische Herrschaft erfolgte erst verhältnismäßig spät; das war für seine Baukunst von Vorteil, denn in Spanien hatte der neue Baugedanke bereits sein Anfangsstadium überwunden. Dort hatte er sich geradezu zur Vollendung durchgerungen, bevor er sich in den Städten der Atlasländer einbürgerte. Es brauchte sich hier nur noch sein Stil weiterzuentwickeln.

Der Hufeisenbogen

Die Hufeisenform des Bogens (Farbt. 38; Abb. 78, 81), die eines der Hauptcharakteristika des maurischen Baustils wurde, übernahmen die Mauren von den Westgoten und bereicherten sie durch die Hinzunahme des Kleeblattbogens. Durch die »Mittel eines raffinierten Kulissenhandwerks« erzielten die maurischen Baumeister außerdem besonders reizvolle

DIE MAGHREBINISCHE ARCHITEKTUR

33   Der Hufeisenbogen

perspektivische Durchblicke: in den Innenräumen schufen sie einen Wald von Säulen, die durch Hufeisenbögen miteinander verbunden waren. Überall kam diese aufsteigende Tendenz zur Wirkung, auch an den Fassaden und an den prunkvollen Portalen, während jede Vertikaltendenz möglichst unterdrückt wurde. »Es gibt Bauten – und sie gehören zu den schönsten –, deren Schmuck in den Bogenreihen an ihren Hofseiten besteht«, schreibt Titus Burckhardt in seinem Buch ›Fès‹. »Die islamische Kunst ist für den Adel eines Bogens überaus empfindlich. Der Ausdruck des maurischen Bogens liegt weniger in seinem leichten Tragen als in dem Ausschnitt, den er bildet: er verleiht dem leeren Raum, den er umspannt, eine besondere Eigenschaft (Fig. 33) ... Der Kreis, den das Hufeisen andeutet, macht den Raum zur Mitte: der spitz zulaufende Scheitel gibt ihm seine aufstrebende Richtung gleich einer Kerzenflamme, und die viereckige Lisene (senkrechter, wenig vorspringender Mauerstreifen; Abb. 78), die manchmal den Bogen umrahmt, stellt das Gleichgewicht zwischen der sich ausdehnenden Bucht und dem Würfel des Baues her. Ein solches Werk ist frei von allen menschlichen Zufälligkeiten, und deshalb befriedigt es auch den menschlichen Geist.«

Die Tropfsteinverzierung

Ein für den maurischen Stil ebenso wichtiges Dekor wie der Hufeisenbogen ist die Tropfsteinverzierung. Wie unzählige Waben wirken die Gipsstalaktiten ('muqarnas'), mit denen Gewölbe und Türbögen der Hallen und Arkaden ausgefüllt sind (Fig. 34). Verbunden mit verschlungenen Mustern aus Stuck und Fliesenverkleidung beginnt hier ein Zauberreich der Ornamente.

  Mit den Stuckverzierungen schufen die Erbauer jener Paläste, die einer Märchenwelt zu entstammen scheinen, eine 'ornamentale Architektur', bei der fast alle tragenden Bauelemente hinter einem schwerelosen Gewebe aus Stuckverzierungen verborgen bleiben. Selbst die Säulenkapitelle sind mit Stuckornamenten gekrönt. Vor allem sind es die Wabengewölbe, mit denen die Decken, Kuppeln und Nischen überzogen sind. Solch eine Kuppel ist oft aus Tausenden von Stuck-Stalaktiten zusammengefügt.

Das Grundelement der Wabentechnik ist die Trompe oder der Zwickel. Durch Aneinanderreihung mehrerer solcher Trompen in horizontaler und vertikaler Richtung entsteht eine Art Wabe. Füllt man mit solchen Gebilden Wölbungen aus, so hängen die Kanten einzelner Waben in den Raum hinab, und das Ganze wirkt dann wie ein von Stalaktiten gebildeter Bogen. Die prismenartigen Gebilde werden zunächst einzeln in Gips gegossen und dann in mühsamer Arbeit aneinandergefügt. Ähnlich verfährt man auch beim Formen und Verzieren der Stukkatur. Die Stuckornamente werden in den noch frischen Gips geschnitten, mit dem man vorher die zu schmückenden Flächen oder Gegenstände beworfen hat.

34 Die sieben Elemente der Stalaktiten stellen an ihren Flächen ein Quadrat (B) und zwei Dreiecke (A und C) dar. Mit allen ihren Seiten passen sie zusammen und können beliebig kombiniert werden.

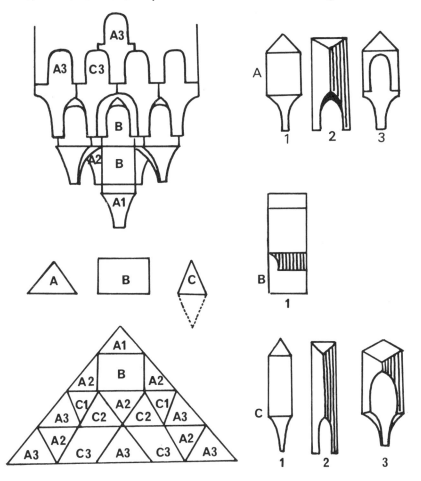

DIE MAGHREBINISCHE ARCHITEKTUR

35, 36   Geometrische Ornamente, links in Verbindung mit arabischer Kursivschrift

Das geometrische Ornament

Kein Volk des Mittelalters war so begabt in der ornamentalen Kunst wie die Mauren. Ihre Kunst entfaltete sich auf die mannigfachste Art: in der Technik, in der Komposition und in Einzelmotiven. So wuchs die Ornamentik an den Innenwänden der Moscheen und Häuser, an den Decken und Gewölben und an den Fußböden bald ins Unermeßliche (Farbt. 41–46; Abb. 65, 66).

Durch religiöse Vorschriften waren die islamischen Künstler an figürlichen Abbildungen gehindert, doch die hierfür angeführten Gründe wurden nicht von allen religiösen Zweigen des Islams in gleicher Weise anerkannt. Die Sunna – und die Mauren waren Anhänger des Sunnismus – erkennt ausschließlich Gott das Recht zu, »Körper zu formen, um ihnen eine Seele einzuflößen«. Dieses Bilderverbot achtend, eroberten sich die islamischen Künstler eine andere Welt: das weite Feld der abstrakten Formen. Mit mathematischer Genauigkeit entwickelten sie immer neue zusammenhängende Liniensysteme. Aus einem zwölf- oder sechzehneckigen Stern heraus entstand zum Beispiel eine 'geometrische Rose', indem jede Linie einer Mitte entspringt und wiederum einer Mitte zustrebt. In vielfacher Wiederholung über große Flächen verteilt wirken die Figuren wie ein glitzerndes Muster von Sternen und Kristallen. Am schönsten kommen diese geometrischen Ornamente, die man die 'Spinngewebe Gottes' genannt hat, bei den keramischen Wandmosaiken zum Ausdruck (Farbt. 42, 43).

Die Arabeske

Nicht nur bei den keramischen Mosaiken treten geometrische Ornamente auf, auch in der Stukkatur finden wir sie, doch nicht allein, sondern verbunden mit pflanzlichen Formen, die dann oft so stilisiert sind, daß ein abstraktes Bild entsteht (Abb. 64; Fig. 37). Die Kombination von »entnaturalisierten, atektonischen, gleichsam ziellosen Linien, Kurven, Blättern und blütenartigen Gebilden, die ohne Anfang und Ende aus sich selbst werden und vergehen«, bezeichnet man als Arabeske. Sie ist ohne Zweifel als die größte ureigene Schöpfung islamischer Kunst anzusehen. »Schritt für Schritt können wir verfolgen«, meint Ernst Kühnel, »welche Umwandlungen zum Beispiel die aus der Spätantike überlieferte Weinranke erfährt: die Blätter werden zu Palmetten, die Trauben zu Zapfen, Waben oder Perlbündeln, das Rankenwerk wird in unwahrscheinlichen Wellen und Spiralen geführt, und an die Stelle eines organischen Wuchses tritt ein rein ästhetisch empfundener Rhythmus. Nur selten lassen sich in geometrischen Rosetten die Blütensterne wiedererkennen, die hier die erste Anregung gaben, und man fragt sich vergeblich, welchen Blumenformen die mannigfachen Kelch-, Fächer- und Zackenpalmetten nachgebildet sein mögen« (Abb. 84).

Arabesken sind »Signale aus dem Übersinnlichen«, sie haben weder Anfang noch Ende. Die Bezeichnung Arabeske umfaßt »den gesamten Komplex der naturfernen, systematischen Ornamentik«, sagte Ernst Diez, »die der orientalische Geist im Zeichen des Islams aus gegebenen ornamentalen Gestalten aller Art unter Anwendung bestimmter Gesetze der Symmetrie und Rhythmik gestaltet hat«. Der Terminus beschränkt sich also nicht allein auf das Ornament, das sich aus einer Pflanzenranke heraus entwickelt hat.

37 *Verbindung eines geometrischen Ornaments mit einer Arabeske*

DIE MAGHREBINISCHE ARCHITEKTUR

38 'Der Segen Mohammeds', stilisierter kufischer Schriftzug

Das Schriftornament

Gern verbindet sich die Arabeske mit arabischen Schriftzeichen, wobei das Rankengewinde den Grund und die Schrift das Muster darstellt. Der Koran, für den Moslem das Buch der Bücher, hat sie stärker inspiriert als irgendein Buch des Orients – obwohl die Sunna den Künstlern die bildliche Darstellung von Lebewesen verbot. In der Abstraktion von der Wirklichkeit gelang es den Künstlern, dieses Verbot zu umgehen, denn sie zogen nun die Buchstaben für ihre Kunst heran. In der Baukunst verwendeten sie Schriftzeichen als reines Ornament, die sich dann in zwei Stilformen kristallisierten: im eckigen Duktus des Kufi (Fig. 38) und der weichen Kursivschrift des Nesschi (Fig. S. 2). Die Stilisierung derartiger Schriftornamente erreichte eine solche Reife, daß »Schriftornamente häufig das betonteste Element im Gesamtdekor werden konnten«, zumal die arabische Schrift eine so vollendete Schönheit erreicht hatte, wie sie in der Kulturgeschichte der Menschheit wohl einzigartig dasteht.

Die Schriftfriese, mögen sie in der Stukkatur, in farbigen Fliesen oder an holzgeschnitzten Täfelungen auftreten, sind Koranverse, die sich stets auf Allah beziehen, auf seine Allmacht, auf seine Güte. Neben dem Portal eines Königspalastes finden wir geschrieben: »Nur Allah ist allmächtig.« Dieser Spruch sollte den Herrscher daran erinnern, daß nur die Allmacht Gottes ihn schützen könne und nicht die mächtige Pforte. Am häufigsten erscheint in den Schriftbändern das Wort 'Allah', und wenn das Wort 'Salam' in den schön geschwungenen Linien des Nesschi aus einem geheimnisvollen Flechtwerk von Arabesken hervortritt, so bedeutet das den 'Frieden' oder das 'unversehrte Heil'. Das ist die Grundidee des Islams, denn aus dem Worte Salam ist Islam abgeleitet.

Kleinode des Islams: Die vier Königsstädte Marokkos

Zu Beginn des 8. Jahrhunderts kehrten die arabischen Eroberer, die vorübergehend das Land nach der Ermordung ihres Führers Okba Ibn Nafi hatten verlassen müssen, nach Nordafrika zurück und besetzten fast das ganze Gebiet, das heute Marokko heißt. Sie gewannen die Berber zu weiteren gemeinsamen Kriegszügen und überschritten unter Führung des arabisierten Berbers Tarik Ibn Zeyad die Meerenge bei den schon im Altertum so genannten 'Säulen des Herakles', der nur 14 km breiten Pforte zwischen Afrika und Europa. Bei dem von den Römern 'Calpe' genannten Felsen, der nun den Namen des maurischen Feldherrn erhielt, also Djebel Tarik hieß, und später Gibraltar genannt wurde, begannen mit dem Jahre 711 die maurischen Eroberungszüge, die so schnell vorangingen, daß Tarik Ibn Zeyad sich schon nach wenigen Monaten zum Herrn von fast ganz Spanien machen konnte. Erst 732

39 1 Moschee des Sidi Abd Allah el Hajjam 2 Mausoleum des Moulay Idriss 3 Bad Djedid 4 nach Volubilis und Sidi Kacem 5 nach Meknès 6 nach El Mghassine und Meknès 7 Straße Fès – Sidi Kacem 8 Djebel Zerhoun

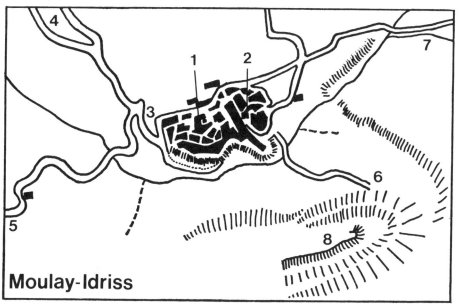

DIE VIER KÖNIGSSTÄDTE

wurden die arabisch-berberischen Heere bei Poitiers von Karl Martell aufgehalten. Es war die Zeit, zu der das Reich der Kalifen, der Erben des Propheten, seine größte Ausdehnung erhielt. Aber bald zerfiel es, nachdem der Islam mit Feuer und Schwert immer weiter verbreitet worden war. »Wenn ihr Ungläubigen begegnet, dann erschlagt sie, damit ihr viele tötet, und den Gefangenen zieht die Fesseln fest«, heißt es im Koran, Sure 47, Vers 4. Doch der Koran gebietet auch Nachsicht gegenüber den Ungläubigen, solange die Gläubigen nicht selbst von ihnen angegriffen werden. Die Berber hatten sich dem Islam angeschlossen; sie blieben auch dem Koran treu, erhoben sich aber gegen die Repräsentanten des Kalifen. Das brachte in Marokko eine Reihe von Revolutionen mit sich.

Gegen Ende des 8. Jahrhunderts kam ein Mann in den Maghreb el Aksa, den 'Äußersten Westen', dem es gelang, den Grundstein zum Marokkanischen Reich zu legen. Er war der Begründer der ersten marokkanischen Dynastie, sein Name war Moulay Idriss Ibn Abdallah ben el Hassan ben Ali.

Wie schon an anderer Stelle berichtet, gelangte Idriss auf der Flucht vor dem abbasidischen Kalifen um 788 nach Ulili, einem Platz, den der Berberstamm der Auraba in unmittelbarer Nähe der ehemaligen römischen Stadt Volubilis innehatte. Von den Berbern wurde Moulay Idriss gastfreundlich aufgenommen und erhielt bei ihnen schließlich solches Ansehen, daß diese nicht nur seine Religion annahmen, sondern ihn zum Herrscher eines theokratischen Königreiches machten, das fast das ganze nördliche Marokko einnahm. Der geheiligte Adel seiner Abstammung war die erste Voraussetzung zu dieser Stellung, denn als Urenkel des Propheten erkannten ihn seine Anhänger als rechtmäßigen Anwärter auf das Kalifat an. Sie verpflichteten sich, ihm zu gehorchen und waren dafür, daß er das koranische Gesetz aufrechterhalte. Als Nachkomme des Propheten durfte er sich Scherif nennen, was 'Edler' bedeutet. Doch der Titel, den er annahm und den die marokkanischen Sultane bis heute führen, war Moulay, das klassisch-arabische Mawla, was soviel wie 'Herr' bedeutet.

Moulay Idriss I. starb nach seiner kurzen, kaum fünf Jahre währenden Regierungszeit eines gewaltsamen Todes. Wir wissen nicht genau, wie der Abgesandte des Kalifen Harun al Raschid, zu dessen Ohren die Kunde von den Erfolgen des Moulay Idriss gelangte, den Mordanschlag um 792 vollführte. Nachfolger wurde sein Sohn, dem seine berberische Frau Chamza zwei Monate nach dem Tode des Vaters das Leben schenkte. Sie gab ihm nach seinem Vater den Namen Idriss. Als er das elfte Lebensjahr erreicht hatte, wurde er von den Auraba zum Sultan ausgerufen, und mit sechzehn Jahren gründete er die Stadt Fès, die er zu seiner Residenz machte und die nun die erste marokkanische Königsstadt wurde (Abb. 56). Sein Vater wurde unweit von Ulili auf einem felsigen Vorsprung des Zerhoun-Berges beigesetzt. Da Moulay Idriss al akbar, 'unser Herr Idriss der Ältere', wie man ihn nach seinem Tode nannte, nicht nur als Herrscher, sondern auch als Heiliger verehrt wurde, entstand bald um seine Grabmoschee herum eine kleine Stadt, die von den Marokkanern als ihr größtes Heiligtum angesehen wird, die heilige Stadt Moulay Idriss (Farbt. 37; Abb. 54).

Eine der schönsten Lagen aller Städte Marokkos besitzt Moulay Idriss, eine Stadt, die wohl noch am reinsten ihren islamischen Charakter bewahrt hat, in der kein Europäer leben darf (Fig. 39). Noch bis zum Jahre 1917 war jedem Ungläubigen der Zutritt zu dieser Stadt

69 Zwei der wenigen noch erhaltenen Bronzehammerglocken am 'Haus des Glockenspiels' (1357) in Fès
◁ 68 Medersa Bu 'Inaniya in Fès: Getreppte Wölbungen und Blendgalerien dokumentieren das hohe künstlerische Niveau der Baumeister

70 Um die Grabmoschee von Moulay Idriss II., dem Gründer der Stadt Fès, läuft das Sacratum, das nur von Fußgängern benutzt werden darf und früher Zuflucht aller Verfolgten war

71 Das Bab el Mansour el Aleuj in Meknès ▷

73 Fassadengliederung des Bab el Mansour mit Hufeisenbögen über Marmorsäulen und Flechtbandwerk über grünem Keramikgrund
72 Innenhof des Mausoleums von Moulay Ismail in Meknès

74 Grab eines Heiligen in Meknès

75 Gastgeschenke werden zur Hochzeit gebracht

76 Das 77 m hohe Minarett der Kutubiya in Marrakech stammt aus derselben Zeit wie der Hassan-Turm in Rabat

78 Stadttor in Marrakech

79 Händler im Souk von Marrakech

◁ 77 Marrakech: Der berühmte Platz Jemaa El Fna

80 Teil der ursprünglich 12 km langen Stadtmauer von Marrakech

81 Durchblick in die Gebetshalle und den Innenhof einer Moschee in Marrakech. Der Grundplan der Sidi Oqba-Moschee von Kairouan behielt im Maghreb das ganze Mittelalter hindurch Geltung

82 Bab Agenau in Marrakech, vermutlich zur Zeit des Almohaden Yaqub el Mansour erbaut

84 Phantasievoll gestaltete Arabeskenornamente gliedern die Fassade der Medersa Bu Inania in Meknès

83 Als sich im 14. Jh. die Stalaktitenformen durchsetzten, trat zur Schnitzerei die Kassettierung, Vergoldung und Bemalung

85 Essaouira bei Ebbe

86 Alte portugiesische Festungsanlagen am Hafen von Essaouira

40   *Dekorativer Schriftzug des Namens 'Allah'*

versagt, und bis vor wenigen Jahren durfte kein Nicht-Mohammedaner innerhalb ihrer Mauern die Nacht verbringen. Nahe einer alten Zawiya liegt das mit grünen Ziegeln gedeckte Mausoleum Idriss' I. (Abb. 55). Beide Bauwerke wurden unter Moulay Ismail (1672–1727) erneuert; Nicht-Muselmanen ist der Zutritt auch heute noch untersagt. Man hat aber einen schönen Blick auf den ganzen Komplex mit der Ortschaft von der Terrasse einer Koranschule aus, die auf dem Wege hinauf zum Heiligtum des Sidi Abd Allah el Hajjam liegt.

Moulay Idriss genießt als Heiliger im ganzen Maghreb eine so große Verehrung, wie sie kaum einem zweiten Heiligen zuteil wird.

Die heilige Stätte, auf die man hinabblickt, ist ein ganzer Tempelbezirk, der aus einer Moschee mit mehreren von Säulen getragenen Hallen, einem Hof mit einem großen Springbrunnen und einer Koranschule besteht, in der den Kranken und Armen auch Almosen verteilt werden. Das Grab des Heiligen liegt in einem hohen, viereckigen, von einer Kuppel gedeckten Saal. Das Mausoleum beschreibt Titus Burckhardt folgendermaßen: »Seine Lage ist durch einen durchbrochenen, mit einem seidenen Tuch überdeckten Schrein gekennzeichnet. Hier herrscht eine so tiefe Stille, daß selbst das Plätschern des Brunnens im Hof an ihr zerperlt. Männer sitzen reglos auf dem Teppich des Saales; nur der Rosenkranz rieselt durch ihre Finger. Frauen, in weiße Tücher gehüllt, knien auf der Schwelle zum Hof und flüstern Gebete. Nur kleine Kinder laufen auf leisen Sohlen umher und kriechen unter das Tuch, das den Schrein des Grabes deckt, um dem Heiligen mit ihren Bitten näher zu sein. Lautlos schlägt hier das Herz Marokkos.«

Einmal im Jahr, im Mai, füllen sich die Straßen und Plätze des sonst etwa 11 000 Seelen zählenden Bergnestes mit Pilgern aus allen Gegenden Marokkos, und rund um die Stadt erheben sich Hunderte von Zelten. Ein großes Moussem, ein Volksfest, findet zu Ehren des heiligen Idriss statt, an dem Abgesandte aller Stämme teilnehmen. Religiöse Fanatiker singen und tanzen, und Reiterspiele werden zwischen Gebeten und heiligen Handlungen zu Ehren des Heiligen abgehalten. Doch bald ist der Lärm, mit dem die Menschen die Gegend erfüllen, vorbei, und bald ist Moulay Idriss wieder jene Insel in der einsamen Bergwelt, die noch viele arabisch-berberische Eigenarten bewahrt hat.

DIE VIER KÖNIGSSTÄDTE

Fès, der Born der Weisheit

Man kennt außer Fès keine andere, ebenso alte, von Religion und Wissenschaft erfüllte Stadt des Islam, die von einem reinen Sprößling aus dem Hause des Propheten gegründet worden wäre. Al Kettâni

Auch heute noch ist Fès (Abb. 56; Fig. 41) die unerschöpfliche Quelle arabischen Geisteslebens, die Stadt, in der sich die arabische Kunst und die arabische Wissenschaft, verwurzelt im mohammedanischen Glauben, zu dem bedeutendsten Zentrum islamischer Kultur in Marokko entwickelt haben. Fès war immer – und ist es bis heute geblieben – die geistige und kulturelle Hauptstadt Marokkos, deren Ausstrahlungen in der ganzen arabischen Welt zu spüren sind. Fès ist heute auch ein heiliger Wallfahrtsort, denn seine Mauern bergen die sterblichen Überreste des Gründers von Fès, Idriss' II., der schon von seinen Zeitgenossen als Heiliger verehrt wurde.

Die Geschichte dieser Stadt beginnt im Jahre 808 mit der Gründung durch den damals erst sechzehnjährigen Moulay Idriss II., der sie zur Hauptstadt seines großen Reiches machte. Er errichtete die Stadt auf dem Ufer des Oued Fès, dem eine von Berbern bewohnte Siedlung gegenüberlag; schon sein Vater soll sie gegründet haben. Der Aufschwung, den die neue Stadt nahm, zog sehr bald aus Andalusien und aus Kairouan vertriebene Muselmanen an, die fortschrittliche Kenntnisse mitbrachten und die beim Aufbau der neuen Stadt nur nützlich sein konnten. Die zunächst getrennten Stadtviertel dieser Zuwanderer wurden 'el-Kairaouine' und 'el Andalus' genannt. Im 11. Jahrhundert wurde die Mauer zwischen beiden Stadtteilen eingerissen, und beide zusammen bilden seither den Kern von Fès, Fès el Bali genannt. Die bedeutendsten sakralen und kulturellen Bauten, wie Moscheen, Medresen und Brunnen, liegen in Fès el Bali. Die ersten von ihnen aber entstanden unter dem Almoraviden-Sultan Yusuf Ibn Taschfin, oder sie wurden zu seiner Zeit verbessert. Die Namen der Architekten und Künstler sind uns nicht bekannt. Den Chronisten waren die Namen der Herrscher, die jene prächtigen Bauwerke aufführten, wichtiger als die Künstlernamen. Das Zurücktreten der Persönlichkeit hinter das Werk läßt sich durch die religiöse Einstellung der Moslems erklären. »Der irdische Wandel hochbegabter Menschen konnte nicht in dem Maße interessieren wie bei uns«, meint Ernst Kühnel, »weil man in ihren Schöpfungen weniger die geniale Tat erkannte als das wunderbare Wirken göttlicher Gnade.«

Es begann jetzt das 'Goldene Zeitalter der arabischen Kultur', die Zeit der Almohaden, in der Spanien und der Maghreb mit Baudenkmälern übersät wurden, wofür wir in Fès mit die schönsten Beispiele haben. Aber auch Dichter, Philosophen und Ärzte taten sich hervor. Es entwickelte sich ein Reich der Künste und Wissenschaften, das wiederum viele geistige Kräfte aus anderen Ländern an sich zog. Zu dieser Zeit lebte auch der berühmte Mediziner, Theologe und Philosoph Ibn Ruschd (1126–1198), der unter dem Namen Averroes bekannt und berühmt wurde. Ihm verdanken wir die Kenntnis der Philosophie des Aristoteles, die ohne ihn vielleicht verlorengegangen wäre. In Córdoba geboren, war er zu seiner Zeit

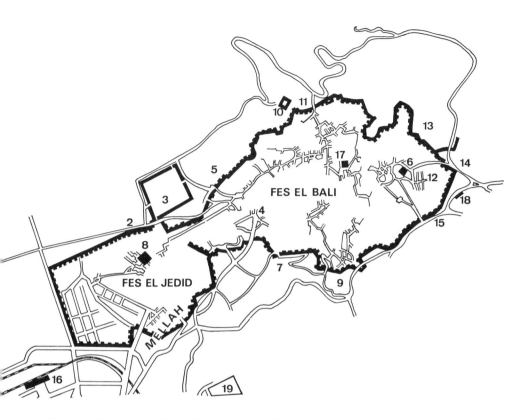

41 Plan von Fès. *1 von Meknès, Rabat und Sidi Kacem 2 Bab Segma 3 Cherarda-Kasbah 4 Bab Jebala 5 Bab el Mahrouk 6 Moschee der Andalusier 7 Bab el Hadid 8 Große Moschee 9 Bab el Jédid 10 Nekropole der Meriniden 11 Bab Guissa 12 Keramik-Viertel 13 Bab Sidi Bujida 14 Bab Khoukha 15 Bab Ftouh 16 Bahnhof Tanger – Fès 17 El Qarawin-Moschee 18 Bahnhof Bab Ftouh 19 Krankenhaus*

hauptsächlich als Arzt bekannt. In seinen letzten Lebensjahren wurde er wegen seiner nichtorthodoxen Ansichten ausgewiesen, kurz darauf jedoch in Gnaden aufgenommen und starb schließlich ein Jahr vor dem Tode seines fürstlichen Beschützers Yaqub el Mansour in Marrakech. Die ganze geistige Elite Europas im Mittelalter war sich darüber einig, die geistige Führerschaft dieses großen Mannes anzuerkennen. Unter den Meriniden gelangte Fès zu seiner wirtschaftlichen und kulturellen Blüte. Die Stadt wurde mit zahlreichen Bauten versehen, und ein neuer Stadtteil, Fès el Jédid, der den merinidischen Sultanspalast und die Mellah enthält, wurde gegründet.

Das Stadtbild von Fès hat sich seit einem halben Jahrtausend bis auf den heutigen Tag erhalten. Bereits um die Mitte des 13. Jahrhunderts bedeckte die Stadt den ganzen Talgrund des Oued Fès. Im Gegensatz zu vielen anderen bedeutenden Städten liegt Fès nicht auf einer Ebene oder Anhöhe, sonder in einer Mulde, wobei die Schwesterstädte Fès el Bali und Fès el Jédid durch die Gärten von Boujeloud voneinander getrennt sind. In Fès el Jédid oder Neu-Fès liegt der Sultanspalast Dar el Makhzen, der eine kleine Stadt für sich bildet, und die Mellah, die Judenstadt; im übrigen ist Neu-Fès aber der Stadtteil, der die ärmere Bevölkerung beherbergt. Der älteste Stadtteil, Fès el Bali, auch Medina genannt, bildet den eigentlichen Kern von Fès. Auf der höchsten Talstufe liegt die Europäersiedlung, durch breite Grünanlagen von der Altstadt getrennt, die zur französischen Kolonialzeit unter Marschall Lyautey entstand. Er ließ so das schöne Stadtbild der Altstadt unberührt und bewahrte sie vor jedem Eingriff der modernen Zivilisation.

Fès ist eine Stadt, die wie Granada die Blütezeit der alten maurischen Kultur und Tradition symbolisiert, ein Kleinod des Islam, keine hastige Großstadt, auch wenn die Menschen in den engen Gassen wie in einem Labyrinth so dicht gedrängt einherlaufen, daß sie sich fast erdrücken. In dem staubigen Gewirr der Straßen, die von den verschiedenen Toren aus in das Stadtinnere führen, drängen sich Pferde und Menschen, Maultiere und zweirädrige Schiebekarren, Esel und Fahrräder. Sie führen durch Basare, die mit Schattengittern aus Bambus bedeckt sind, und sie führen durch die Viertel mit den offenen Werkstätten der Schuster, Schneider, Sattler und Schmiede, oder sie führen in einen 'derb', in ein Netz von Gäßchen, das nur einen einzigen Eingang hat und in lauter Sackgassen endet. Die Verkehrsadern führen zu keinem öffentlichen Platz mit öffentlichen Gebäuden, wie man es von den alten europäischen Städten mit ihrem Forum und den Hauptachsen gewöhnt ist. Mitten in der Stadt, in der sich unverhüllt das öffentliche Leben des Marokkaners in seiner unbekümmerten Vielfalt und Vollständigkeit abspielt, das uns einen gültigen Begriff des maghrebinischen Lebens gibt wie keine andere Stadt Nordafrikas, liegen die Kleinode islamischer Kultur: die großen Moscheen und Medersas, die nirgendwo ihresgleichen finden. Soll doch Fès, wie eine arabische Quelle angibt, um das 13. Jahrhundert herum 785 Moscheen, 80 Brunnen und 93 öffentliche Bäder besessen haben. Heute soll es in der Stadt noch 130 Moscheen geben. Doch diese Stätten der Andacht liegen nach außen hinter unscheinbaren Mauern verborgen, sie nehmen nicht am Leben der Straße teil, sondern jede bildet für sich mit ihrem Innenhof einen eigenen Stadtkörper, eine kleine Welt für sich.

Da die Stadt Fès in einer Mulde liegt, ist es möglich, von oben her, nämlich von der etwa 16 km langen Umfassungsstraße aus, die Stadt, die noch vollständig von der alten Stadtmauer umschlossen ist, als Gesamtbild zu erfassen (Abb. 56). Da die Lichtverhältnisse vormittags von der Südseite und nachmittags von der Nordseite am günstigsten sind, ist es zu empfehlen, zweimal eine Rundfahrt um die Stadt zu machen. Ein besonders schöner Blick auf Fès el Bali und das Sebou-Tal bietet sich einem von den Ruinen der Nekropole der Meriniden-Sultane aus, dort, wo die Straße hinter dem Bab Guissa am El-Kolla-Hügel hinansteigt. Von hier aus erscheint Fès »wie eingebettet in einen reichen Schrein von Obstgärten, Stadtmauern und Friedhöfen«, schreibt René Seguy, »die Wallmauern schnüren es zuweilen fest ein; die bescheidenen Friedhöfe sind locker eingestreut und gehen dann wie Ruinen in die offene Landschaft über. Ihre schlichte, anmutvolle Würde überträgt sich auf die Felder und teilt sich der ganzen Stadt mit. Über der zugleich majestätischen und liebreizenden Landschaft schwebt ein Hauch von heiterer Abgeklärtheit, die nichts erschüttern kann.« Ein zweiter schöner Blick bietet sich von der außerhalb des Bab Ftouh gelegenen Festung Borj Sud dar.

Diese Stadt mit ihren Mauern und Bastionen und dem großen Heiligtum der Grabmoschee Idriss' II. hat die Fantasie mancher Poeten angeregt. So hat einmal ein unbekannter arabischer Dichter von ihr gesagt: »Die Taube verlieh der Stadt ihren Ring und der Pfau den königlichen Fächer. Ihre Füße sind lauter Wein und jedes Hauses Hof ein Becher.« Denn nichts ist so segensreich für die Stadt wie das Wasser. In der Talmulde entspringen nicht nur zahlreiche Quellen, sondern ein Fluß konnte schon in frühen Zeiten der Stadt zugeleitet werden. »Er wird der Fluß der Perlen genannt«, heißt es bei Abul Hassan Ali-al-Djaznayi, »und entspringt in der Ebene im Westen der Stadt, in ungefähr sechs Meilen Entfernung, aus etwa sechzig verschiedenen Quellen... Sein Lauf ist kaum wahrnehmbar bis zu der Stelle, wo er in die Stadt einmündet. Hier verzweigt er sich zu einer Garbe vieler Arme, die den einzelnen Vierteln zufließen, um die Brunnen der Moscheen, der Straßen und der einzelnen Häuser zu speisen...«

Im Herzen der Stadt zwischen der Grabmoschee des Moulay Idriss II. und der Hochschule Al Qarawîn liegt ein besonderes Viertel, die sogenannte Kaissariya, ein Stadtteil, der des Nachts durch eigene Tore abgeschlossen wurde, wie ihn jede größere Stadt besitzt. In ihm befinden sich die Souks (Farbt. 27), in denen nur kostbare Güter, wie Stoffe und Frauenschmuck, feilgeboten werden. Genauso wie die Grabeshalle des heiligen Idriss I. in Moulay Idriss ist auch das zeltförmige Dach, das die Kuppel über dem Grab Idriss' II. schützt, mit grünglasierten Ziegeln gedeckt. Die Zawiya wurde 1437 errichtet, aber Anfang des 18. Jahrhunderts gründlich erneuert. Aus der Ferne, von der Umgehungsstraße der Stadt aus, haben wir dieses Dach schon gesehen, doch in dem unvorstellbaren Gewirr von engen Gassen, die wir zu durchqueren haben, um die Grabesstätte zu erreichen, können wir nur instinktiv der Richtung folgen, in der sie liegen muß. Der immer stärker werdende Duft des Weihrauches und die Auslagen der buntbemalten Kerzen verraten uns, daß wir uns auf dem richtigen Wege befinden. Kurz hinter dem den Frauen vorbehaltenen Eingang zur Zawiya des Moulay Idriss mit dem Heiligtum, vor dem wir plötzlich stehen, sehen wir jetzt in einer reich mit bunten Kacheln und Stuck verzierten Wand eine Kupferplatte in Form eines Sterns mit einem Loch, durch das die Moslems im Vorübergehen ihre Finger stecken, um durch das Berühren der Wand, hinter der das Grab des Heiligen liegt, in den Genuß der *baraka*, des Segens des heiligen Schutzpatrons der Stadt Fès, zu kommen. In der geheiligten Stätte ruhen seine sterblichen Überreste unter einem mit kostbaren Brokaten bedeckten Katafalk. Einmal im Jahr, im August, begeben sich alle Handwerkerzünfte gruppenweise hierher, um das Fest zu Ehren des Heiligen zu feiern. In langer Prozession kommen sie daher und bringen Sühneopfer und kostbare Spenden. Die Seidenweber von Fès bringen dann ein neues Brokattuch für den Katafalk des Heiligen.

Um die Grabmoschee herum läuft das Sacratum, denn die Zawiya ist *horm* oder tabu, eine unverletzliche Asylstätte, die früher Zuflucht aller Verfolgten war (Abb. 70). Auch heute

DIE VIER KÖNIGSSTÄDTE

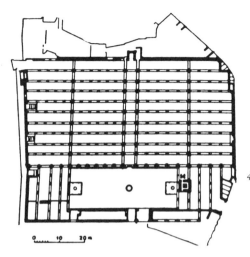

42 Grundriß der Hochschule Al Qarawîn in Fès. Unten der Hof mit den beiden Brunnenpavillons. Rechts anschließend das Minarett (M). Darüber das Mittelschiff mit der großen Halle, gleichzeitig Bethalle. In der Mitte der Rückwand die Gebetsnische

noch flüchten hierher zuweilen diejenigen, die sich etwas zuschulden kommen ließen und den langen Arm der Obrigkeit fürchten. Immer versammeln sich Pilger und Reisende – natürlich nur Mohammedaner haben Zutritt – in den Säulenhallen, die um den Innenhof der Grabmoschee herumlaufen, denn für sie ist immer noch die geistige Kraft spürbar, die von dieser ehrwürdigen Stätte ausstrahlt. Hammu ben Rahmûn, ein Mystiker des 18. Jahrhunderts, soll gesagt haben: »Ich bin noch nie an seinem Grab vorübergegangen, ohne daß ich jene schmerzliche Sehnsucht verspürt hätte, die von dieser Stätte ausgeht und die mich berührt wie ein Tod aus Ehrfurcht vor seiner schrecklichen Größe.«

In unmittelbarer Nähe der Grabmoschee des Gründers von Fès, der Außenwelt ebenso verborgen wie diese, erhebt sich der riesige Komplex der berühmten Moschee und Hochschule Al Qarawîn, der eine Fläche von mehr als 16000 m^2 einnimmt (Fig. 42). Im Schoße einer so engen Stadt wie Fès wirkt die Lehranstalt wie eine Stadt in der Stadt. Sie besitzt etwa zwanzig Tore, wovon vierzehn Monumentaltore sind. Ein flüchtiger Blick, den ein Nicht-Moslem durch eine zufällig geöffnete Tür in den Wald von Säulen werfen kann, vermittelt ihm die kurze Vision einer anderen, fremden Welt.

Die Moschee wurde schon im Jahre 859 von Fatima, der Tochter eines der ersten Einwanderer aus Kaiouan namens Mohammed el Feheri, gegründet (Farbt. 39). Da beide den Stadtteil von Fès bewohnten, in dem sich die 'Kairouaner' angesiedelt hatten, wurde die Moschee El Qarawîn oder El Qarawiyyîn genannt. Ursprünglich hatten sie vier Schiffe mit je zwölf Bögen. Ihre endgültige Form erhielt sie nach dem Umbau, der von 1135 bis 1189 dauerte und unter dem Meriniden-Sultan Abu Yusuf Yaqub beendet wurde. Das einfache Minarett stammt wahrscheinlich noch aus dem 10. Jahrhundert. Der ganze Komplex umfaßt heute sechzehn Schiffe mit je einundzwanzig Gewölbebögen, und zweihundertsiebzig Säulen stützen ihre Decken. Eine für den gesamten Maghreb einmalige Besonderheit ist die

Ausrichtung der Schiffe des Betsaales, die parallel zur Kibla-Mauer verlaufen. Nur das Mittelschiff, das die übrigen Schiffe schneidet, läuft senkrecht auf die Kibla-Mauer zu. Mehr als 22000 Gläubigen soll die Moschee zu gleicher Zeit Platz bieten. Ihr Inneres ist einfach und streng gehalten, es ist jedoch mit einem seltenen Kunstwerk ausgestattet, einem bronzenen Kronleuchter, der über siebenhundert Kilogramm wiegt und früher mit fünfhundertneun Öllampen ausgestattet war. Aus dem 16. Jahrhundert stammen zwei kleine Pavillons, die sich auf schlanken Marmorsäulen an beiden Hofenden erheben. Dieser Hof ist mit schwarzen Fliesen bedeckt; in seiner Mitte befindet sich ein steinernes Brunnenbecken aus der Almohaden-Zeit. Der Wechsel zwischen den bunten Fliesen, der filigranartigen Stukkatur an den Bogenfeldern über den reich verzierten Säulen und den grünen Dachziegeln sorgt für ein berauschendes Farbenspiel.

Die Erweiterung des Baues, die im 12. Jahrhundert, dem goldenen Zeitalter der spanisch-maurischen Zivilisation, begonnen wurde, beschäftigte andalusische Künstler, die die El Qarawîn-Moschee mit dem gleichen Reichtum und der Subtilität ausstatteten, wie wir sie an den arabischen Monumenten Spaniens bewundern können. So ist dort zum Beispiel eine Gebetsnische (Mihrab), von außergewöhnlicher Schönheit.

Die El Qarawîn-Moschee war seit Jahrhunderten eines der bedeutendsten Zentren des maghrebinischen Geisteslebens, denn sie war nicht nur Bethaus, sondern sie war auch Stätte der Gelehrsamkeit. Sie war die älteste muselmanische Universität in der westlichen Welt. Männer wie Ibn Khaldun, Ibn al Khatib und El Bitruji (Alpetragius) sollen hier gelehrt haben, und es wird berichtet, daß Gerbert von Aurillac (um 940–1003), der spätere Papst Silvester II., hier das Dezimalsystem mit den arabischen Ziffern und dem Gebrauch der Null kennengelernt haben soll, das er dann in Europa einführte.

An erster Stelle wurden an der Qarawîn-Universität natürlich die Religionswissenschaften gelehrt, aber auch über Mystik, Rechtslehre (die eng mit dem Studium des Koran zusammenhängt) und über Geographie, Astronomie und Mathematik gab es Vorlesungen. Den Studierenden stand auch eine bedeutende Bibliothek zur Verfügung. Von ihren reichen Schätzen, zu denen einmal Tausende von Handschriften gehörten, sind nur noch wenige vorhanden, darunter befindet sich ein 638seitiges Manuskript des Lehrbuches von Ibn Ruschd, den der Westen Averroes nannte, und eine Handschrift von Ibn Khalduns ›Muqaddima‹.

Auch heute noch wird an der Qarawîn-Hochschule, die einen besonders guten Ruf genießt, gelehrt. Allerdings wird der Unterricht heute vorwiegend in neuen Gebäuden außerhalb der Stadt erteilt. Dem Studium geht der Unterricht an den Koranschulen vorweg, in denen den Knaben Unterricht im Lesen, Schreiben und Rechnen gegeben wird. Hiernach können sie ihre Bildung bei irgendeinem Lehrer erweitern, der seine Schüler in einer Moschee um sich versammelt. Erst dann ist es dem Studierenden möglich, seine Studien in der Qarawîn-Universität zu vervollständigen und zu beenden. Dauern die Vorbereitungen zu dem Hochschulstudium schon einige Jahre, so bringt der Student, *Taleb*, noch fünf, zehn oder fünfzehn Jahre damit zu, um bei den bedeutendsten Professoren und Gelehrten, den *Ulemas*, sein Studium zu vervollkommnen.

Unter den zahlreichen anderen Moscheen von Fès ist besonders die Andalusier-Moschee, die alte Hauptmoschee des ehemaligen Andalusierviertels, erwähnenswert. Wie die Qarawîn wurde sie bereits im 9. Jahrhundert gegründet. Ihre heutige Form erhielt sie überwiegend in der Zeit von 1203–1207. Im Gegensatz zu den von außen sonst meistens sehr schlichten Moscheen der Stadt besitzt diese Moschee ein besonders reich verziertes Nordportal mit einem geschnitzten Vordach.

Bemerkenswert ist auch die um 1395 vollendete Große Moschee von Fès el Jédid, eine der bedeutendsten merinidischen Moscheen des Landes.

In der gleichen Weise wie in der Qarawîn-Universität wird in Marokko an den Medresen oder Medersas gelehrt; auch hier währt das Studium oft viele Jahre lang, denn für den Marokkaner, der sich ganz und gar in die Geisteswelt vertieft, gibt es kein Zeitgefühl. Dirck Clasen erzählt von einem »Mann in den besten Jahren«, den er in Fès traf und der bereits seit einundzwanzig Jahren in einer Medersa lebte, um den Koran, das islamische Recht und die arabische Sprache zu erlernen. Er fragte ihn, wann er nun wohl mit dem Studium fertig sein würde, worauf ihm der Mann erwiderte, in drei oder vier Jahren würde er aufhören, an der Medersa zu studieren, dann beherrsche er das Nötigste. Und gefragt, wie er später sein langerworbenes Wissen 'auswerten' wolle, gab er zur Antwort, daß es ihm völlig genüge, sein Wissen als solches zu besitzen. Er wolle zurück zu seinem Vater gehen, der einen kleinen Bauernhof besitze, und bei ihm auf dem Hof arbeiten, den er später einmal erben solle. Ein langes Studium in einer Medersa eröffnet aber auch die Möglichkeit, in den Rang eines Ulema, eines Gelehrten des religiösen Rechts, aufzusteigen. Diese Ulemas waren, da sie über die Einhaltung des in Koran und Sunna festgelegten Rechts zu wachen hatten, sehr einflußreiche Persönlichkeiten.

Heute sind nur noch wenige Medersas in Gebrauch. Die Hochschulen, Medresen oder Medersas, deren Entstehung auf die Meriniden-Zeit zurückgeht, genossen in Fès einen besonders guten Ruf; sie übten auf das kulturelle Leben dieser Stadt einen großen Einfluß aus. Ihre Baulichkeiten stellen einen Höhepunkt marokkanischer Baukunst dar, sie sind heute jedoch nur Denkmäler; die meisten von ihnen wurden in letzter Zeit von der Regierung auf das sorgfältigste wiederaufgebaut, so daß diese in voller Pracht wiedererstandenen Meisterwerke marokkanischer Baukunst heute jedem Fremden zur Besichtigung offenstehen. Marokko beherbergt die bedeutendsten Medersas des Maghreb, und die meisten marokkanischen Medersas befinden sich in Fès.

Die größte und berühmteste Medersa in Fès ist die Bu'Inaniya, die nach dem Sultan Abu Inan benannt wurde, der sie 1350-1357 errichten ließ (Abb. 61, 63, 67, 68; Fig. 43). Zu ihr gehörte eine Moschee und ein Minarett; auch das ihr gegenüberliegende sogenannte 'Haus des Glockenspiels' mit den dreizehn Fensterchen gehört dazu, in denen ehemals dreizehn Bronzehammerglocken auf Kragsteinen gesessen haben (Abb. 69). Von ihnen sind nur noch wenige erhalten geblieben. Mit schönen Bronzebeschlägen und massiven Türklopfern ist auch das große Tor vor dem Haupteingang der Medersa ausgestattet. Schon gleich hinter dem Eingang in der Halle, aus der eine Treppe aus Onyx- und Fliesenstufen zu den oberen Räumen führt, beginnt die Märchenwelt des marokkanischen Dekors. Aus der Pyramidenkuppel der Halle hängen Tausende von holzgeschnitzten und bemalten Trompen in den Raum, während die Stukkatur an den Wänden aus zierlichen Inschriften und Blumenornamenten besteht. Der quadratische Hof ist mit Steinen aus weißem und rosa Marmor und aus Onyx gepflastert. Die Wände der sich rundherum anschließenden Säle sind mit Mosaiktafeln verkleidet, während sich darüber schöne Inschriften von Koransprüchen in schwarzer Kursivschrift hinziehen. Der unmittelbar an den Hof angrenzende Betsaal ist ebenso reich ausgeschmückt wie die Lehrsäle. Die fünf wuchtigen Onyxsäulen, die die Scheidewand tragen, geben dem Raum etwas Monumentales. Besonders hervorzuheben ist noch das ausgekragte Schutzdach über den schönen Hofverzierungen, das typisch für die spanisch-maurische Baukunst ist. Die nach dem Hof zu sich öffnenden Fenster der Studentenzellen im ersten Stock sind umgeben vom Filigranrand des Stuckdekors und von Stucktrompen in Blendnischen.

Obwohl die Bu'Inaniya die größte und bedeutendste Medersa von Fès ist, ist sie nicht die älteste. Die älteste ist die Medersa Seffarin. Sie wurde vom Sultan Abu Yusuf im Jahre 1280 am Ufer des Oued Fès errichtet, zu einer Zeit, als der kulturelle und künstlerische Aufstieg von Fès gerade begann.

Als Meisterwerk der Baukunst zur Meriniden-Zeit wird allgemein die Medersa El Attarîn angesehen. Sie wurde 1323–1325 vom Sultan Abu Said Othman errichtet. Sie hat besonders harmonische Proportionen aufzuweisen, und ihr Fliesenschmuck und Stuckdekor sind von bestechender Schönheit. Ihren Namen führt die Medersa nach dem Souk el Attarîn, dem Markt der Gewürzkrämer, an dessen Ende sie liegt. Weitere bedeutende Medersen der Stadt sind die Misbahiya, die es-Sebbaiyin und die es-Sahrij, die alle unter den Meriniden erbaut wurden, und die Cherratine, die um 1670 gegründet wurde.

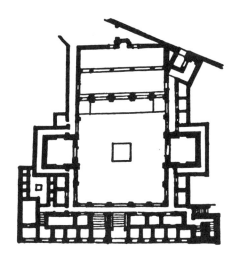

43 Grundriß der Medersa Bu' Inaniya in Fès

DIE VIER KÖNIGSSTÄDTE

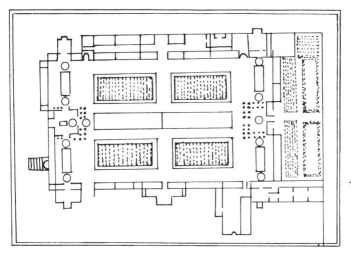

44 Grundriß des Haremshofes vom königlichen Palast in Fès, nach einer Zeichnung aus dem Jahre 1622

Fès besitzt, wie schon erwähnt, keinen einzigen großen repräsentativen Platz, wohl aber eine Anzahl kleinerer Plätze und Märkte. Einer der anmutigsten Plätze der Stadt ist der Platz, um den herum sich die Tischlerwerkstätten gruppieren, im Souk en Nejjarin, dem Tischler-Souk. Dieser Platz erhielt seine besondere Note durch einen Brunnen, der zu den schönsten Kunstwerken dieser Gattung gehört, und durch die mit Stuck-, Schnitz- und Mosaikverzierungen geschmückte Monumentalfassade eines Fonduks, einer Herberge (siehe Farbt. der Umschlagvorderseite). Beide Bauwerke, Brunnen und Fonduk, führen nach dem kleinen Platz En Nejjarin ihren Namen. Der Brunnen mit seiner glasierten Fliesenmosaikverkleidung und dem mit grünen Ziegeln gedeckten Zedernholzvordach ist in seiner Art einzig. Durch ein von zwei quadratischen Türmchen gesäumtes Tor gelangt man in den Fonduk, dessen Innenhof von Galerien mit Balustraden umgeben ist. Ein Fonduk – die Bezeichnung ist vom griechischen *pandokeion* abgeleitet – ist Herberge und zugleich Karawanserei, in der Mensch und Tier zugleich Unterkunft finden. Ein Fonduk wie der En Nejjarin ist gleichzeitig Warenlager, *Dar es Selaa*, wo die Importhändler ihre Waren einlagern, die dann Einzelhändler von hier abholen.

Ein Stadtbezirk für sich ist der Dar el Makhzen, der Königspalast, der mit seinen Méchouars, den Paradeplätzen, mit allen Nebengebäuden, einer Menagerie, einer Moschee und weitläufigen Gartenanlagen eine Fläche von 80 Hektar beansprucht (Fig. 44). Der ganze Bezirk ist von einer Mauer umgeben; durch das Monumentaltor Bab Dekaken gelangt man hinein. Dieser ganze Bezirk von Fès el Jédid war anfangs nicht dicht bebaut. Da jeder der zahlreichen Sultane, die in Fès regierten, sich einen neuen Palast baute, entstanden allmählich immer mehr Gebäude, Gärten und Brunnen. Erst zwei Sultane aus der späteren Zeit, Moulay el Hassan (1873–1894) und Abd el Aziz (1894–1909) bauten an ganz anderer Stelle, in Fès el Bali, einen Palast, der, wenn auch jungen Datums, da ganz im Stil des

Generalife von Granada erbaut, ein schönes Beispiel spanisch-maurischer Baukunst ist. In ihm ist heute das Museum für marokkanische Kunst und die örtliche Vertretung des marokkanischen Kunst- und Kunsthandwerksamtes untergebracht. Die Sammlungen von Geweben und Stickereien und von Tongefäßen des 16., 17. und 18. Jahrhunderts befinden sich in besonderen Sälen. Teppich- und Waffensammlungen und auch eine archäologische Abteilung mit Ausgrabungen islamischer Kunst aus dem 12. bis 18. Jahrhundert vervollständigen den Bestand des Museums. Bemerkenswert ist in Fès auch der mit zahlreichen mächtigen Toren versehene Mauerring, der Fès el Bali umschließt. Diese Befestigungsanlage geht auf die Zeit der Almohaden zurück, wurde aber in späteren Jahrhunderten häufig umgebaut und erweitert. Einige Anlagen wurden erst zu Beginn dieses Jahrhunderts hinzugefügt, so auch das besonders reich verzierte Bab Boujeloud, das den Hauptzugang zu den Souks bildet und das erst 1913 nach traditionellen Vorbildern errichtet wurde.

Fès verlor nicht seine Bedeutung als Zentrum des westlichen islamischen Kulturlebens, auch nicht, als die Sultane es vorzogen, ihre Residenz nach Marrakech und später nach Meknès zu verlegen. Fès wurde niemals vernachlässigt, es entstanden auch in den Zeiten, als die Stadt nicht Herrschersitz war, neue Moscheen, Brunnen und Bäder. Handel und Gewerbe nahmen einen solchen Aufschwung, daß Fès el Bali schon in der ersten Hälfte des 13. Jahrhunderts die gleiche Fläche einnahm wie heute. Fès ist wirklich ein Kleinod des Islams geblieben, und es ist eine Stadt, die sich stolz ihrer religiösen und kulturellen Tradition bewußt ist.

Meknès, die Stadt der Mauern und Tore

Die alte Königsstadt Meknès (Fig. 45), am Rande des Mittleren Atlas gelegen, war nur kurze Zeit hindurch der Sitz marokkanischer Sultane gewesen. Meknès bestand ursprünglich nur aus einer Reihe verstreuter Siedlungen in einem fruchtbaren Gebiet, das zwei Flüsse bewässerten, das Oued Beth und die Zuflüsse des Oued Sebou. Es wird berichtet, daß dieser Platz im Jahre 1069 vom Almoraviden Yusuf Ibn Taschfin erobert wurde. Erst später zur Almohaden-Zeit entwickelten sich die locker zusammenhängenden Flecken zu einer Stadt, die 1145 von Abd el Mumen im Sturm erobert wurde. Seine eigentliche Glanzzeit aber erlebte Meknès erst unter Moulay Ismail (1672–1727), dem zweiten Souverän der noch heute regierenden Dynastie der Aliden oder Alouiten, der ein machthungriger, prachtliebender und zugleich skrupelloser Herrscher von überragendem Format war. Er machte die Stadt zu einer drohenden Feste, die von einem zum Teil dreifachen Mauerring von zyklopenhaften Ausmaßen umschlossen ist.

Marokko war zu dieser Zeit ein durch zahlreiche Kämpfe zerrissenes Land. In den Bergen lehnten sich viele Berberstämme gegen die Zentralregierung auf, religiöse Bruderschaften gelangten zu immer größerem Einfluß und Piraten beherrschten die Küstenorte. Die östlichen Landesgrenzen wurden von den Türken bedroht, und noch immer standen einige Häfen unter europäischer Kontrolle. Gegen alle diese inneren und äußeren Gegner nahm

DIE VIER KÖNIGSSTÄDTE

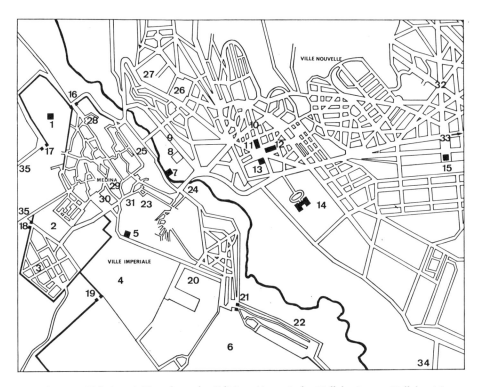

45 Plan von Meknès. 1 Mausoleum des Sidi Ben Aissa 2 alte Mellah 3 neue Mellah 4 Jenan es Soltani (Sultaninnenpark) 5 Mausoleum des Moulay Ismail 6 Freigelände der Gartenbauschule 7 Schwimmbad 8 Tennis 9 Straße nach Rabat 10 Markt 11 Post 12 Rathaus 13 Justizpalast 14 Krankenhaus 15 Bahnhof 16 Bab el Berdain 17 Bab es Siba 18 Bab el Khemis 19 Bab el Kari 20 Dar el Makhzen 21 Bab en Nouara 22 Hedrache Kasbah 23 Dar Kebira 23 Bab Bou Ameir 25 El Haboul-Garten 26 Stadion 27 Hotel Transatlantique 28 El Berdain-Moschee 29 Große Moschee 30 Dar Jamai (Museum) 31 Place Lalla Aouda 32 Place des Nations 33 nach Fès 34 nach Azrou, Marrakech und Erfoud 35 nach Rabat 36 nach Tanger und Ouezzane

Moulay Ismail den Kampf auf. Der tatkräftige und grausame Herrscher machte nicht nur seine Residenzstadt zu einer zinnengekrönten Festung, er legte auch an allen strategisch wichtigen Punkten seines Landes und an den Verkehrsadern kleine Festungen an; auf diese Weise versperrte er den herumstreifenden Stämmen den Weg. Von diesen Stützpunkten sind heute überwiegend spärliche und verfallene Reste vorhanden, denn keiner der nach ihm regierenden Sultane besaß die Macht Moulay Ismails, um diese Stützpunkte halten zu können. Die Festungen allein konnten Moulay Ismail nicht die nötige Sicherheit geben, er benötigte dazu ein großes Heer. Sudanneger stellte er als Söldner an. Doch nicht genug damit: Aus dem Senegal soll er sich durch arabische Sklavenhändler zehntausend männliche und zehntausend weibliche Neger beschafft haben, die er miteinander vermählte. Aus den männlichen Nachkommen wählte er später die besten aus und machte sie zu seiner Leibgarde. Sie wurden unter den Schutz eines Heiligen namens Buchari (†870) gestellt und hießen deshalb 'Abîd el Buchari', 'Diener des Buchari'. Mit Hilfe seiner 'Zuchtanstalten' gelang es Moulay Ismail, ein Heer aufzustellen, wie es Marokko bisher nicht gesehen hatte: es soll zuletzt 150000 Mann stark gewesen sein. Mit diesen Truppen gelang es dem Sultan, sich auch die Berberstämme gefügig zu machen, die sich immer noch weigerten, ihn als Souverän anzuerkennen.

Im Schutze seiner Heeresmacht konnte sich der prunkliebende Sultan mit dem Bau seiner Residenzstadt beschäftigen. Er wählte Meknès und ließ die Stadt vollständig umbauen. Meknès verdankt seinen Namen einem großen Berberstamm, den Meknassa, der aus zwei Sippen bestand, den Meknassa Taza, die die Stadt Taza gründeten, und den Meknassa ez Zeitoun, die die 'Stadt der Ölbäume' gründeten. »Der Sultan ließ alle der Kasbah nahen Häuser abreißen«, berichtet ein arabischer Chronist, »die Bewohner mußten ihre Häuser selbst völlig ausräumen, indem sie die Ruinen ihrer Wohnungen mitnahmen ... Er befaßte sich persönlich mit dem Bau seiner Paläste und hatte den einen noch nicht beendet, als er schon den nächsten beginnen ließ. Im Innern der Ringmauern wurde ein großer künstlicher See angelegt, der Schiffe aufnehmen konnte. Es gab eine Vorratskammer mit riesigen unterirdischen Zisternen und drei Meilen lange Gebäude mit Maultier- und Pferdeställen; sie konnten 12000 Pferde aufnehmen. Die Ställe waren von Bäumen der seltensten Holzarten umgeben. Innerhalb der Ringmauer gab es fünfzig Paläste, jeder mit seinem maurischen Bad ...«

Zu all diesen Arbeiten benötigte der Sultan, der sein eigener Baumeister war und auch selbst Hand anlegte, ein Heer von Erdarbeitern und Maurern, die er aus christlichen Gefangenen, aus zum Frondienst verurteilten Gefangenen und aus Negersklaven zusammenstellte. Mit unglaublicher Grausamkeit bestrafte er Drückeberger, und zahlreiche zeitgenössische Berichte erzählen davon, daß er Menschen auch völlig grundlos umbringen ließ oder mit eigener Hand tötete. Kein Mittel war ihm zu gering, um den Menschen Schmerz und Pein zu bereiten, wenn er sie an Ort und Stelle hinrichten ließ. Es wird berichtet, daß er einen Stammeshäuptling, der insgeheim einen aufrührerischen Sohn des Sultans gegen diesen unterstützt hatte, zwischen zwei Bretter binden und in der Mitte durchsägen ließ, indem von unten angefangen wurde, damit die Pein noch länger dauerte. Als die blutigen Hälften des leblosen Körpers zur Seite fielen, soll der Sultan gesagt haben: »Das war die gerechte Strafe für den Mann, denn er gehörte mit einer Hälfte mir und mit der anderen meinem Sohn.« Ein französischer Gesandter wohnte einst der folgenden grausen Szene bei: Der Sultan schlug einem Sklaven, der ihm den Steigbügel hielt, nur zu seinem Vergnügen mit dem Säbel den Kopf ab. Als der Gesandte seinen Abscheu darüber zum Ausdruck brachte und meinte, so benähme man sich in Frankreich nicht, bekam er zur Antwort: »König Ludwig (der XIV., dessen Zeitgenosse Moulay Ismail war) herrscht über Menschen, ich aber über Tiere.«

DIE VIER KÖNIGSSTÄDTE

Als die alte Meriniden-Kasbah im Verlauf von wenigen Jahren niedergerissen war und der Sultan an ihrer Stelle den heute ebenfalls zerstörten Dar Kebira mit seinen zahlreichen Nebengebäuden errichten ließ, wurde die ganze Anlage mit einem mehr als 25 km langen Schutzwall umzogen. Im ganzen soll das Mauernsystem, das, teilweise doppelt und dreifach, einzelne Komplexe schützte, 40 km gemessen haben. Ein weites Gebiet nahm innerhalb des Königspalastes, in welchem Moulay Ismail Zehntausende von Sklaven zur Verfügung standen, der Harem ein. »Das Serail des Dar el Makhzen«, so berichtet Charles-André Julien, »beherbergte an die fünfhundert Frauen in allen Farbtönen und jeder Abstammung, die mit Salben und im Müßiggang ihre Zeit hinbrachten, nur in der Erwartung, die Gelüste des Herren zu befriedigen. Wenn sie dreißig Jahre alt waren, verbannte man sie in das alte Serail von Fès oder in den Tafilalet. Die Sultanin Zidana, die großes Vertrauen genoß, war ein schwärzliches Mastodon. Sehr geschätzt war auch eine junge Engländerin. Es hing nicht vom Scherif ab, daß er nicht auch eine Französin seiner Kollektion hinzuzufügen konnte. Moulay Ismail war stolz auf seine Nachkommenschaft. Selbstgefällig zeigte er denen, die sich in den Höfen drängten, die Neugeborenen des Jahres. Man schrieb ihm siebenhundert Jungen und eine unbestimmte Zahl von Mädchen zu. Ein Teil der Kinder wurde in Sidjilmasa aufgezogen.«

Eine Französin hätte der Sultan gern in den Bestand der Gattinnen und Konkubinen aufgenommen, und zwar eine ganz bestimmte: die Prinzessin de Conti, eine uneheliche Tochter Ludwigs XIV., um deren Hand er anhielt. Der Hof des Sonnenkönigs machte sich jedoch über diesen Vorschlag lustig und ließ dem mächtigen Sultan antworten: man wolle den Vorschlag prüfen, wenn Moulay Ismail den katholischen Glauben angenommen hätte.

Nach dem Tode Moulay Ismails verlegten die Sultane ihre Hauptstadt wieder teils nach Fès, teils nach Marrakech. So zerfielen viele Bauten, die der große Souverän geschaffen hatte, und die Stadt erlebte sehr bald einen Niedergang, obwohl der ihm nachfolgende Sultan Sidi Mohammed Ben Abdallah noch einige Moscheen und Mausoleen errichten ließ. Hinzu kam noch, daß Meknès von dem großem Erdbeben, das im Jahre 1755 Lissabon zerstörte, ebenfalls schwer betroffen wurde. Standgehalten haben jedoch den Erschütterungen die zyklopischen Mauern und die prachtvollen Monumentaltore, unter ihnen das Bab el Mansour el Aleuj, das 'Tor von Mansour, dem christlichen Renegaten', nach seinem angeblichen Baumeister so genannt (Abb. 71, 73). Dieses Tor wurde unter Moulay Ismail begonnen und unter dessen Sohn Moulay Abdallah im Jahre 1732 vollendet. Es ist das mächtigste Tor von Meknès und gilt als das schönste Tor in Marokko. Es besteht aus einem gigantischen Hufeisenbogen, der sich zwischen zwei quadratischen Zierbasteien erhebt. Auf beiden Seiten stützen sich ihre Arkaden, die ebenfalls aus Hufeisenbögen bestehen, auf kurze Marmorsäulen, die aus den Ruinen von Volubilis stammen. Aus den beiden Basteien springen noch zwei Risalite hervor, die aus zwei hohen Marmorsäulen mit Kompositkapitellen und zwei kleinen Mauerblöcken gebildet werden. Die Blendnischen über den Hufeisenbögen sind mit grünen Keramik-Arabesken verziert, während die darüber liegenden Blendarkaden mit Flechtbandwerk über einem ähnlichen Keramikgrund geschmückt sind. Ganz zuoberst ziehen sich unter einem Fries aus Blendzinnen mehrreihige Inschriften hin.

Diese Verzierungen an dem Tor, das allein schon aufgrund seiner ausgewogenen Proportionen ein Meisterwerk ist, wirken wie edle Patina. Unter dieser 'Hohen Pforte' fanden früher nicht selten Gerichtsverhandlungen statt. Später hatten die öffentlichen Schreiber unter den gewaltigen steinernen Bögen ihre Tische aufgestellt, und jedermann, der des Schreibens und Lesens unkundig war – ein hoher Prozentsatz der Marokkaner gehörte dazu –, konnte ihre Dienste in Anspruch nehmen, wenn er einen Brief zu schreiben oder eine Eingabe bei einer Behörde zu machen hatte.

Auch einige von den anderen Monumentaltoren der Stadt Meknès sind sehenswert. Besonders zu erwähnen ist das Bab el Berdain, das 'Tor der Packsattelhersteller', hinter dem eine Moschee gleichen Namens und ein Marktplatz liegen, auf dem oft 4–6 m lange Zedernholzstämme aus dem Mittleren Atlas verkauft werden. Ein anderes Tor, das Bab el Khemis, das von Moulay Ismail gegen Ende des 17. Jahrhunderts errichtet wurde, gehört ebenfalls zu den schönsten Toren in der Stadtmauer von Meknès. Der Hufeisenbogen dieses Monumentaltores liegt zwischen zwei Basteien. Seine Umrahmungen werden durch ein prachtvolles glasiertes Fliesenmosaik gebildet, von dem sich eine Inschrift mit schwarzen Kursivbuchstaben abhebt.

Von den zahlreichen Bauten, die einst den Bezirk des Königspalastes bedeckten, sind wenige erhalten. Zu besichtigen ist ein riesiger Bau, der als 'Heri', Getreidespeicher, benutzt wurde. Er besteht aus riesigen überwölbten Getreidesilos und Vorratskammern, deren Terrassendächer von gewaltigen Pfeilern gestützt werden. Einen ganzen Komplex für sich nimmt das Mausoleum Moulay Ismails ein, das erst in jüngster Zeit auf Anordnung Mohammeds V. restauriert wurde (Abb. 72). Es steht heute jedem Besucher offen, doch haben zu der Grabkammer selbst nur Muselmanen Zutritt. Von der Türschwelle des Innenhofes aus, der reich mit Stuck- und Fliesenornamenten geschmückt ist, können auch Andersgläubige einen Blick auf das Grab des berühmten Herrschers werfen, der einst Meknès, die Stadt der Mauern und Tore, geschaffen hat.

Der bedeutendste der bereits vor der Regierungszeit von Moulay Ismail errichteten Bauten der Stadt ist die Medersa Bu Inania, die zwischen 1331 und 1358 unter den Meriniden errichtet wurde (Farbt. 40, 41; Abb. 62, 84). Der mit reichem Innenschmuck versehene Bau, der in seiner Anlage den merinidischen Medersen von Fès entspricht, gehört zu den schönsten Medersen des Landes. Sehenswert ist das Museum für Marokkanische Volkskunst, das im Dar Jamai, einem ehemaligen Wesirspalast vom Ende des 19. Jahrhunderts, untergebracht ist.

Rabat, die Stadt des Sieges

Ribat el Fath, 'Lager des Sieges' oder 'Siegeskloster', nannte Abu Yusuf Yaqub (1163–1164), der Enkel Abd el Mumens, die Stadt, die er an der Mündung des Oued Bou Regreg in den Atlantischen Ozean gründete und die dann viel später, erst Ende des 18. Jahrhunderts, eine

DIE VIER KÖNIGSSTÄDTE

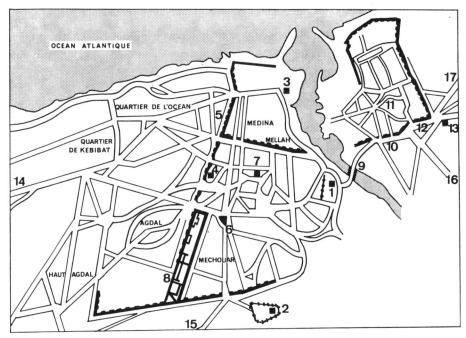

46 Plan von Rabat und Salé. 1 Hassan-Turm 2 Nekropole von Chella 3 Oudaia-Kasbah 4 Bahnhof 5 Bab el Had 6 Große Moschee 7 Theater 8 Königspalast 9 Pont Moulay Hassan 10 Bab el Rih 11 Bab Bou Haja 12 Bab Fès 13 Bahnhof 14 nach Casablanca und Marrakech 15 nach Rommani Oued Zem 16 nach Meknès und Fès 17 nach Tanger

Makhzen-Stadt, das heißt eine der Residenzen des Sultans, wurde. Aber die Geschichte der Stadt beginnt eigentlich schon mit der Ankunft der Almohaden unter Abd el Mumen gegen 1146, als diese gegen die Berghoutta-Berber, die aus Glaubensgründen bekämpft wurden, zu Felde zogen. An der Stelle, wo jetzt die neue Festung entstand, nämlich auf dem Oudaia-Felsen, muß sehr früh, wahrscheinlich schon im 10. Jahrhundert, ein Ribat, eine Klosterburg, gestanden haben, die von mohammedanischen Glaubensrittern bewohnt und verteidigt wurde.

Der alte Ribat und Salé auf dem gegenüberliegenden Ufer des Bou Regreg (Fig. 46) lagen außerordentlich günstig als Sammellager und Ausgangspunkt für die Truppen, die Moudjahidin oder 'Glaubenskämpfer', die sich hier zum heiligen Krieg gegen Spanien einschifften. Mit dem Wiederaufbau der Festung auf dem Oudaia-Felsen entstand auch ein Palast und eine große Moschee, so daß diese Festung als Ursprung der gegenwärtigen Hauptstadt Marokkos anzusehen ist. Von der Burg, die sich damals auf dem Felsen erhob, sind noch einige unterirdische Anlagen erhalten geblieben, und die mächtige Festungsmauer mit dem großen Tor zeugt noch von der Macht und Größe, die jene Almohaden-Sultane besaßen. Am Ende des 17. Jahrhunderts, zur Regierungszeit Moulay Ismails, entstanden unter seinem Sohn Moulay Ahmed ed Dehbi, der als junger Prinz den Bau selbst geleitet haben soll, auf dem Oudaia-Felsen neue Anlagen, die 'Kasbah der Oudaias'. Den Mauergürtel, der zum Teil aus früherer Zeit stammte, ließ er erneuern, ebenso den Turm, der vier Stockwerke hat. Ein Bethaus und ein Hammam, ein muselmanisches Bad also, vervollständigten die Anlage.

Am eindrucksvollsten zeigt sich unter den Almohaden-Bauwerken in Rabat der großzügige architektonische Stil in den Portalen, von denen zwei besonders gut erhalten sind: das Bab er Rouah und das große Tor der Oudaia-Kasbah. Das Bab er Rouah oder 'Tor des Windes', das keinen direkten Zugang zur Stadt hat, dafür aber im Innern durch seine komplizierte Architektur interessant ist, ist ein schönes Beispiel für den schlichten Monumentalstil der Almohaden. Sein einziger Schmuck besteht aus Maßwerkverzierungen, die den Hufeisenbogen des vorderen Eingangs rahmen. Der von zwei Türmen flankierte Torgang ist dreifach geknickt und von einer Kuppel bedeckt.

Eines der prächtigsten Beispiele dieser Kunstgattung ist zweifellos das Tor der Oudaia-Kasbah, die auf der höchsten Erhebung des Oudaia-Felsens steht und gleichzeitig eine Bastion zur Atlantischen Küste mit der Mündung des Bou Regreg bildet. Seiner ganzen Anlage nach eignete sich dieses Tor in unmittelbarer Nähe des Palastes vorzüglich für Gerichtsverhandlungen, die hier auch stattfanden. Die »majestätische Palastgalerie« nennt der muselmanische Schriftsteller Mohammed Bou Jendar dieses Monument.

Das Tor, das aus der Zeit Abu Yusuf Yaqub el Mansours stammen soll, öffnet sich zu einer mächtigen Bastei. Sein Hufeisenbogen aus nackten Wölbsteinen wird durch schlangenförmige Verzierungen an der Basis und durch Flechtbandmuster in der Umrahmung geschmückt. Die kufischen Inschriften, die sich auf dem Umrahmungsstreifen befanden, sind stark beschädigt. Auch der Blendarkadenfries trägt kufische Inschriften.

Durch dieses Tor gelangt man in die malerische Oudaia-Kasbah. 'Oudaia' nannten sich die Nachkommen eines Stammes, der im frühen 13. Jahrhundert aus Arabien in Nordafrika eingewandert war. Ende des 17. Jahrhunderts stellte sie Moulay Ismail als Söldner in sein Heer ein, wo sie ihm gute Kriegsdienste leisteten. Als Dank dafür erklärte er den Stamm zum Guich-Stamm, was bedeutete, daß er von nun an keine Steuern und Abgaben zu zahlen hatte. In Rabat hatten die Oudaias, die sich hier ansiedelten, die Aufgabe, den besonders kriegerischen Stammesbund der Zaer, der mehrmals die Stadt Rabat bedrohte, zu überwachen und die Piraten von Rabat und Salè zu kontrollieren. In der ehemaligen Medrese, die aus dem 17. Jahrhundert stammt, befindet sich heute ein Teil des Museums für einheimisches Kunsthandwerk, dem bezaubernde Gartenanlagen angeschlossen sind. Der größere Teil des Museums befindet sich in einem neuen Gebäude gegenüber der Medrese. Die Gartenanlagen sind ganz in der Art der andalusischen Gartenbaukunst angelegt, ein Blumenparadies inmitten der alten Gemäuer. Am äußersten Ende dieses Gartens entdeckt man ein maurisches Kaffeehaus, in dem man sich an dem berühmten marokkanischen Pfefferminztee erfrischen kann, der das herrliche Aroma der frischen, duftenden Blätter hat. Von hier und

DIE VIER KÖNIGSSTÄDTE

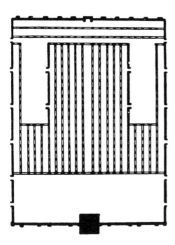

47 Grundriß der Hassan-Moschee zu Rabat (um 1195)

von dem Wandelgang auf der alten Festungsmauer aus bietet sich einem das ganze Panorama von Rabat, der Mündung des Bou Regreg und dem gegenüberliegenden Salé. Wir sehen auch den Wald von Säulenstümpfen der unvollendeten Hassan-Moschee (Fig. 47), die, noch bevor sie vollendet werden konnte, zuerst von einer Feuersbrunst und später durch das Erdbeben von 1755 zerstört wurde. Sie wurde unter Abu Yusuf Yaqub el Mansour begonnen und sollte, nach der großen Freitagsmoschee von Samarra im Irak, das größte muselmanische Gotteshaus werden, so groß, daß »sämtliche Truppen des Herrschers« in ihr hätten vereinigt werden können.

Wir sehen auch von hier aus den berühmten Hassan-Turm (Abb. 53), das ebenfalls unvollendete Minarett, das zur großen Moschee gehörte, deren Ruinen auf einer der beherrschenden Anhöhen der Stadt liegen. Die Moschee bedeckte ein Rechteck von 180 zu 140 m und soll 16 Tore und 21 Schiffe besessen haben. Das Minarett, der Hassan-Turm, steht am Kopfende der Mittelachse der Moschee. Seine Ähnlichkeit mit der berühmten Giralda von Sevilla und dem Turm der Kutubiya in Marrakech (Abb. 76) ist unverkennbar. Die Höhe des Hassan-Turms beträgt 44 m; geplant waren 80 m: er wäre mehr als 10 m höher als das Minarett der Kutubiya-Moschee und damit das größte Almohadenminarett geworden. Alle drei Türme wurden während der Herrschaft Abu Yusuf Yaqub el Mansours gebaut, der nach seinem großen Sieg bei Alarcos den Beinamen 'der Siegreiche' erhielt.

Im Innern des Hassan-Turms, dessen Proportionen, dadurch daß er unvollendet ist, gestört sind, führt eine schiefe Ebene von 2 m Breite nach oben; sie hat einen so sanften Anstieg, daß man zu Pferde bis in das oberste Stockwerk hinaufgelangen kann. Der Turm hat sechs Stockwerke, die jedoch nicht von außen wahrnehmbar sind. Die Rampe führt um den inneren Turmkern, der aus sieben kleinen, verschieden gewölbten und übereinanderliegenden Räumen besteht. Majestätisch steht dieser Turm in seiner Massivheit und besticht vor allem durch seine Ornamentik, die an allen Seiten verschieden aufgeteilt ist. Die Fülle der

Ornamente ist größer als bei der Kutubiya und von einer so komplizierten und technisch exakten Konstruktion, wie sie nicht einmal in der Alhambra in Granada zu finden ist. Besonders schön sind die Ornamente und die Blendarkaden, die an jeder Seite verschieden sind. Dazu kommt die Färbung des Materials. An einer Seite ist der Turm grau, an den anderen drei Seiten ockerfarbig. Das schlichte Maßwerk der Konstruktion des Turmes und der Grundriß der Moschee lassen erkennen, daß sich hier einmal ein Baukomplex erheben sollte, der, nach ganz strengen Gesetzen geplant, zu den schönsten und eindrucksvollsten Baudenkmälern Marokkos gehört hätte. Gegenüber dem Hassan-Turm, an der Stelle der einstigen Kibla-Mauer der Moschee, erhebt sich heute das zwischen 1961 und 1967 angelegte Mausoleum des Königs Mohammed V. Diese häufig als schönster neuzeitlicher islamischer Bau gepriesene Anlage, zu der neben dem Mausoleum auch eine Moschee und ein kleines Museum gehört, wurde nach dem Vorbild traditioneller maurischer Grabstätten errichtet. Der Marmorsarkophag im Inneren folgt dem Vorbild des Sarkophags von Moulay Ismail in Meknes, die Ornamente der Mosaike, die den Grabraum schmücken, ähneln denen des Hassan-Turmes. Der aus Carrara-Marmor errichtete Bau enthält insgesamt etwa 1000 m^2 Mosaike, von denen jeder über 20000 Einzelstücke enthält.

Wenige hundert Meter von dem Verwaltungszentrum Rabats entfernt liegt Chella. Seit dem 8. oder 7. Jahrhundert v. Chr. bestand hier eine phönizische Siedlung. Unter den Römern wurde Sala Colonia der südlichste Außenposten in Marokko und entwickelte sich damals schon zu einem bedeutenden Hafen. Moulay Idriss eroberte die Stadt, und später kam sie unter die Herrschaft der Almoraviden. Doch im 12. Jahrhundert verlor Chella seine Bedeutung, als sich Salé am rechten Ufer des Bou Regreg zu einer Hafenstadt entwickelte. Erst unter den Meriniden gewann Chella wieder an Bedeutung, jedoch in anderer Weise: es wurde eine Totenstadt, eine heilige Stätte des Islams. Sultan Abu Said (1310–1331) ließ sie von eindrucksvollen Mauern umgeben, und in der Folgezeit wurde sie zur Nekropole des königlichen Hauses erhoben. Das von einem besonderen Mauerwall umgebene Heiligtum kann besichtigt werden. Hier befindet sich das Grabmal Abu el Hassans (1331–1348), des 'Schwarzen Sultans'. In dem Mausoleum ist auch seine Gemahlin Chams ed Duha, 'die Morgensonne', beigesetzt. In der Nähe stehen die Ruine einer merinidischen Moschee und die Grundmauern der einstigen römischen Siedlung. Die Totenstadt von Chella ist ein Ort der Abgeschiedenheit. Abgeschlossen durch die rötliche Mauer mit einem mittelalterlichen Tor, ist die Totenstadt ein Platz vollkommener Ruhe; sie wirkt zeitlos und läßt die Wirklichkeit des Alltags vergessen. Der Hassan-Turm und die Säulen der unvollendeten Moschee triumphieren jedoch noch immer, sie sind das Vermächtnis und ein wichtiges heiliges Denkmal aus der Gründungszeit des marokkanischen Staates. Gegenüber von Rabat liegt Salé, einst eine unabhängige Stadt, die heute eine Vorstadt von Rabat ist. In ganz Europa bekannt wurde der Ort im 17. Jahrhundert, als von hier und von Rabat aus Piraten europäische Schiffe überfielen. Diese Piraten, die zwischen 1627 und 1666 aus Rabat und Salé eine unabhängige Republik bildeten, wurden die 'Korsaren von Salé' genannt. Heute ist Salé vor allem wegen der prächtigen merinidischen Medersa Aboul Hassan und wegen seines am Vorabend des Mouloud-Tages stattfindenden Wachslaternenfestes sehenswert.

DIE VIER KÖNIGSSTÄDTE

Marrakech, die Perle des Südens

Marrakech ist die südlichste und vielleicht die afrikanischste von den vier Königsstädten Marokkos und wird mit Recht 'Tor des Südens' genannt (Fig. 48). So wie Fès, ihre große Rivalin, Hauptstadt des Nordens ist, ist Marrakech Hauptstadt des Südens. Obwohl zwischen Marrakech und der südmarokkanischen Halbwüste und der Sahara die hohe Mauer des Atlas-Gebirges liegt, hat Marrakech doch ganz den Charakter einer Oasenstadt; sie ist eine typische Saharasiedlung. Mitten in einem graugrünen Ring von mehr als hunderttausend Dattelpalmen liegt die Metropole des Südens, die heute ebenso wie die anderen drei Königsstädte aus zwei selbständigen Stadtteilen besteht, der erst von den Europäern angelegten modernen Stadt und der heute noch von der alten Stadtmauer eingeschlossenen Medina, die ihr afrikanisches Aussehen bewahrt hat.

Südländer sind die Bewohner von Marrakech mit allen Schattierungen der Hautfarbe; die Marokkaner haben nie Wert auf Rassenreinheit gelegt, denn vor Gott ist jeder Mohammedaner gleich. Viel Berber- und viel Negerblut weist die Bevölkerung von Marrakech auf, war doch die Stadt noch bis zu Anfang unseres Jahrhunderts ein reger Umschlagplatz für den Sklavenhandel, und Negersklaven waren ein Hauptartikel des transsaharischen Handels, der hier einen der wichtigsten Umschlagplätze hatte. Auch heute noch besteht eine rege Verbindung zwischen den Bewohnern von Marrakech, das eine richtige Großstadt am Rande der Wüste ist – obwohl durch das Massiv des Atlas von ihr getrennt – und den Sahara-Ländern. Der Menschenhandel ist allerdings beendet, aber aus allen Teilen des Südens kommen Händler und Landbewohner, um ihre Produkte auf den großen Märkten der Stadt zu verkaufen und für deren Erlös von den vielen schönen Dingen, die die geschickten Handwerker in den Souks hergestellt haben, einzukaufen. Sie kommen aus den Bergen und aus der Wüste, sie kommen für einen Tag, oder sie bleiben eine Woche oder einen Monat in der Stadt, die mit so vielen Versuchungen lockt. Mit ihren Eseln oder Kamelen lassen sie sich in einem der vielen Fonduks häuslich nieder. Sie trinken den süßen Pfefferminztee und rauchen den 'Kif' aus den kleinen Haschischpfeifchen mit den schön verzierten langen Stielen und sind auch den verführerischen Blicken und lockenden Stimmen der braunen und schwarzen 'Sirenen' nicht abgeneigt. Tage und Nächte gehen dahin, bis es dann schließlich an der Zeit ist, wieder das Kamel oder den Esel zu bepacken und mit der eingekauften Habe die Stadt zu verlassen und sich auf den Weg zurück zu seinem heimatlichen Dorf zu begeben.

Neben den an die Zehntausende zählenden 'Durchreisenden', die Marrakech in seinen Bann zieht, sind die Menschen, die sich in nicht endenwollendem Strom durch die engen Gassen der Medina drängen, zumeist berberischer Abstammung. Bis zum Jahre 1955 war Marrakech, »die über den Atlas geworfene Perle des Südens«, wie sie ein älterer arabischer Dichter einmal genannt hat, die Residenz des größten Stammesfürsten der Berber, des El Glaoui, dem die Berber des Südens völlig ergeben waren und der von hier aus als einer der

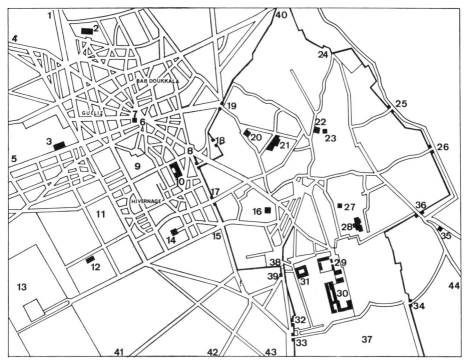

48 Plan von Marrakech. 1 nach Casablanca und Safi 2 Krankenhaus 3 Bahnhof 4 nach Essaouira 5 nach Essaouira 6 Place du 16 Novembre 7 Post 8 Place de la Liberté 9 Sportgelände 10 Justizpalast 11 Rennplatz 12 Schwimmbad 13 Menara-Garten 14 Kasino 15 Bab el Jédid 16 Kutubiya-Moschee 17 Bab el Makhzen 18 Bab er Raha 19 Bab Doukkala 20 Bab Doukkala-Moschee 21 Pascha-Palast 22 Ben Yusuf-Moschee 23 Ben Yusuf-Medrese 24 Bab el Khemis 25 Bab ed Debbagh 26 Bab Aylen 27 Dar Si Said (Heimatmuseum) 28 Bahia-Palast 29 El Badi-Palast 30 Königspalast 31 Kasbah-Moschee 32 Bab Ksiba 33 Bab Igli 34 Bab Ahmar 35 Zawija de Sidi Yusuf 36 Bab Aghmat 37 Agdal 38 Bab Agenau 39 Bab er Robb 40 nach Fès, Meknès und Ouarzazate 41 nach Tameslought 42 nach Taroundant und Agadir 43 nach Ourika und Oukaimeden 44 nach Ouarzazate

reichsten Männer der Welt über sein Gebiet und dessen Bewohner regierte, die ihm noch in höherem Maße folgten als dem Sultan in Rabat.

Als die berberischen Almoraviden nach ihrem ersten Mißerfolg wiederum aus dem Süden mit Halbmond und Schwert zum heiligen Krieg nach Norden auszogen, erkannten sie in der dem nordwestlichen Hohen Atlas vorgelagerten Ebene einen überaus günstigen Platz, um hier ein befestigtes Heerlager anzulegen. Ihr tapferer Führer, dem die Gründung des befestigten Lagers und des Qasar el Hajar, der 'steinernen Burg' im Jahre 1070 zugeschrieben wird, hieß Abu Bekr. Schon im nächsten Jahre übertrug er seinem Vetter Yusuf Ibn Taschfin die Regierungsgewalt über dieses neugewonnene Gebiet, da er selbst zur Unterdrückung eines Aufstandes in die Sahara gerufen wurde. Yusuf Ibn Taschfin erweiterte das Lager durch den Bau einer Moschee und anderer Gebäude, so daß er als der eigentliche Gründer der Stadt gilt, die von den alten arabischen Chronisten Mraksch, das heißt 'Stadt', genannt wurde. Dieses Wort wurde von den europäischen Völkern mehr oder weniger abgewandelt und dann schließlich als Name für das ganze Land gebraucht, das wir Marokko, die Spanier Marueco und die Franzosen Maroc nennen.

Yusuf Ibn Taschfin legte noch den großen Palmenhain an, auf den man in Marrakech besonders stolz ist, übertrug aber dann seinem Sohn den weiteren Ausbau der Stadt. Er selbst drang über die Meerenge von Gibraltar vor und erlangte nach dem Sieg über Alfons VI. die Oberherrschaft über Andalusien. Damit war die Verbindung zwischen Andalusien und Marokko geschaffen, die dann viele Jahrhunderte lang auf die kulturelle Entwicklung Marrakechs und ganz Marokkos von so großem Einfluß sein sollte. Doch schon 1125 wurde die Dynastie der Almoraviden durch die der Almohaden abgelöst, deren Begründer Ibn Tumart (†1130) war. Nur ein halbes Jahrhundert dauerte die Herrschaft der almohadischen Sultane, die der Stadt Marrakech treu geblieben waren und eins der schönsten Bauwerke der Stadt hinterließen: die Moschee und das Minarett der Kutubiya (Abb. 76).

Im Jahre 1269 eroberten die Meriniden Marrakech, doch ihre Sultane verließen die Stadt wieder und wählten Fès zu ihrer Residenz. Erst im 16. Jahrhundert, als die Saaditen an der Macht waren, kehrte der königliche Hof nach Marrakech zurück. Unter den Sultanen der saaditischen Dynastie hob sich besonders Ahmed el Mansour ed Dehbi, 'der Goldene' (1578–1603), hervor, der nach seiner Expedition in den Sudan und nach der Eroberung Timbuktus mit unglaublichen Schätzen an Gold und Elfenbein und anderen Dingen nach Marrakech zurückkehrte. Sogleich entwickelte er einen leidenschaftlichen Baueifer und verwendete die Beute zur Verschönerung seiner Residenzstadt Marrakech.

Mit den Aliden oder Alouiten, die ihre Heimat in der riesigen Oase Tafilalet am Rande der Sahara hatten, verlor Marrakech seine Bedeutung als Königsstadt. Nur vorübergehend kehrten die Sultane in der zweiten Hälfte des vorigen und zu Anfang dieses Jahrhunderts nach Marrakech zurück. Die große Bautätigkeit, die die saaditischen Sultane entwickelt hatten, hörte nun auf. Es entstand nur noch der Bahia-Palast, in dem sich noch einmal die islamische Kunst mit ihren Arabesken und ihren Stukkaturen zu großem Reichtum entfalten konnte.

Aus den Jahrhunderten, in denen vor allem die islamische Kunst einen so großen Aufschwung erlebte, bewahrt Marrakech zahlreiche Denkmäler. Von den Bauwerken, die die Almoraviden in Marrakech errichteten, ist wenig erhalten geblieben, an bedeutenden Bauten eigentlich nur die 12 km lange Stadtmauer (Abb. 80) und die Reste der Kubba Bardiyyn, die in der Nähe der Medersa Ben Youssef liegt. Doch für die Architektur der Almohaden, die durch ihre vollkommenen Proportionen, ihre Einfachheit und ihre

Erhabenheit die schönste Architektur Marokkos ist, haben wir in Marrakech einige hervorragende Beispiele, obgleich von den Palästen der Almohaden auch nichts erhalten ist, denn die ihnen nachfolgenden Sultane ließen die Paläste ihrer Vorgänger zerstören und bauten neue. Zu den eindrucksvollsten Bauten der Almohaden gehören aber die Tore (Farbt. 38; Abb. 78, 82) und das berühmte Minarett der Kutubiya-Moschee (Abb. 76).

Es sind vor allem zwei Tore, die in ihrer Erhabenheit das architektonische Können der Almohaden zur Geltung kommen lassen: das Bab er Robb und das Bab Agenau (Abb. 82), die beide dicht beieinander liegen, in der Nähe der ehemaligen Kasbah. Dort bildet die Stadtmauer einen Winkel von 45 Grad, in dessen Schatten ein alter Friedhof mit dem Mausoleum des Sidi es Seheyli (1115–1185) liegt. Dieser Mann soll ein besonders weiser Imâm aus Málaga gewesen sein, der zu den Heiligen der Stadt gehörte.

Das Bab er Robb soll unter dem Almohaden-Sultan Yaqub el Mansour (1184–1199) errichtet worden sein und im Rahmen einer ebenfalls erbauten Kasbah gestanden haben. Der Name 'er Robb' bedeutet 'eingedickter Traubensaft'; es wird berichtet, daß dieser Saft damals aus »steuerrechtlichen und koranrechtlichen Gründen« nur durch dieses Tor in die Stadt eingeführt werden durfte. Weiter wird berichtet, wenn man dem Chronisten Glauben schenken darf, daß der Meriniden-Sultan Abu Thabit (1307–1308) »wie in einem Marionettentheater-Fries auf den Mauerzinnen zwischen Tor und der Bastei Dar el Haoura die Köpfe von sechshundert Aufrührern aufspießen ließ«. Auch das andere Tor, Bab Agenau, soll oftmals Schauplatz solch grauenhafter Szenen gewesen sein. Auch hier wurden die Köpfe oder Leichname Hingerichteter zur Schau gestellt, die beim Herrscher in Ungnade gefallen waren oder die sich gegen ihn aufgelehnt hatten. Das Tor ist aus blauem Guéliz-Gestein gebaut, das vom Staube eine ockerrote Farbe angenommen hat. Der Hufeisenbogen besteht aus einer Doppelreihe von Wölbsteinen um eine reich geschwungene, hufeisenförmige Archivolte. Der Zwickel ist mit Arabesken aus Blüten und Muscheln verziert. Der Inschriftenrahmen mit kufischen Buchstaben ist stark verwittert; das Tor ist in allerletzter Zeit renoviert worden, vor allem der vorher stark beschädigte Oberfries.

Das Wahrzeichen der Stadt Marrakech, das mit den vor der Stadt sich erstreckenden Palmenhainen und dem schneebedeckten Atlasgebirge zum Gesamtbild der Stadt gehört, ist das Minarett der Kutubiya-Moschee (Abb. 76). Die Moschee und das Minarett sind nach dem ehemals sich dort befindenden Souk der Buchhändler, dem Souk el Kotbiye, benannt worden, in dem sich, wie Leo Africanus schreibt, über hundert eng aneinandergedrängte Buchhändlerläden befunden haben sollen. Die Moschee, ein Bau von außerordentlicher architektonischer Schönheit (Fig. 49), wurde von Abd el Mumen (1147–1163) errichtet, der ein Gelübde getan hatte, nach der Zerstörung der Almoraviden-Moschee neue Heiligtümer zu errichten. Leider ist Nichtmuselmanen der Zutritt zu der Moschee verwehrt, deren Inneres durch ihren Reichtum an Verzierungen zum Vollendetsten der spanisch-maurischen Baukunst gerechnet werden muß. Die Moschee hat 17 Schiffe, die im Betsaal der klassischen T-Form der maghrebinischen Moscheen folgen. Das Mittelschiff wird von 7 Kuppeln bedeckt. In der Nähe der Moschee wurden geringe Mauerreste der ehemaligen Almohadenkasbah freigelegt.

DIE VIER KÖNIGSSTÄDTE

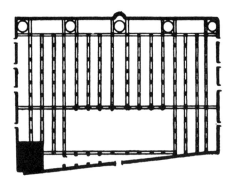

49 Grundriß der Kutubiya von Marrakech (gegen 1160)

Das Minarett, das in der Nordostecke der Moschee liegt, wurde erst von dem Enkel Abd el Mumens, dem Sultan Yaqub el Mansour (1184–1199), im Jahre 1196 vollendet. Das Minarett hat eine Höhe von 69 m, mit der kuppelbesetzten Stange erreicht es 77 m, während die Seitenlängen 12,80 m messen. Der Bau wurde aus dem schieferhaltigen Sandstein der Guéliz-Brüche errichtet. Die Größenverhältnisse und die Ausgewogenheit der einzelnen Teile zueinander schaffen eine so prachtvolle Harmonie, daß das Kutubiya-Minarett mit Recht das schönste und vollkommenste Bauwerk dieser Art genannt werden muß. Der ornamentale Schmuck besteht aus den in jener Zeit häufig angewandten Blendbögen in reliefartigem Flechtwerk, dessen Vertiefungen ausgemalt sind, und aus den Inschriftenbändern; er wechselt von Seite zu Seite. Die Einteilung in Stockwerke ist äußerlich nicht zu sehen, im inneren Kern dagegen liegen sechs durch dicke Mauern abgegrenzte Räume. Auch hier führt eine Rampe um den Kern herum nach oben wie beim Hassan-Turm, doch ist das letzte Ende durch eine Treppe zur Plattform ersetzt, von der der Muezzin fünfmal am Tage seinen Gebetsruf erschallen läßt. Über der Spitze des Minaretts sind an einer langen Stange übereinander drei goldene Kugeln angebracht, wie es typisch für die maurischen Minarette ist. Der Sage nach sollen diese ein persönliches Geschenk der Gemahlin Yaqub el Mansours gewesen sein. Um die drei Kugeln herstellen zu lassen, soll die Königin ihren Schmuck verkauft und aus dessen Erlös das Gold beschafft haben. Eine besondere Bedeutung hat das Kutubiya-Minarett deshalb, weil es das einzige vollkommen erhaltene Almohadenminarett Marokkos ist und weil seine Form bis heute das Vorbild für Minarettneubauten geblieben ist.

Yaqub el Mansour hat außer diesem berühmten Bauwerk noch viele königliche Paläste erbauen lassen, es sollen an die dreißig gewesen sein, und sie nahmen eine ungeheure Fläche innerhalb der Kasbah ein; von ihnen ist nur noch eine Mauer erhalten, die die Grabmäler der Saaditen-Familie von den Gebäuden trennt. Eine zweite bedeutende almohadische Moschee in Marrakech ist die 1185–1190 erbaute Kasbah-Moschee. Diese später mehrfach erneuerte Anlage ist bemerkenswert wegen des sehr schmalen Betsaales und dem relativ großen Hof (Fig. 50), besonders aber wegen den überaus reichen Ornamenten am Minarett, die spätere Minarette stark beeinflußten.

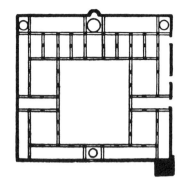

50 Grundriß der Kasbah-Moschee von Marrakech (etwa 1189–1195)

Während die drei anderen Königsstädte nur über mehrere kleine Hauptplätze verfügen – lediglich die Place el Hedim in Meknes ist etwas größer –, besitzt Marrakech einen riesigen öffentlichen Platz (Farbt. 28; Abb. 77), Jemaa el Fna genannt, die 'Versammlung der Toten', und zwar der Getöteten, der Gehenkten und der Geköpften. Auf langen Stangen aufgespießt, waren die Köpfe der Hingerichteten früher hier ausgestellt, ähnlich wie am Bab er Robb und am Bab Agenau. 'Sultan-Orangen' nannte man sie, und sie wurden oft zur Warnung der Bürger wochenlang hier ausgestellt, bis nur noch die kahlen Schädel übrigblieben, von denen die Geier längst alles Fleisch gefressen hatten. Im ersten marokkanischen Jahrbuch von 1905 und auf alten Postkarten konnte man solche Szenen noch abgebildet sehen. Der 'Sammelplatz der Toten' ist heute die Stätte des Vergnügens und des Abenteuers. Er hat den Charakter eines Jahrmarktes mit den verschiedensten Attraktionen, wie sie nur die Marktstädte des Südens und ganz besonders Marrakech ihren Bewohnern und vor allem den Söhnen der Wüste und der Berge bieten können (Farbt. 29–31). Das Leben beginnt hier am späten Nachmittag, wenn die größte Hitze, die im Sommer weit über 40 Grad betragen kann, vorüber ist. Dann füllt sich der riesige Platz mit Müßigen und Spaziergängern, und mitten in der dichten Menschenmenge bilden sich Kreise von Schaulustigen um einen Märchenerzähler, um buntgekleidete Akrobaten, um Possenreißer, um einen 'Zahnpraktiker', der seinen Patienten vor aller Augen mit einem korkenzieherähnlichen Instrument die Zähne zieht, und um einen Schlangenbeschwörer, während rundherum von fliegenden Händlern Früchte und Zuckerwerk angeboten werden und die Wasserverkäufer mit ihren schwarzen Ziegenbälgen um die verschiedenen Schaustellungen herumgehen und den Zuschauern einen kühlen Trunk anbieten.

Der Märchenerzähler hat heute noch genauso wie zu alten Zeiten das aufmerksamste Publikum, trotz der natürlich auch in Marokko üblichen mechanischen Darbietungen von Radio, Fernsehen und Kino. Jung und Alt folgen andächtig seinen Erzählungen; die Kinder haben sich vor den Erwachsenen niedergehockt, ihr Blick hängt gespannt an den Lippen des Mannes, der ihnen so schöne und interessante Geschichten erzählt, sie falten dabei die Hände wie zum Gebet und sind dieser Welt völlig entrückt: mit einer solchen Überzeugungskraft zieht der alte Mann die Zuhörer in seinen Bann.

DIE VIER KÖNIGSSTÄDTE

In einem anderen Kreis bereiten Akrobaten ihren Auftritt vor. Es sind Berber aus dem Tazeroualt-Gebiet; sie gehören einer religiösen Sekte an, die Sidi Ahmed ou Moussa, ein 1563 gestorbener Heiliger, gegründet hat. Auf den Märkten ganz Nordafrikas führen sie ihre Tänze und Kunststücke vor, vor allem aber auf dem Jemaa el Fna. Der unentwegte Rhythmus ihrer Trommeln ist auf dem ganzen Platz zu hören, er bildet den akustischen Hintergrund zu diesem großen Jahrmarktsbetrieb, der sich jeden Abend hier einstellt. In ihren roten, mit kleinen Metallblättchen besetzten Trachten wirbeln sie in immer schnelleren Rhythmen und gewagten Sprüngen über die improvisierte 'Arena'.

Die eindrucksvollste und aufregendste Vorstellung ist die der Schlangenbeschwörer. Ihr Beruf – und man kann es tatsächlich einen Beruf nennen – geht auf eine hundertjährige Tradition zurück. Die Schlangenbeschwörer müssen wirklich eine Schulung durchmachen, und ihre Schule liegt weit im Süden hinter dem Hohen Atlas, in einer Gegend, wo es von Schlangen nur so wimmeln soll. Die Schlangenbeschwörer gehören einem Orden an, dem Orden Ajsawiya, dessen Angehörige an die *baraka,* die unfehlbare Segnung, glauben, die sie gegen das Gift der Schlangen immun macht. In Wirklichkeit sind diese Leute seit Generationen durch gelegentliche frühere Schlangenbisse immun geworden, und sicherlich kennen sie auch noch geheime Mittel, mit denen sie die Bißwunden erfolgreich behandeln können, wie es bei den Mitgliedern von ähnlichen Geheimbünden in Ostafrika der Fall ist. Wie nachgewiesen werden konnte, müssen sich diese von Zeit zu Zeit regelrechten Impfungen unterziehen, wobei ihnen in Form von Tätowierungen das Schlangengift in die Haut gerieben wird. Fest steht jedoch, daß die marokkanischen Schlangenbeschwörer, wie sie glauben, ihre absolute Sicherheit und ihr Selbstvertrauen im Umgang mit den Schlangen der *baraka* zu verdanken haben. Der Schlange, die der Schlangenbeschwörer aus ihrem Korb hervorholt, die so harmlos aussieht, die er jetzt in die Hand nimmt und unaufhörlich reizt, bis sich ihr Hinterkopf und der Hals verbreitern, und der er schließlich im Höhepunkt beiderseitiger Gereiztheit seinen Mund entgegenhält, sind keineswegs die Giftzähne entfernt. Es würde auch gar nicht viel nutzen, denn nach kurzer Zeit wachsen dem Reptil die Zähne wieder nach. Sicherlich spielen bei den Schlangenbeschwörern, wenn sie selbst in Ekstase kommen, auch hypnotische Kräfte mit. Immer jedoch beobachten sie die Tiere ganz genau und gehen jedem Biß nach Möglichkeit aus dem Wege (Farbt. 31).

Bis in die Dunkelheit hinein dröhnen noch die Darboukas, die schweren Trommeln, die Tars, die kleinen Handtrommeln, die Tambourine und die einsaitigen oder zweisaitigen Geigen, die Rebabs. Über die Jemaa el Fna, wo sich die Menschenmenge allmählich verläuft, ziehen dünne bläuliche Rauchschwaden dahin; sie verbreiten den Duft vielerlei Speisen aus den Garküchen, und bald hat sich der Spuk dieses einmaligen Welttheaters, das die Männer der Wüste angelockt hat, verflüchtigt. Nördlich des Platzes beginnen die Souks von Marrakech, die größten des Landes. Nahe des Souks der Färber (Farbt. 35) liegt der unter den Saadiern um 1570 errichtete Brunnen El Mouassine, dessen Vorderfront von Stuckplastiken verziert und von einem reich bemalten und beschnitzten Vordach überragt wird.

Eines der sehenswertesten Bauwerke Marrakechs ist die Medersa Ben Yusuf. Sie wurde um die Mitte des 14. Jahrhunderts von dem Meriniden-Sultan Abu el Hassan, dem

'Schwarzen Sultan' (1331–1348), gegründet, aber erst unter dem Saaditen Moulay Abdullah el Ghalib (1557–1574) zur größten Medrese des Maghreb ausgebaut. In der Anlage gleicht sie den Medresen in Fès. Sie besticht jedoch besonders durch ihre prachtvollen Stuckarbeiten und Holzschnitzereien (Abb. 62, 82). Hervorzuheben ist noch ein marmornes Reinigungsbecken, das im Hof zwischen Betsaal und Brunnen steht. An diesem Marmorbecken befinden sich einige Tierdarstellungen, was für einen marokkanischen Sakralbau einmalig ist. Ganz in der Nähe der Medersa in Richtung Bab Taghzout befindet sich in einer Wandvertiefung ein Monumentalbrunnen, der 'Chrob ou Chouf' ('Trinke und bewundere') genannt wird. Seine geschnitzte Fassade mit Rundschrift und kufischen Buchstaben ist durch ein Stalaktitenvordach geschützt, ähnlich wie beim Brunnen En Nejjarin in Fès.

Vom Dar el Badi, dem 'unvergleichlichen' Königspalast, den der saaditische Sultan Ahmed el Mansour ed Dehbi (1578–1603) sich hat bauen lassen, um in ihm seinen unermeßlichen Reichtum zum Ausdruck zu bringen, sind nur noch Ruinen vorhanden. Der ganze Palast ruhte auf einem Kellergewölbe aus Ziegelsteinen und besaß einen riesigen Méchouar, Paradehof, auf dem gegenwärtig die großen Folklore-Festspiele stattfinden, die sich gewöhnlich im Mai in Marrakech abspielen. Hundert Jahre später ließ Sultan Moulay Ismail den Palast El Badi abtragen, um jede Erinnerung an seinen großen Vorgänger auszulöschen. Das Material verwendete er beim Bau seiner Paläste in Meknès.

Aus dem 19. Jahrhundert sind noch zwei Paläste erhalten geblieben, die sich auch in gutem Zustand befinden. Der eine, Dar Si Said, birgt heute das Museum für marokkanisches Kunstgewerbe, der zweite ist der Bahia-Palast, der einen Eindruck von der luxuriösen Wohnkultur marokkanischer Fürstlichkeiten hinterläßt, wenn auch die Aufteilung der Baulichkeiten willkürlich und ziemlich planlos erfolgt zu sein scheint. Er ist nach andalusischem Vorbild von dem Baumeister Haj Mohammed Ben Mekki el Misfiwi in siebenjähriger Arbeit errichtet worden und gehörte Si Mussa, dem Großwesir des Sultans Mohammed Ibn Abd er Rahman (1859–1873). Dem Palast ist ein prächtiger maurischer Garten und ein Hammam, ein maurisches Bad, angeschlossen.

Aus dem späten 19. Jahrhundert stammt auch der berühmte Agdal, der 3 km lange und 1,5 km breite Garten mit seinen Pflanzungen sämtlicher Obstbäume, die hier gedeihen, und mit zwei künstlichen Wasserbecken von 120 m² Fläche. Ein noch größeres Bassin mißt 200 m an den Seitenlängen. Terrassen und Lustschlößchen vervollständigen die weitläufige Anlage.

Die bedeutendsten Bauwerke aus der Saaditen-Zeit, die in Marrakech erhalten geblieben sind, sind die Saaditen-Gräber. Sie liegen versteckt hinter der rückwärtigen Mauer der Kasbah-Moschee. Noch bis zum Jahre 1917 gab es nur einen einzigen Zugang zu den Saaditen-Grabmälern von der Kasbah-Moschee aus, denn Moulay Ismail, darauf bedacht, alles, was an die Saaditen-Zeit erinnerte, auszulöschen, ließ die Grabstellen seiner Vorgänger unberührt; nur den Zugang von außen ließ er zumauern. Dieser Zugang wurde gewissermaßen 'wiederentdeckt', und das Amt für Denkmalschutz übernahm dann die Öffnung des alten Einganges und die vollständige Restaurierung der Gräber.

In der Mitte des von hohen Mauern umgebenen Grabbezirkes stehen die beiden Mausoleen. Das kleinere wurde von Abdullah el Ghalib und das größere von Ahmed el

DIE VIER KÖNIGSSTÄDTE

Mansour errichtet, der dort auch beigesetzt ist. Die beiden Gebäude enthalten sechsundsechzig Grabmäler aus Marmor, die mit Inschriften versehen sind, während noch über hundert Grabstellen im Freien liegen, die alle mit bunten Keramikplatten eingefaßt sind. Das eindrucksvollste Mausoleum ist das mit den Gebeinen El Mansours. Reich mit Arabesken verziert sind die Kapitelle der Säulen und die quadratischen Deckplatten, die sie tragen.

Die 11,50 m hohen Wände sind ebenfalls reich geschmückt. Sie sind unten mit bunten Kacheln verkleidet und oben mit wabenartigen Reliefs. Die große Höhe steht im Gegensatz zu dem kleinen Raum, wodurch eine eigenartige Wirkung erzeugt wird. Das Dekor des kleinen Mausoleums gehört mit zu den Kostbarkeiten des marokkanischen Kunsthandwerks. Als Bau ist es vielleicht weniger eindrucksvoll als das Mausoleum El Mansours, an Eleganz übertrifft es jedoch die Pavillons im Hofe der Qarawîn-Moschee in Fès, mit denen es Ähnlichkeit hat.

Dieser stille Winkel inmitten des lebhaften Getriebes der Stadt Marrakech birgt ein Heiligtum von ergreifender Schönheit. In den Mausoleen ruhen die saaditischen Sultane und ihre Verwandten. Ihre Diener sind draußen auf dem kleinen Friedhof beigesetzt. Eine stille Größe durchdringt diese ehrwürdige Stätte, die dem Besucher einen unvergeßlichen Eindruck hinterläßt. Sie ist eine der arabischen Herrlichkeiten, die uns aus dem Mittelalter in Marrakech, der »über den Atlas geworfenen Perle des Südens«, erhalten geblieben sind.

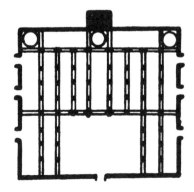

51 Grundriß der Almohaden-Moschee von Tinmal (1153)

Malerisches Marokko – Weitere sehenswerte Städte

Tinmal

In der Nähe des Passes Tizi n'Test im Hohen Atlas liegt Tinmal, einer der bedeutendsten Orte der marokkanischen Geschichte. In dieses abgelegene Dorf floh um 1120 der von seinen Anhängern als 'Mahdi', als gottgesandter Glaubenskämpfer verehrte Ibn Tumert, der von den herrschenden Almoraviden verfolgt wurde, weil er zum heiligen Krieg gegen sie aufgerufen hatte. Ibn Tumert, der den Koran in das Taschelheit, die Sprache der im Hohen Atlas ansässigen Masmouda-Berber übersetzte, gewann unter den Berbern schnell neue Anhänger, die er militärisch straff organisierte. Um 1125 gründete er in Tinmal ein 'Ribat', ein befestigtes Kloster. Seine Anhänger nannten sich 'Al-Muwahhidûn', Bekenner der göttlichen Einheit. Aus diesem Titel entstand später der Name der 'Almohaden'-Dynastie, die Marokko über ein Jahrhundert beherrschen und zur größten Ausdehnung seiner Geschichte führen sollte. Ibn Tumert selbst erlebte den Aufstieg seiner Almohaden nicht mehr. Erst nach seinem Tode um 1130 eroberte sein Nachfolger Abd el Moumen in einem siebenjährigen Kriegszug das Reich der Almoraviden und machte die Almohaden zu den neuen Herrschern des Landes.

Abd-el Moumen war es auch, der 1153/54 die Moschee von Tinmal errichten ließ, deren Ruinen bis heute erhalten sind. Tinmal verlor zwar nach der Eroberung von Marrakech, das zur Hauptstadt der Almohaden wurde, an Bedeutung, es galt aber weiter als geheiligte Stätte. Als etwa ein Jahrhundert später die Meriniden das Almohadenreich eroberten, war Tinmal der letzte Zufluchtsort der Almohaden. 1276 eroberten die Meriniden den Ort und zerstörten ihn. Die Moschee von Tinmal ist aus zwei Gründen ein sehr bedeutendes Bauwerk (Fig. 51): Sie war die erste vollendete Almohadenmoschee, und ihre Besichtigung ist im Gegensatz zu der anderer Moscheen möglich, weil der Bau heute nicht mehr benutzt werden kann. Die heutigen Ruinen geben noch einen sehr guten Eindruck von der einstigen Anlage.

Die Moschee besaß 9 senkrecht zur Kibla-Mauer verlaufende Schiffe, die von einem der Kibla-Mauer parallelen Querschiff geschnitten wurden. Die Anlage zeigt also die gleiche klassische T-Form wie die Kutubiya in Marrakech. Reste der drei Kuppeln, die einst den Betsaal krönten und der verzierte Mihrab, die Gebetsnische, sind noch erhalten.

Eine in Marokko einmalige Besonderheit ist die Lage des Minaretts: Es steht nicht – wie sonst üblich – an der der Kibla-Mauer entgegengesetzten Seite, sondern es erhebt sich unmittelbar über dem Mihrab. Im übrigen zeigt das Minarett die für die almohadischen Minarette typische Form, die bei der Kutubiya vollendet wurde, bereits in Ansätzen. Der Bau ist mit nur wenigen, sehr schlichten Ornamenten verziert.

Trotz seiner überragenden Bedeutung ist die Moschee von Tinmal heute fast in Vergessenheit geraten, und auch von Fremden wird dieser Ort kaum besucht.

Tetouan, die ehemalige Hauptstadt des spanischen Nordteils von Marokko, ist die Stadt, die nach den vier Königsstädten über die ausgedehnteste Medina des Landes verfügt. Im Gegensatz zu den Städten der ehemaligen französischen Zone ist die Neustadt von Tetouan aber nicht von der Medina völlig getrennt worden, sondern grenzt unmittelbar an diese. Die Medina wurde in ihrer heutigen Gestalt von andalusischen Flüchtlingen errichtet, die sich zwischen dem Ende des 15. und dem Anfang des 17. Jahrhunderts hier niederließen. Die Altstadt zeigt daher andalusisches Gepräge, das besonders in der Mellah deutlich wird. Neben der Medina sind es vor allem die beiden Museen der Stadt, das Museum für Volkskunst und das archäologische Museum, die den Besuch von Tetouan lohnend machen (Abb. 49, 50, 52).

Chechaouen, eine herrlich zwischen den höchsten Gipfeln des westlichen Rif-Gebirges gelegene kleine Stadt, ist ebenfalls eine Gründung andalusischer Flüchtlinge. Der Ort war stets eines der Hauptwiderstandszentren der rebellischen Rifkabylen und konnte bis 1920, als er von den Spaniern besetzt wurde, kaum von einem Europäer besucht werden. Die aus dem 15. und 16. Jahrhundert stammende Medina, die vollständig erhalten ist, zeigt einen noch deutlicheren andalusischen Charakter als die von Tetouan. Bemerkenswert sind die sonst in Marokko nicht üblichen roten Ziegeldächer der spitzgieblign Häuser (Farbt. 4–7; Abb. 51).

Essaouira, ein kleinerer Fischerhafen am Atlantischen Ozean, besitzt eine Medina, die eine für Marokko einmalige Besonderheit aufweist: Die von mächtigen Festungsanlagen umgebene Altstadt ist völlig regelmäßig mit rechtwinkligen Straßen angelegt. Diese ungewöhnliche Anlage geht auf den französischen Architekten Théodore Cornut zurück, der sich in Gefangenschaft des Sultans befand und die Stadt zwischen 1760 und 1765 plante. Die der Stadt vorgelagerten Inseln wurden schon seit dem 7. oder 6. Jahrhundert v. Chr. von punischen Seefahrern angelaufen. In der Zeit des mauretanischen Königreiches von Yuba II. beherbergten die Inseln eine Pupurmanufaktur, die zu den wichtigsten der Antike zählte. Daher werden die Inseln bis heute 'Purpurinseln' genannt (Abb. 85, 86).

Taroudannt, das alte Zentrum des Souss und von 1520 bis 1540 erste Hauptstadt der Saadier, enthält innerhalb seiner 8 km langen Stadtmauer ebenfalls eine vollständig erhaltene Medina. Die Stadt wirkt wegen ihrer roten Lehmbauten und wegen ihrer Lage inmitten einer Oase vor der Kulisse des Hohen Atlas wie ein verkleinertes Abbild von Marrakech. Wie Marrakech ist Taroudannt eine typische Sahararandsiedlung, die bis heute von vielen Karawanen besucht wird und auf deren ausgedehnten Marktplatz sich zahlreiche Gaukler und Akrobaten einfinden.

Taza ist, aufgrund seiner strategisch bedeutenden Lage in der Taza-Senke, dem einzigen natürlichen Durchgang zwischen Rif und Mittlerem Atlas, einer der am häufigsten umkämpften Orte der marokkanischen Geschichte und eine der stärksten Festungen des Landes. Die Medina von Taza liegt auf einem Plateau, das das Umland um mehr als 100 m überragt. Sie enthält eine der bedeutendsten merinidischen Moscheen Marokkos und wird von mächtigen Festungsanlagen umgeben, die zum großen Teil noch auf die Zeit der Almohaden zurückgehen.

Ouezzane ist nach Moulay Idriss und dem Grab von Idriss II. in Fès der bedeutendste islamische Wallfahrtsort in Marokko und das wichtigste Pilgerziel der Juden im Land. Ihre Bedeutung erhielt die erst Anfang des 18. Jahrhunderts gegründetet Stadt als Sitz des Taibia-Ordens, dessen Anhänger in ganz Marokko verbreitet sind. Die Führer dieser Sekte, die sich als 'Scherife' bezeichnen, hatten besonders im 19. Jahrhundert eine so große Macht, daß sie von zeitgenössischen europäischen Reisenden als »islamische Päpste« bezeichnet wurden. Bemerkenswert ist, daß die Medina von Ouezzane im Gegensatz zu der anderer marokkanischer Städte nicht von Mauern umgeben ist.

Eine Reihe weiterer Orte besitzt noch eine gut erhaltene Altstadt, am schönsten sind wohl die von Asilah, Larache, Ksar el Kebir, Azemmour und Tanger. *Tanger* verfügt außerdem über ein sehenswertes Museum mit Abteilungen für Volkskunst, Archäologie und Stadtgeschichte. Von den zahlreichen unter Moulay Ismail angelegten Festungen sind besonders die von Kasba Tadla und Boulaouane eindrucksvoll.

Interessant sind in einigen Küstenstädten auch noch die Reste der Bauten, die aus spanischer oder portugiesischer Besatzungszeit stammen. Gut erhaltene spanische oder portugiesische Befestigungsanlagen besitzen die Orte Asilah, Larache, Azemmout, El Jadida und Safi. Diese Bauten stammen vorwiegend aus dem 15. und 16. Jahrhundert. Safi und El Jadida verfügen daneben noch über bemerkenswerte Besonderheiten:

In *El Jadida*, das die letzte portugiesische Besitzung in Marokko war und erst 1769 geräumt wurde, trägt noch heute ein ganzer, von Mauern umgebener Stadtteil den Namen 'Cité Portuguese'. Unter den zahlreichen Bauten, die hier noch an die Portugiesen erinnern, ist besonders die 'Citerne Portuguese' bemerkenswert. Diese aus dem Anfang des 16. Jahrhunderts stammende unterirdische Zisterne hat ein von 25 Säulen getragenes spätgotisches Kreuzgratgewölbe, das noch vollständig erhalten ist.

In *Safi* ist die sogenannte 'Portugiesische Kapelle' interessant, die in Wirklichkeit den Rest des Chores der ehemaligen Kathedrale darstellt. Diese Kapelle, deren Sterngewölbe noch gut erhalten ist, ist der einzige in Nordafrika erhaltene Bau, der im 'manuelinischen Stil' – dem für Portugal typischen Übergangsstil zwischen Gotik und Renaissance – errichtet wurde.

Praktische Reisehinweise

von Michael Köhler

Landesübersicht
Landschaftliche Gliederung 211
Klima. 215
Regierungssystem 217
Bevölkerung 217
Wirtschaft 217

Vor Reiseantritt
Touristeninformation 220
Reisepapiere 220
Wagenpapiere 221
Gesundheitsvorsorge, Krankenversicherung 221
Reisezeit 222
Devisenvorschriften 222
Zollvorschriften 222
Besondere Einreisebestimmungen. 223

Anreise
Mit dem Flugzeug 223
Mit der Bahn. 224
Mit dem Bus 225
Mit dem eigenen Auto 225
Fähren 225

Im Lande: Kurzinformationen von A bis Z
Apotheken 227
Ärztliche Betreuung 227
Auskunftsbüros für Touristen. 227
Automobilclubs 229
Autoreparatur 229
Botschaften und Konsulate 229
Camping. 230
Diebstähle 230
Essen und Trinken 231
Fantasias 232
Feiertage 232
Feste und Festspiele 233
Fremdenführer. 234
Geld 235
Geldwechsel 235
Gesundheit. 235
Gewichte und Maße 236
Goethe-Institute. 236
Handeln 236
Haschisch 236
Hotels und sonstige Unterkünfte 237
Hamam (Türkisches Bad) 237
Kino 237
Kleidung 237
Leihwagen 238
Moscheebesuch 238
Museen 238
Nationalparks 239
Öffnungszeiten 239
Photographieren 240
Polizei 240
Post 240
Radio und Fernsehen 241
Schuhputzer 241
Souks 241
Souvenirs 241
Sperrzonen 241
Sprache 242

Sprachführer 242	
Strom 245	
Taxis 245	
Telephonieren 245	
Toiletten 246	
Trink- und Bedienungsgelder 246	
Unfallverhalten 246	
Verhalten im Alltag 246	
Zeitungen 247	
Zeitunterschied 247	
Zollbestimmungen für die Ausreise 247	

Reisen in Marokko

Mit dem Flugzeug 248
Mit der Bahn 249
Mit dem Bus 249
Mit dem eigenen Auto 250
Weiterreise von Marokko 251

Urlaubsaktivitäten

Badeurlaub 252
Wassersport 253
Segeln 253
Fischen 253
Wandern 253
Bergsteigen 254
Wintersport 254
Jagd 254
Reiten 254
Sonstiges 254

Routenvorschläge

Die Atlantikküste und die Königsstädte . . . 255
Südmarokko 257
Ostmarokko 257

Entfernungen in Marokko (Tabelle) 259

Landesübersicht

Landschaftliche Gliederung

Die Fläche Marokkos beträgt etwa 460000 km^2, fast das Doppelte der Fläche der Bundesrepublik Deutschland. Die Grenze zu Algerien ist nur in einigen Abschnitten genau festgelegt, einige Grenzgebiete sind umstritten. Marokko beansprucht außerdem die spanischen Besitzungen Ceuta und Melilla und das 270000 km^2 große Gebiet der ehemaligen Spanischen Sahara (Nordteil seit 1976, Südteil seit 1979 besetzt).

Trotz seiner ca. 470 km langen Mittelmeer- und seiner ca. 850 km langen Atlantikküste war Marokko früher praktisch ein Binnenland, da die hohen Gebirgsriegel im Norden, Osten und Süden und die kaum gegliederte flache Sandküste im Westen kaum natürliche Zugänge boten. Die Atlantikküste wurde in diesem Jahrhundert durch die Anlage von künstlichen Häfen erschlossen, die Mittelmeerküste ist aber noch immer kaum zugänglich.

Der Gebirgskranz des **Atlas**, der mit Ausnahme des älteren Anti-Atlas zur gleichen geologischen Formation wie die europäischen und asiatischen Faltengebirge gehört, unterteilt Marokko in einen von maritimem Klima bestimmten feuchteren und einem von saharischem Klima geprägten trockenen Teil. Über diese grobe Einteilung hinaus ist Marokko in folgende Großlandschaften gegliedert:

Die **Zentralebene**, die Kernlandschaft Marokkos, besteht aus der Küstenebene, dem 200–600 m hohen Hochplateau der Binnenmeseta und dem Sebou-Becken im Norden. Die Zentralebene ist das Gebiet der höchsten Besiedlungsdichte; hier finden sich fast alle großen Städte und der größte Teil der landwirtschaftlich intensiv genutzten Gebiete des Landes. Die meisten der großen marokkanischen Flüsse, der Loukkos, Sebou, Bou Regreg, Oum er Rbia und der Tensift, durchfließen sie. Die Küstenebene und die den Gebirgen vorgelagerten Gebiete sind relativ niederschlagsreich (bis über 600 mm jährlich), der Südteil der Binnenmeseta dagegen ist niederschlagsarm (um 200 mm), was künstliche Bewässerung nötig macht. Außerhalb der Städte leben vorwiegend seßhafte arabische Bauern, die Getreide, Gemüse und Obst anbauen. Im kargeren Südteil spielt die Schafzucht eine bedeutende Rolle. Wegen des großen Anteils von Großgrundbesitz gibt es in der Zentralebene viele landlose Bauern, besonders im äußerst fruchtbaren Sebou-Becken, dem einstigen Hauptsiedlungsgebiet französischer Einwanderer. Traditionelle Behausung im Nordteil der Zentralebene ist die Nouala, eine konische Hütte aus Rohrgeflecht und Zweigen.

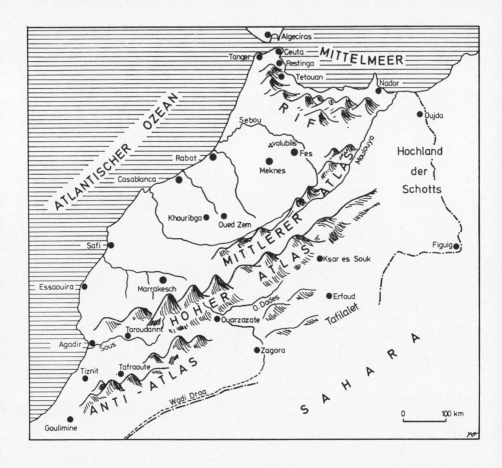

Das **Rifgebirge**, die geologische Fortsetzung der spanischen Sierra Nevada, ist ein bis ca. 2500 m hohes Faltengebirge, das die Zentralebene vom Mittelmeer trennt und damit die eigentliche geologische und klimatische Grenze zwischen Europa und Afrika bildet. Der Küstenhang und der Westteil des Gebirges sind niederschlagsreich, sie tragen ausgedehnte Wälder mit Kork- und Steineichen, Aleppokiefern, Tannen, Zedern und mediterranen Macchiasträuchern. Durch Abholzungen, Brandrodung und Überweidung ist der Waldanteil in historischer Zeit allerdings stark zurückgegangen. Der Ostteil des Gebirges ist ärmer an Niederschlag und Vegetation. Die Rifküste ist steil und hat zahlreiche geschützte, aber schwer zugängliche Buchten. Die Bevölkerung des Rif besteht überwiegend aus Berbern, den sogenannten Rifkabylen. Sie leben in verstreuten Lehm- oder Steinhäusern und bauen auf künstlich bewässerten Hangterrassen Gerste, Mais, Gemüse, Oliven und Obstbäume an. Auch die Zucht von Ziegen und Schafen hat besonders im Ostteil

Bedeutung. Die Bevölkerung des westlichen Rif ist stark arabisiert, in einigen Gebieten leben hier auch arabische Stämme. Bis heute zählt das Rifgebirge zu den am wenigsten erschlossenen Gebieten des Landes.

Der **Mittlere Atlas**, ein 350 km langer Gebirgszug, begrenzt die Zentralebene im Osten. Der niederschlags- und vegetationsarme Ostteil ist ein bis auf 3340 m ansteigendes Hochgebirge, der Westteil hat dagegen Mittelgebirgscharakter und ist mit über 1000 mm Niederschlag sehr regenreich. Er trägt auch die ausgedehntesten Waldgebiete Marokkos, in denen viele Zedern vorkommen. Neben zahlreichen Bächen und Seen liegen hier auch die Quellen der meisten großen marokkanischen Flüsse. Bewohnt wird der Mittlere Atlas von Berbern der Beraber-Gruppe, die Halbnomaden sind und vorwiegend Schaf- und Ziegenzucht betreiben. Sie wandern im Sommer in die Gebirgstäler und im Winter an den Rand des Gebirges. Traditionell besitzen sie kaum feste Siedlungen, sondern leben in den Khaimas, den schwarzen Ziegenhaarzelten.

Der **Hohe Atlas** ist der höchste und mit über 700 km Länge auch der ausgedehnteste der marokkanischen Gebirgszüge (Farbt. 8). Der Djebel Toubkal ist mit 4165 m der höchste Gipfel Nordafrikas. Der Nord- und der Westhang des Gebirges sind regenreich und tragen reiche Vegetation (Buchsbaum, Stechpalme, Atlas-Thuya), der schroffe, niederschlagsarme Südhang dagegen ist fast vegetationslos. Im Winter gehen hier starke Schneefälle nieder, ewigen Schnee oder Gletscher gibt es aber selbst in größten Höhen nicht. Im Westteil des Hohen Atlas leben seßhafte Schlöh-Berber in eng zusammengedrängten Lehm- und Steindörfern. Sie bauen auf künstlich bewässerten Terrassen Getreide, Obst und Gemüse an. Im Ostteil des Gebirges, der wesentlich dünner besiedelt ist, leben wie im Mittleren Atlas teilnomadische Beraber.

Anti-Atlas und **Souss-Ebene** schließen sich südlich an den Hohen Atlas an. Der *Anti-Atlas* ist ein von zahlreichen ausgetrockneten Flußtälern durchschnittenes Hochplateau, das in seinem Ostteil Höhen bis zu 2360 m erreicht. Nur am Küstenabhang findet sich eine artenreiche Vegetation mit Arganien, Gummiakazien und Euphorbien. Der steile Nordhang ist vegetationsarm, der sanftere Südhang fast völlig vegetationslos. In den Tälern ist die Anlage von Obstkulturen (Oliven, Mandeln, Feigen) möglich, sonst herrscht die Schaf- und Ziegenzucht vor.

Der *Souss*, die von Hohem und Anti-Atlas umschlossene Ebene, wird vom Oued Souss und zahlreichen anderen Flüssen und Bächen aus den Bergen bewässert und gehört deshalb zu den fruchtbarsten Gebieten Marokkos. Zitrusfrüchte, Bananen, Oliven, Mandeln und zahlreiche andere Obst- und Gemüsearten können hier angebaut werden. Anti-Atlas und Souss werden von seßhaften Schlöh-Berbern bewohnt, die in festen Steinsiedlungen leben. Im Anti-Atlas besitzen sie zahlreiche gemeinschaftliche Vorratsspeicher, ›Agadir‹ genannt.

Die **vorsaharische Landschaft** Marokkos wird vor allem durch die Oasengebiete des *Dades, Dra* und des *Tafilalet* bestimmt (Farbt. 19, 20), die von Bächen und Flüssen aus dem Hohen Atlas bewässert werden (Farbt. 47). Alle diese Gewässer versickern zwar in der Wüste, speisen aber vorher zahlreiche Oasensiedlungen, in denen Gerste, Mais, Sorghum, Weizen und verschiedene Obstbäume angebaut werden. Bewohnt werden diese Oasen von

Topographische Übersichtskarte von Marokko

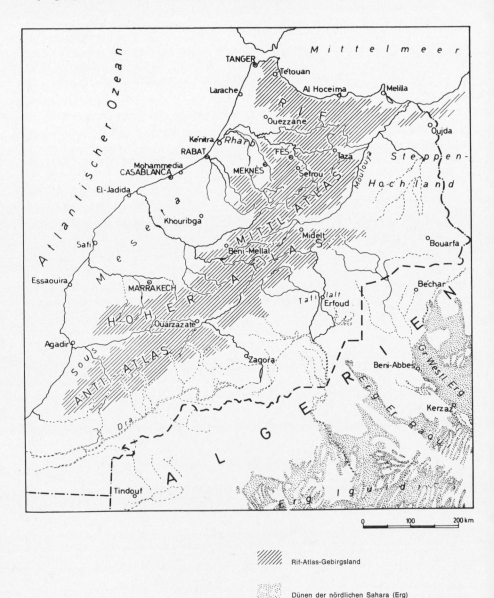

einer Mischbevölkerung, wobei im Tafilalet Araber, im Dra- und Dadestal Berber und Haratin überwiegen. Die typischen Siedlungen dieser Region, besonders des Dra- und Dadestals, sind die aus Stampflehm errichteten Kasbahs.

Wüstensteppen und **Wüsten** schließen sich an die vorsaharische Landschaft an. Die marokkanischen Wüstengebiete sind vorwiegend Geröllwüsten (Hammadas), Sanddünengebiete gibt es nur wenige. In einer Kette kleiner Oasen entlang des Djebel Bani leben seßhafte Berber und Haratin. Die Wüsten werden von arabischen Kamelnomaden durchzogen, die häufig die Marktorte des Sahararandes besuchen.

Die **ostmarokkanische Meseta**, der Westausläufer des algerischen Hochlandes der Schotts, ist eine öde Steppenlandschaft. Das durchschnittlich 1300 m hohe Plateau ist niederschlagsarm (unter 200 mm) und trägt außer Halfagras kaum Vegetation. Besiedelt wird die Region von Nomaden und Teilnomaden, die vor allem Schafe und Ziegen züchten. Nur im Tal des Moulouya wohnt eine seßhafte Bevölkerung in Oasen mit Bewässerungskulturen.

Klima

Marokko weist mehrere deutlich voneinander geschiedene Klimazonen auf. Die *Küstengebiete* sind von maritimem Klima mit warmen Sommern und milden Wintern geprägt. Die jahreszeitlichen und täglichen Temperaturschwankungen sind relativ gering. Das *Innere der Zentralmeseta* hat ein zunehmend von kontinentalen Einflüssen bestimmtes Klima. Die Sommer sind heißer und die Winter kälter als an der Küste. Das *Saharavorland*, die *Wüstengebiete* und die *ostmarokkanische Meseta* haben ein saharisches Klima mit extrem heißen Sommern und warmen Wintern. Die täglichen Temperaturschwankungen sind sehr hoch, und die Nachttemperaturen fallen häufig unter den Gefrierpunkt. In den *Gebirgen* sind die Sommer warm, die Winter aber zum Teil extrem kalt. In Höhen über 2500 m bleibt der Schnee mehrere Monate liegen, und frostfrei ist dort nur der Hochsommer.

An ausgeprägten Jahreszeiten gibt es in Marokko nur den von Mai bis Oktober dauernden trockenen Sommer und den von November bis April dauernden niederschlagsreicheren Winter. Die Übergangszeiten im Frühjahr und Herbst sind kurz.

Klimatabelle
Mittlere Höchsttemperaturen (H) und Tiefsttemperaturen (T) in °C

	Jan./Feb. H	Jan./Feb. T	März/April H	März/April T	Mai/Juni H	Mai/Juni T	Juli/August H	Juli/August T	Sept./Okt. H	Sept./Okt. T	Nov./Dez. H	Nov./Dez. T
Tanger	15-16	10	18-19	11-12	22-24	15-17	26-27	19-20	22-25	16-17	16-19	10-12
Al Hoceima	16-17	10	18-20	12-13	23-26	16-18	28-30	21-22	24-27	16-19	17-20	11-13
Chechaouen	13-15	6-7	18-20	8-9	23-28	12-15	32-34	17-18	24-29	12-16	15-19	7-9
Fès/Meknès	15-17	5-6	19-21	7-9	25-30	11-14	33-35	17-18	25-30	12-15	16-20	5-9
Rabat/Kenitra	18-19	5-6	21-23	8-10	26-29	12-15	31-32	16-17	27-30	12-15	18-21	6-9
Casablanca	17-18	7-8	19-21	10-11	22-24	14-17	26-27	18-19	24-26	15-18	18-21	9-12
Essaouira	18-19	9-11	19-20	11-13	20-21	14-16	22-23	16-17	22-23	15-17	19-21	11-13
Agadir	20-22	8-9	22-24	11-13	24-25	14-17	26-27	17-18	26-27	15-18	21-24	9-12
Marrakech	18-20	5-7	23-26	10-14	29-33	14-17	37-39	19-20	29-33	15-18	18-23	6-10
Ifrane	8-10	0-2	13-16	3-4	19-25	5-9	30-31	11-12	19-25	4-5	10-14	0-2
Tinerhir	11-14	1-4	17-20	3-4	24-29	8-11	32-33	13-14	21-26	6-10	13-16	1-3
Ouarzazate	17-20	1-3	23-27	7-10	31-36	14-17	38-40	20	28-33	12-17	17-21	2-6
Ksar es Souk	17-20	1-3	23-27	7-11	31-36	13-17	39-41	22-23	27-34	13-18	18-21	3-7
Zagora	21-23	3-6	26-30	10-14	35-40	19-23	42-44	25-27	31-36	16-21	21-26	5-8
Oujda	15-17	3-4	19-22	6-8	22-25	11-14	30-34	17-18	25-30	12-15	16-19	5-8

Die genannten Temperaturen sind Durchschnittswerte, von denen die tatsächlichen Spitzen- und Minimaltemperaturen erheblich abweichen können. Im Hochsommer gibt es außer an den Küsten und in den Bergen fast überall Höchsttemperaturen um 40°, in Marrakech kann es über 45° heiß werden und in den Wüstengebieten um 50°. Im Winter dagegen ist die Temperatur in den Bergen oft sehr niedrig, in Ifrane kann das Thermometer bis −15°, im Hohen Atlas sogar bis unter −20° fallen. Auch in der Zentralebene und in der Wüste kommen im Winter Nachtfröste vor.

Regierungssystem

Der amtliche Name Marokkos ist *Al Mamlakah al Maghrebia*, Königreich des Maghreb. Offiziell verwendet wird auch die französische Bezeichnung *Royaume du Maroc*. Nach der Verfassung von 1972 ist Marokko eine konstitutionelle Monarchie mit einem gewählten Einkammerparlament und einem Mehrparteiensystem. Dem König werden durch die Verfassung weitgehende Befugnisse eingeräumt. Der Islam ist Staatsreligion, der König trägt den Titel *Amir el Mouminin*, Herr der Gläubigen.

Marokko ist in 19 Provinzen und die Stadtpräfekturen Casablanca und Rabat/Salé eingeteilt. Hauptstadt und Residenz des Königs ist Rabat.

Bevölkerung

1978 betrug die *Einwohnerzahl* Marokkos etwa 18,9 Millionen, was einer *Besiedlungsdichte* von 41 Ew./km^2 entspricht (Bundesrepublik 247, Österreich 90, Schweiz 152). Davon sind etwa 100 000 Ausländer (eine Hälfte Franzosen, die andere Hälfte Spanier, Tunesier und Algerier). Die jährliche Zuwachsrate der Bevölkerung ist mit 2,5 % sehr hoch.

Die *Verteilung der Bevölkerung* ist sehr ungleichmäßig. Am dichtesten besiedelt sind die Atlantikküste (vor allem der Ballungsraum Casablanca-Rabat/Salé, in dem fast $^1/_5$ der Bevölkerung lebt) und die fruchtbaren Gebiete der Zentralebene. Die Gebirge und Wüstengebiete sind dagegen z. T. fast menschenleer.

$^2/_3$ der Bevölkerung leben auf dem Lande in Siedlungen mit weniger als 2 000 Einwohnern. Der Anteil der Stadtbevölkerung nimmt aber rasch zu. Die Abwanderung vom Lande und das rapide Wachstum der Städte, in denen die Slumgebiete (bidonvilles = 'Kanisterstädte') und die Arbeitslosigkeit wachsen, gehören zu den schwierigsten Problemen Marokkos.

Bevölkerungszahlen der größten Städte:

Casablanca 2 200 000
Rabat/Salé 600 000
Marrakech 330 000 (mit Vororten 435 000)
Fès 325 000 (m.V. 425 000)
Meknes 250 000 (m.V. 400 000)
Tanger 190 000

Oujda 175 000
Kenitra 140 000
Tetouan 140 000
Safi 130 000
Mohammedia, El Jadida, Agadir, Beni Mellal und Taza zwischen 50 000 und 100 000.

Wirtschaft

In der *Landwirtschaft* sind noch über 70 % der Bevölkerung beschäftigt, ihr Anteil ist aber rückläufig. Über 90 % der bebauten Fläche wird noch nach traditionellen Methoden mit Zugtieren und Hakenpflug bearbeitet. Hauptprodukte der Landwirtschaft sind Getreide,

Bevölkerungsdichte und Städtewachstum in Marokko

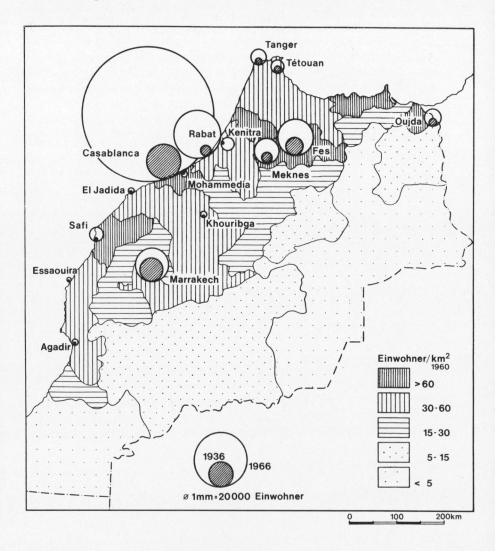

Hülsenfrüchte, Zitrusfrüchte, Oliven und Datteln. Exportiert werden vor allem Zitrusfrüchte, Kork, Datteln, Oliven und Wein.

Die *Viezucht* wird fast ganz in Verbindung mit der Landwirtschaft betrieben, reine Viehzüchter sind nur die Nomaden der Wüste. Die am häufigsten gezüchteten Tiere sind

Schafe, Ziegen, Rinder, Esel und Maulesel. In den Wüstengebieten ist das Kamel das wichtigste Nutztier. Marokko gehört zu den viehreichsten Ländern der Welt, gemessen an seiner Einwohnerzahl.

Das *Handwerk* ist noch überwiegend traditionell orientiert und sehr vielfältig. Es stellt einen bedeutenden Wirtschaftsfaktor vor allem in Fès, Marrakech, Meknes, Tetouan, Rabat/Salé und in den Marktorten der Schlöh (besonders Tiznit und Taroudannt) dar.

Die *Fischerei* war traditionell nie von großer Bedeutung, obwohl die Atlantikküste wegen des kühlen Auftriebswassers des Kanarenstromes sehr fischreich ist. Heute wird Fischerei aber kommerziell betrieben und bildet einen wichtigen Exportfaktor. Hauptfischereihäfen und Standorte von Fischkonservenfabriken (vor allem Sardinen und Thunfisch) sind Casablanca, Safi und Agadir.

Der *Bergbau* liefert heute über die Hälfte der marokkanischen Exporte. Das mit Abstand bedeutendste Bergbauprodukt ist Phosphat, das bei Khouribga/Oued Zem und bei Youssoufia abgebaut und in Casablanca und Safi verarbeitet wird. Marokko ist der drittgrößte Phosphatproduzent der Erde. Für den Export bedeutend ist auch Mangan, Blei, Kohle, Kobalt, Zink und Eisen.

Die *Industrie* Marokkos befindet sich bisher erst in ihren Anfängen. Die wichtigsten Industriezweige sind Nahrungsmittel- und Textilverarbeitung, Chemie (vor allem Phosphataufbereitung) und Metallverarbeitung. Der größte Industriestandort ist Casablanca, dann folgen Safi, Kenitra, Nador und Agadir.

Der *Tourismus* hat sich seit Beginn der 70er Jahre zu einem der bedeutendsten Devisenbringern Marokkos entwickelt. Jährlich besuchen fast 2 Millionen Fremde das Land, und eine weitere Steigerung dieser Zahl ist vorgesehen.

Der wichtigste *Hafen* Marokkos ist Casablanca, es folgen Safi, Kenitra, Tanger und Agadir.

Trotz z. T. hoher Wachstumsraten in den letzten Jahren ist Marokko noch immer ein relativ armes Land. Das *Bruttosozialprodukt* pro Kopf liegt bei jährlich 550 $ (Bundesrepublik 7500 $, Österreich 5500 $, Schweiz 8900 $).

Vor Reiseantritt

Touristeninformation

Die marokkanischen Fremdenverkehrsämter in der Bundesrepublik und in der Schweiz verschicken kostenlos eine Reihe sehr empfehlenswerter Prospekte. Auskunft erteilen

in der BR Deutschland:

Staatliches Marokkanisches Fremdenverkehrsamt,
Graf-Adolf-Straße 59, 4000 Düsseldorf,
∅ (02 11) 37 05 51/37 05 52

in der Schweiz (auch für *Österreich* zuständig):

Marokkanisches Fremdenverkehrsamt,
67 Rue du Rhone, Genf,
∅ (22) 35 42 80

Informationen sind auch bei den Botschaften und Konsulaten erhältlich.

BR Deutschland:

Marokkanische Botschaft,
Mittelstraße 35, 5300 Bonn-Bad Godesberg,
∅ (0 22 21/ 37 40 75/37 40 76

Königlich Marokkanisches Generalkonsulat,
Wiesenhüttenplatz 28, 6000 Frankfurt/M.,
∅ (06 11) 23 17 37/23 17 38

Königlich Marokkanisches Generalkonsulat,
Cecilienallee 14, 4000 Düsseldorf 30,
∅ (02 11) 43 43 59

Königlich Marokkanisches Honorarkonsulat,
Kajen 10, 2000 Hamburg 11,
∅ (040) 36 25 41

Schweiz (auch für *Österreich* zuständig):

Marokkanische Botschaft,
Helvetiastraße 42, Bern,
∅ (31) 43 03 62

Reisepapiere

Reisende aus *Österreich* und der *Schweiz* benötigen für einen Aufenthalt bis zu drei Monaten lediglich einen Reisepaß, der noch mindestens drei Monate gültig sein muß.

Reisende aus der *Bundesrepublik* brauchen zusätzlich ein **Visum**. Visaantragsformulare sind bei der Botschaft und den Generalkonsulaten (nicht beim Honorarkonsulat!) erhältlich. Die ausgefüllten Antragsformulare müssen zusammen mit dem Reisepaß, drei Paßbildern, den Gebühren und einem frankierten und adressierten Einschreiben-Rückumschlag an die Botschaft oder eines der Generalkonsulate geschickt werden. Die Gebühren betragen DM 7,50 für eine und DM 10,00 für mehrere Einreisen. Sie können in bar, mit Eurocheque oder per Postanweisung bezahlt werden. Die Bearbeitungsdauer für einen Visaantrag liegt im allgemeinen bei 1–2 Wochen, in den Sommermonaten (Hochsaison) kann sie länger sein. Die maximale Gültigkeit des Visums beträgt 90 Tage. Es wird frühestens drei Monate vor dem geplanten Einreisedatum erteilt.

Teilnehmer an *Pauschalreisen* erhalten ein Sammelvisum, das in der Regel vom Reiseveranstalter besorgt wird.

Visa für Reisende aus der Bundesrepublik sind auch bei der marokkanischen Botschaft in Madrid und beim marokkanischen Konsulat in Algeciras erhältlich.

Auch an den marokkanischen Grenzübergangsstellen können Visa ausgestellt werden. An den Flughäfen wird dies in der Regel auch getan, in den Fährhäfen dagegen nicht immer.

Die Ausstellung eines Visums wird generell verweigert, wenn sich im Reisepaß ein algerisches, südafrikanisches oder israelisches Visum befindet. Enthält Ihr Reisepaß eines dieser Visa, sollten Sie einen zweiten Reisepaß beantragen (vgl. auch *Besondere Einreisebestimmungen* S. 223).

Wagenpapiere

Bei einem Aufenthalt unter drei Monaten genügen der *Führerschein* und die *internationale grüne Versicherungskarte*. Die Mitnahme des Kraftfahrzeugscheins ist nicht vorgeschrieben, aber empfehlenswert. Für Wohnwagen, Anhänger und Motorboote ist ein „Carnet de Passage" erforderlich, das bei den Automobilclubs ADAC, AvD und DTC erhältlich ist.

Falls sie keine internationale grüne Versicherungskarte mit sich führen, müssen Sie an der Grenze eine Versicherung abschließen, die relativ teuer ist (etwa 30 DM bis 5 Tage, 40 DM bis 10 Tage, 80 DM bis 20 Tage und 110 DM für einen Monat).

Der Abschluß einer Reisekasko-Versicherung ist zu empfehlen, da viele marokkanische Autofahrer nicht versichert sind. Auskunft erteilen die Automobilclubs.

Bei Aufenthalten über drei Monaten ist Kraftfahrzeugsteuer zu zahlen.

Da gute *Straßenkarten* in Marokko nur selten erhältlich sind, sollten Sie sich eine vor Reiseantritt besorgen. Die besten Karten sind Michelin Nr. 169 und Kümmerli und Frey Nr. 1163, beide im Maßstab 1:1 000 000. Die Michelin-Karte hat den Vorteil, daß sie den Zustand der Straßen sehr detailliert verzeichnet. Die Einreise mit einem Fahrzeug wird im Reisepaß nicht eingetragen.

Gesundheitsvorsorge, Krankenversicherung

Von Reisenden aus der Bundesrepublik, Österreich und der Schweiz werden keine Impfungen verlangt, wenn sie aus infektionsfreien Gebieten einreisen. Impfungen gegen *Typhus/Paratyphus, Tetanus* und *Polio* sind aber empfehlenswert. Zwischen Mai und Oktober ist auch eine *Malaria*-Prophylaxe sinnvoll.

Eine *Krankenschein*-Abmachung zwischen Marokko und der Bundesrepublik,

VOR REISEANTRITT

Österreich und der Schweiz gibt es nicht. Krankenhausbehandlungen sind im allgemeinen kostenlos, private Arztrechnungen müssen aber sofort bezahlt werden. Gegen Vorlage einer detaillierten Rechnung erstatten die Krankenversicherungen den Rechnungsbetrag zurück. Um eventuelle Probleme zu vermeiden, sollten Sie eine Auslandskrankenversicherung abschließen.

Für *Haustiere* ist ein amtstierärztliches Gesundheitszeugnis erforderlich, das das Nichtvorhandensein von Tollwut bestätigt. Dieses Zeugnis muß weniger als vier Tage vor der Abfahrt ausgestellt worden sein. Außerdem muß eine Tollwutimpfbescheinigung vorgelegt werden, die älter als 1 Monat und jünger als 8 Monate ist (vgl. *Apotheken* S. 227, *Ärztliche Betreuung* S. 227 *und Gesundheit* S. 235).

Reisezeit

Marokko bietet das ganze Jahr hindurch Reisemöglichkeiten. Die günstigsten Reisezeiten für alle Gebiete liegen zwischen März und Mai sowie zwischen September und November. Besonders empfehlenswert ist das Frühjahr, weil die Vegetation nach den winterlichen Regenfällen üppiger gedeiht als in den anderen Jahreszeiten.

Der *Winter* eignet sich gut für eine Reise in den Süden (Agadir, Marrakech, Wüstenvorland). Die Mittelmeerküste und die nördliche Zentralebene sind dann allerdings kühl und regnerisch, und in den Bergen ist es sehr kalt. Viele Berggebiete sind dann zeitweise wegen hoher Schneefälle nicht zugänglich.

Der *Hochsommer* ist an den Küsten und in den Bergen gut erträglich, im Landesinneren und besonders im Süden wird es aber extrem heiß mit Tageshöchsttemperaturen bis zu 50 °C.

Badesaison ist in Agadir und südlich davon das ganze Jahr hindurch, da die Wassertemperatur hier nie unter 16 °C fällt. Auch in Essaouira kann man fast das ganze Jahr hindurch baden. Die Badesaison an der nördlichen Atlantikküste dauert von April bis Oktober, an der Mittelmeerküste von Mai bis September (vgl. *Klima* S. 215).

Devisenvorschriften

Die Einfuhr von Devisen ist in unbegrenzter Höhe möglich, bei Beträgen über 2500 DM muß allerdings eine Deklaration ausgefüllt werden, die bei der Ausreise dem Zoll wieder vorzulegen ist.

Marokkanische Dirham dürfen weder ein- noch ausgeführt werden. Gegen Vorlage der Quittungen, mit denen die Banken jeden Geldumtausch bescheinigen, können bis zu 50 % des in Marokko getauschten Dirham-Betrages wieder in Devisen zurückgetauscht werden. Bei Aufenthalten von weniger als 48 Stunden ist ein Rücktausch des Gesamtbetrages möglich.

Eurocheques und *Traveller-Cheques* werden von größeren Banken in Marokko akzeptiert und erhalten im allgemeinen einen günstigeren Wechselkurs als Bargeld (vgl. *Geld* S. 235, *Geldwechsel* S. 235).

Zollvorschriften

Zollfrei eingeführt werden können Artikel des persönlichen Bedarfs inklusive Sport- und Campingausrüstung, zwei Photoapparate mit je zwei Filmen (eine Filmkamera gilt als Photoapparat), ein Plattenspieler, ein Tonbandgerät, ein Kofferradio, ein tragbares Fernsehgerät, eine Schreibmaschine, zwei Musikinstrumente, 200 Zigaretten oder 200 Gramm Tabak, 0,75 Liter Spirituosen oder 2 Liter Wein und Reiseproviant. Von Reisenden mit einem Wohnwagen oder einem Wohnmobil wird unter Umständen die Anfertigung einer Inventarliste verlangt. Die Einfuhr von Waffen und Rauschgift ist verboten. Die Zollkontrolle bei der Einreise ist im allgemeinen nicht sehr streng, besonders auf den Flughäfen werden nur Stichproben gemacht.

Besondere Einreisebestimmungen

Die Einreise nach Marokko kann verweigert werden, wenn der Reisende – wie es die marokkanischen Behörden nennen – ein ›Hippie-ähnliches Äußeres‹ hat. In der Regel bezieht sich dies auf langhaarige Männer. Bei der Einreise per Flugzeug wird diese Bestimmung kaum angewendet, bei der Einreise auf dem Landweg dagegen häufig.

Anreise

Mit dem Flugzeug

Der wichtigste internationale Flughafen Marokkos ist *Casablanca-Nouasseur*, der von zahlreichen internationalen Fluglinien angeflogen wird und Verbindungen zu allen Kontinenten hat. In der Bedeutung folgen Tanger, Agadir, Fès und Marrakech. An das marokkanische Binnenflugnetz, dessen Zentrum *Casablanca-Anfa* ist, sind etwa ein Dutzend Flughäfen angeschlossen.

Direkte Verbindungen nach Casablanca, Tanger und Agadir mit der nationalen Fluglinie **Royal Air Maroc (RAM)** bestehen ab Frankfurt, Düsseldorf, Genf, Wien, Amsterdam, Brüssel und von mehreren französischen Flughäfen aus. Von Zürich fliegt außerdem die SWISSAIR, von Brüssel die SABENA und von Frankreich die AIR FRANCE. Interessant für Reisende aus Europa sind auch die Verbindungen ab Madrid, Malaga und Lissabon mit der RAM und der IBERIA. Der einfache Linienflugpreis nach Casablanca beträgt ab der Bundesrepublik etwa 730 DM, ab der Schweiz etwa 580 Fr. und ab Wien um die 6400 ö.S. Alle Liniengesellschaften gewähren Jugendlichen unter 26 einen Rabatt von 25 %, auch für Reisegruppen und für Reisen innerhalb bestimmter Zeiträume gibt es Ermäßigungen.

Büros der Royal Air Maroc in der Bundesrepublik:

Friedenstraße 9, 6000 Frankfurt/M.,
✆ (06 11) 23 62 28

ANREISE

Benrather Straße 10, 4000 Düsseldorf,
✆ (0211) 370711/370712

... in der Schweiz:

4 Rue Chantepoulet, Genf,
✆ (22) 315971/317753

Bahnhofsplatz 1, Zürich,
✆ (01) 2110010

... in Österreich:

Opernring 4/1/10, Wien,
✆ 523151/529912

Preiswerte Flüge für Jugendliche und Studenten oder für begrenzte Zeiträume (meist 7–28 Tage) werden ab Frankfurt, Brüssel und der Schweiz von verschiedenen Veranstaltern angeboten. Die Tarife für diese Sonderflüge, die häufig lange im voraus ausgebucht sind, liegen zwischen 600 und 900 DM für Hin- und Rückflug. Auskunft erteilen Reisebüros.

Pauschalreisen, bei denen sich ein Badeaufenthalt (meistens in Agadir) mit verschiedenen Rundreisen durch das Land kombinieren läßt, werden von verschiedenen Reiseunternehmen angeboten.

Flugankunft

Der internationale Flughafen *Casablanca-Nouasseur* liegt 35 km südöstlich der Stadt. Mehrmals stündlich fährt ein Zubringerbus vom Flughafen zum CTM-Busbahnhof an der Rue Leon l'Africaine im Stadtzentrum. Der Fahrpreis beträgt ca. 2,50 DM. Zu beachten ist, daß die Binnenflüge ab Casablanca über den Flughafen *Anfa* 5 km südlich der Stadt abgewickelt werden.

Von dem internationalen Flughafen *Tanger-Boukhalf* 15 km südwestlich der Stadt verkehren keine Busse nach Tanger. Taxis bis ins Stadtzentrum kosten etwa 10–12 DM.

Vom internationalen Flughafen *Agadir-Inezgane* 8 km südöstlich der Stadt fahren ebenfalls nur Taxis zum Preis von 6–8 DM. Allerdings verkehren häufig Busse zwischen Agadir und dem Ort Inezgane, der etwa 2 km vom Flughafen entfernt liegt.

Alle genannten Flughäfen haben ein Wechselbüro, einen Informationsschalter und ein Büro einer Autovermietung. Einen Duty-Free Shop für zollfreien Einkauf hat nur Casablanca-Nouasseur.

Mit der Bahn

Täglich fährt ein Direktzug von *Paris*-Gare d'Austerlitz (ab: 22.49 Uhr) über Bordeaux, Irun, Madrid und Algeciras nach Tanger (an: übernächster Tag 14.00 Uhr) und nach Casablanca-Gare du Port (an: übernächster Tag 21.44 Uhr). Anschluß an diesen Zug besteht ab Frankfurt: Abfahrt 14.05 Uhr, Ankunft Paris-Gare de l'Est 22.05 Uhr. In den Sommermonaten verkehrt ein zweiter Direktzug Paris-Casablanca.

Von *Genf* (ab: 10.40 Uhr) fährt täglich ein Zug nach Barcelona (an: 21.30 Uhr), von dort besteht am nächsten Morgen (ab: 10.10 Uhr) ein Anschluß nach Algeciras (an: nächster Tag 9.09 Uhr). Von Algeciras gibt es zahlreiche Fährverbindungen nach Tanger und Ceuta. Anschlüsse an den Zug von Genf gibt es von Frankfurt (ab: 14.37 Uhr, an: Genf 20.59 Uhr) und von Wien (ab: 9.00 Uhr, an: Genf 22.25 Uhr).

Der einfache *Fahrpreis* zweiter Klasse von Paris nach Casablanca liegt bei 175 DM, der Liegewagenzuschlag beträgt etwa 30 DM.

Der Tarif ab Genf liegt in der gleichen Höhe.

Ermäßigte *Sonderzüge* für Schüler und Studenten fahren zweimal wöchentlich von verschiedenen bundesdeutschen Bahnhöfen über Basel und Barcelona nach Malaga, von wo es günstige Verbindungen zum Fährhafen Algeciras gibt. Marokko ist dem Interrail-Verband angeschlossen.

Einen *Autoreisezug* bis nach Algeciras gibt es ab Paris mit Zugwechsel in Madrid.

Mit dem Bus

Europabusse fahren täglich ab *Frankfurt* (Hauptbahnhof-Südseite) und *Dortmund* (Omnibusbahnhof), dreimal wöchentlich ab *München* (Starnberger Bahnhof) und zweimal wöchentlich ab *Nürnberg* (Omnibusbahnhof) über Barcelona nach Malaga.

Die Fahrtdauer beträgt etwa 42–48 Stunden, die Fahrpreise liegen bei 200 DM für eine einfache Fahrt und bei 340 DM für Hin- und Rückfahrt. Studenten erhalten 10% Ermäßigung. Ab *Hamburg* fahren dreimal wöchentlich ebenfalls Europabusse nach Malaga, die aber wegen obligatorischen Übernachtungen in relativ teuren Hotels pro Strecke etwa 400 DM kosten.

Zweimal wöchentlich verkehrt ein Bus der nationalen marokkanischen Busgesellschaft CTM zwischen *Paris* und Casablanca. Der einfache Fahrpreis liegt bei 170 DM.

Mit dem eigenen Auto

Von Frankfurt zum Fährhafen Algeciras sind es etwa 2600 km, von Zürich 2300 km und von Wien 3100 km. Von der *Schweiz* und *Österreich* führt die günstigste Strecke über Genf, Grenoble, Nîmes, Barcelona, Valencia, Murcia und Malaga. Ab *Frankfurt* stehen zwei etwa gleichlange Strecken zur Auswahl: Die erste führt über Basel und Genf oder über Straßburg und Lyon nach Nîmes und ist dann identisch mit der schweizer Route, die zweite führt über Saarbrücken, Metz, Troyes, Tours, Bordeaux, Irun, Burgos, Madrid, Granada und Malaga.

Ab Frankfurt beträgt die Fahrzeit mindestens 3, besser 4 Tage. Zahlreiche interessante Fahrtunterbrechungen sind unterwegs möglich. Um einen ersten Eindruck von der maurischen Kultur zu bekommen, sollten Sie in Spanien möglichst die *Alhambra* in *Granada* besuchen. Auch Umwege zur ehemaligen Moschee von *Cordoba* und zur Giralda von *Sevilla* lohnen sich.

Fähren

Zwischen Europa und Marokko gibt es zahlreiche Fährverbindungen, die eine Vorausbuchung in der Regel überflüssig machen. Nur in den Sommermonaten kann es für Autos im spanischen Fährhafen Algeciras zu längeren Wartezeiten kommen, so daß hier eine Vorausbuchung über ein Reisebüro oder ein Ausweichen auf einen anderen Fährhafen sinnvoll sein kann.

Algeciras–Tanger:
Linie *Trasmediterranea*, 3 × täglich, Dauer 2 Stunden, Fahrpreis ca. 18 DM pro Person, ca. 60 DM für Auto.
Transtour–Hydrofoil (Tragflügelboot), 4 × tägl., ca. 1 Std., ca. 22 DM, kein Autotransport.

ANREISE

Algeciras–Ceuta:
Trasmediterranea, 5 × tägl., Isnasa 5 × tägl., Dauer jeweils ca. 1 Std., Fahrpreise ca. 9 DM pro Person, ca. 50 DM für Auto.

Malaga–Tanger:
Limadet, Montags und Freitags 20.00 Uhr, ca. 5 Std., 25 DM pro Person, 70 DM für Auto.

Malaga–Melilla:
Trasmediterranea, 1 × tägl., 8 Std., 25 DM pro Person, 70 DM für Auto.

Gibraltar–Tanger:
Blans-Line, 6 × wöchentl., 15 DM pro Person, 50–80 DM für Autos.
Transtour–Hydrofoil (Tragflügelboot), 6 × wöchentl., 27 DM, kein Autotransport.

Die Grenze zwischen Spanien und Gibraltar kann nicht passiert werden!

Neben diesen wichtigen Verbindungen gibt es noch folgende andere:

Séte–Tanger:
Comanav, alle 4 Tage, ca. 38 Std.

Marseille–Tanger–Casablanca:
Paquet, 4–7 × monatlich, ca. 48 Std.

Genua–Tanger:
DFDS, im Sommer 1 × wöchentlich, ca. 50–55 Std.

Die Preise der Fähren ab Séte, Marseille und Genua liegen bei 200 DM pro Person und bei 300 DM für ein Auto.

Almeria–Melilla und **Cadiz–Tanger:**
Trasmediterranea, je 1 × wöchentlich, Fahrtzeiten und Tarife etwa wie bei Malaga–Melilla.

Southhampton–Lissabon–Casablanca:
Southern Ferries, Three Quays, Tower Hill, London EC 3, 2 × monatlich, Dauer 3 Tage.

Nähere Auskunft über alle Fährverbindungen bei Reisebüros oder bei **Agentur Agadir, Großer Hirschgraben 20–26, 6000 Frankfurt** und bei **Gonrand Voyages, Steinmühlenplatz, Zürich.**

Die verschiedenen Fährlinien haben Agenturen in allen von ihnen angefahrenen Häfen.

Im Lande: Kurzinformationen von A–Z

Apotheken

Apotheken sind französisch mit *'Pharmacie'* ausgeschildert und durch ein weißes Kreuz mit grüner Umrandung gekennzeichnet. Es gibt sie in allen größeren Orten, in den Großstädten meist im Zentrum der Neustadt. Die Apotheken führen vor allem französische, schweizerische und deutsche Medikamente unter den gleichen Markennamen wie in Europa. Die Medikamente sind meist rezeptfrei und erheblich billiger als in Westeuropa. Das Angebot ist zumindest in den Großstädten reichhaltig. Auch Artikel wie Papiertaschentücher, Tampons und andere Dinge, die man bei uns in Drogerien erhält, werden in Apotheken geführt. Öffnungszeiten Montag bis Samstag zu den üblichen Geschäftszeiten, in den meisten Großstädten gibt es einen wechselnden Nacht- und Sonntagsdienst.

Ärztliche Betreuung

Ärzte sind durch Messingschilder an den Praxen ausgewiesen, auf denen ihr Spezialgebiet und Ausbildungsort (meist in Europa) angegeben sind. Die Bezeichnung für Arzt ist *Médecine* oder *Docteur*, für Zahnarzt *Dentiste*. Alle Ärzte sprechen französisch, viele englisch und eine Reihe auch deutsch, weil ihr Ausbildungsort in der Bundesrepublik, in Österreich oder der Schweiz lag. Arztpraxen befinden sich in allen größeren Orten, die meisten in den modernen Vierteln der Großstädte. Auf dem Lande ist die ärztliche Versorgung noch unzureichend.

Krankenhäuser, in denen die Behandlung in der Regel kostenlos ist, gibt es in den meisten größeren Orten.
Die *Ambulanz* ist in den Großstädten unter der Telefonnummer 15 zu erreichen, auf dem Lande vermittelt die Gendarmerie den Krankenhaustransport (vgl. *Gesundheit* S. 235).

Auskunftbüros für Touristen

In Marokko gibt es zwei verschiedene Arten von Auskunftbüros für Touristen: Die Büros der *Organisation Nationale Marocaine du Tourisme* (O.N.M.T.), und die Büros der *Syndicats d'Initiative*. Die O.N.M.T.-Büros unterstehen der staatlichen Tourismusverwaltung, die Syndicats sind die lokalen Fremdenverkehrsämter. Auskunft und Informationsmaterial erhält man bei beiden Büros, so daß für Reisende kaum ein Unterschied ersichtlich ist.

KURZINFORMATIONEN VON A–Z

Büros des O.N.M.T.:

Agadir
Av. du Prince Héritier Sidi Mohammed,
⌀ 2894

Al Hoceima
Province (Gebäude der Provinzverwaltung)

Casablanca
Place des Nations Unies,
⌀ 20909/70469

El Jadida
33 Place Mohammed V.

Fès
Boul. Hassan II.,
⌀ 23460

Marrakech
Place Abdelmoumen ben Ali,
⌀ 30258

Meknes
Place Administrative,
⌀ 30508

Oujda
3 Boul. el Hansali/Place du Gare,
⌀ 4329

Rabat
22 Av. d'Alger,
⌀ 21252/21253/21254

Tanger
29 Boul. Pasteur,
⌀ 38239/38240

Tetouan
30 Av. Mohammed V.,
⌀ 4112

Syndicats d'Initiative:

Agadir
Boul. Mohammed V.,
⌀ 2695

Casablanca
296 Boul. Mohammed V.,
⌀ 221524/274904

Essaouira
Sahat Moulay Abdallah,
⌀ 234

El Jadida
Av. Jamia Arabia,
⌀ 2080

Fès
Place Mohammed V.,
⌀ 24769

Ifrane
Jardin du Syndicat,
⌀ 65

Kenitra
Av. Mohammed V.,
⌀ 2258

Ksar es Souk
Chambre de Commerce et d'Industrie,
⌀ 249

Marrakech
Av. Mohammed V.,
⌀ 30801

Meknes
Esplanade de la Foire,
⌀ 20191

Ouarzazate
Province,
⌀ 180

Oujda
Place 16. Août,
⌀ 3036

Rabat
Rue Patrice Lumumba,
⌀ 23272

Safi
Place R'Bati,
∅ 2145

Tanger
1 Rue Vélasquez,
∅ 3 54 86

Taza
Chambre de Commerce,
∅ 083

Tetouan
Av. Mohammed V.,
∅ 4407

Automobilclubs

Touring Club du Maroc:

Casablanca
3 Av. des F. A. R.

Nebenstellen in *Agadir, Beni Mellal, Fès, Kenitra, Marrakech, Meknes, Rabat, Sidi Kacem, Tanger* und *Khourigba.*

Royal Automobile Club Marocain (RACN):

Casablanca
3 Rue Lemercier

Marrakech
Av. el Makhazine

Tanger
Rue des Vignes

Die Automobilclubs geben Auskünfte über alle für Kraftfahrer wichtigen Fragen und sind Mitgliedern von Automobilclubs, die im Besitz eines Auslandsschutzbriefes sind, auch bei der Abwicklung der Unfallformalitäten behilflich (vgl. *Unfallverhalten* S. 246).

Autoreparatur

Werkstätten für *französische Wagen* gibt es in jedem größeren Ort, und auch *Fiat*-Werkstätten sind sehr zahlreich. Die meisten Vertragswerkstätten für deutsche Fabrikate unterhält *Mercedes*, da diese Marke in Marokko häufig als Taxi verwendet wird. *VW*-Werkstätten gibt es in allen großen Städten, in den wichtigsten ist auch *Opel* vertreten. *Ford*-Werkstätten sind seltener. Darüber hinaus finden sich kleine Reparaturbetriebe in jedem größeren Ort. Die Ausrüstung der meisten Werkstätten ist sehr einfach, die technischen Kenntnisse und das Improvisationsvermögen der Mechaniker sind in der Regel gut. Ein Problem außerhalb der großen Städte ist der Mangel an Ersatzteilen. Die häufigsten Verschleißteile des Wagens sollten daher als Ersatzteile mitgeführt werden, andernfalls muß mit längeren Wartezeiten gerechnet werden.

Botschaften und Konsulate

Bundesrepublik Deutschland

Botschaft,
7 Zenkat Madnine (ehem. Rue Mohammed el Fatih),
Rabat, ∅ 3 25 32

Konsulat,
42 Av. des F. A. R.,
Casablanca, ∅ 26 48 72

Konsulat,
47 Av. Hassan II.,
Tanger, ∅ 2 16 00

Österreich

Botschaft,
2 Rue Tedders,
Rabat, ⌀ 6 40 03

Konsulat,
26 Boul. de la Resistance,
Casablanca, ⌀ 27 96 15

Schweiz

Botschaft,
Square de Berkane,
Rabat, ⌀ 2 46 95

Konsulat,
79 Av. Hassan II.,
Casablanca, ⌀ 26 02 11

Konsulat,
9 Rue Rubens,
Tanger, ⌀ 3 68 48

Camping

In Marokko gibt es zur Zeit etwa 70 registrierte Campingplätze, und besonders an den Küsten kommen ständig neue hinzu. Ausstattung und Qualität unterscheiden sich sehr, in den großen Städten und bei den Hauptbadeorten ist der Zustand in der Regel sehr gut. Die Plätze sind im allgemeinen bewacht und ganzjährig geöffnet, nur in den Bergen werden sie von Herbst bis Frühjahr geschlossen. Die Gebühren schwanken, liegen aber meist bei 1 DM pro Person und jeweils 1.50 DM für Auto und Zelt. Wegen des überwiegend trockenen Klimas haben die Plätze oft sehr harte Böden. In den großen Städten und zum Teil auch auf dem Lande sind die Campingplätze durch die international üblichen Hinweisschilder gekennzeichnet.

Registrierte Plätze gibt es in:
Agadir (2 Plätze), Al Hoceima, Arbaoua, Asilah (2), Asni, Azemmour, Azrou, Beni Mellal, Bin-el-Ouidane-Stausee, Bouznika (zwischen Rabat und Casablanca), Cap Blanc (südlich von El Jadida), Casablanca, Ceuta, Chechaouen, Daiet-er-Roumi-See (bei Khemisset), Dar Bouazza (südl. von Casablanca), Ech-Chiana (südl. von Rabat), El Jadida (2), El Ksiba, Erfoud, Essaouira, Fès, Goulimine, Goulimma, Guercif, Immouzer-du-Kandar, Ifrane, Kenitra, Ksares-Souk (El Meski-Quellen), Larache, Marrakech (2), Mehdia (bei Kenitra), Meknes, M'Diq, Martil (bei Tetouan), Melilla, Midelt, Moulay Bou Selham, Mohammedia (2), Nador, Oualidia, Ouarzazate, Ouezzane, Oujda, Oukaimeden, Paradise Plage (nördl. von Agadir), Rabat-Salé, Ras el Ma (Provinz Nador), Restinga-Smir, Saidia, Safi, Sidi Moussa d'Aglou, Tafraoute, Tamaris (südl. von Casablanca), Temara (südl. von Rabat), Taza, Tanger (6), Taroudannt, Tiznit, Todrha-Schlucht (bei Tinerhir), Volubilis, Zagora.

Daneben gibt es noch zahlreiche unbewachte, einfache Plätze, über die die Forsthäuser Auskunft geben. In Orten ohne Campingmöglichkeit bei der Gendarmerie nachfragen.

Diebstähle

Diebstähle sind in einigen Großstädten und den Haupttouristenzentren relativ häufig. Besonders in Tanger ist Vorsicht geboten. Auf dem Lande dagegen sind Diebstähle selten. Autos werden kaum gestohlen, wohl aber häufig aufgebrochen. Besonders in Großstädten sollten Sie Ihren Wagen deshalb einem Parkwächter anvertrauen. Gewaltdelikte sind in Marokko im Vergleich zu Westeuropa äußerst selten. Zum Schutz vor Diebstählen ist der Abschluß einer Reisegepäckversicherung zu empfehlen.

Essen und Trinken

Alle größeren und auch viele kleine Restaurants bieten neben der einheimischen auch internationale Küche an, Menus nach französischem Vorbild sind dabei am häufigsten vertreten. Die Speisekarten in größeren Restaurants sind durchweg französisch, gelegentlich auch englisch beschriftet. Auch viele kleine Restaurants und Cafés haben Tafeln aufgestellt, auf denen die Speisen in französischer Sprache angeboten werden.

Marokkanische Gerichte:
An Fleisch essen die Marokkaner vorwiegend Hammelfleisch, daneben auch Rindfleisch und Geflügel. Der Genuß von Schweinefleisch ist für Moslems verboten. Gekocht wird vor allem mit Olivenöl. In der marokkanischen Küche werden sehr viele Gewürze verwendet, aber nur wenige Speisen sind scharf.

Couscous:
Marokkanisches Nationalgericht, Hirse- oder Hartweizen-Grießbrei mit verschiedenen Gemüse- und Fleischbeilagen.

Tajine:
Fleischeintopf mit verschiedenen Gemüsezutaten, ebenso verbreitet wie Couscous.

Mechoui:
über offenem Feuer gerösteter Hammel.

Bestila:
Blätterteigpastete mit reichhaltiger Füllung (vor allem Taubenfleisch), gesüßt.

Mkalli:
mageres, gekochtes Hammelfleisch.

Kebab:
Fleisch- oder Hackfleischspieße, geröstet.

Kefta:
in Olivenöl gebratene Hackfleischbälle

Boulfafs:
Hammelleberspieß

Merguez:
scharfe Hammel- oder Rindfleischwürste

Harira:
Suppe mit verschiedenen Gemüse-, manchmal auch Fleischeinlagen

Beilagen:
Hassissa (Kichererbsen-Brei), Salat (meist grüner Salat mit Tomaten) und Brot.

Daneben gibt es zahlreiche Zubereitungsarten für Hühnchen, die oft gefüllt werden. An den Küsten gibt es auch häufig Fisch.

Als *Diffa* wird ein Festmahl bezeichnet, das bis zu zwölf Gänge umfassen kann.

Süßspeisen:

Haloua:
Honigkuchen

Ammlo:
in Honig getränkte Mandeln

Mehannecha:
Blätterteigrolle mit Mandelteigfüllung

Kab el Ghezal (Gazellenfüßchen):
Mandelteiggebäck

KURZINFORMATIONEN VON A–Z

Getränke:
Nationalgetränk ist der aus chinesischem grünen Tee und frischer Pfefferminze bereitete, stark gesüßte *Thé à la menthe*. Daneben wird auch viel Kaffee (schwarz oder mit Milch) getrunken. Zum Essen trinkt man traditionell Wasser, oft mit Mandelmilch oder Orangenblütenextrakt vermischt. Internationale und einheimische Limonaden und Mineralwasser sind überall erhältlich. *Wein* und *Bier* werden in Marokko hergestellt, aber nur in lizensierten Geschäften und Restaurants verkauft. Die großen Hotels, viele der größeren Restaurants und einige Bars in den Großstädten besitzen solche Lizenzen.

Fantasias

Bestandteil jedes größeren Moussems und vieler anderer Feste sind die Reiterspiele – ›Fantasias‹ genannt. Reiter auf geschmückten Pferden bieten dabei einzeln und in Gruppen eindrucksvolle Kunststücke und Wettbewerbe dar. Die Reiter tragen Gewehre (meist alte Vorderlader), die beim Reiten abgefeuert werden (Farbt. 36).

Feiertage

Wochenfeiertag ist der Freitag (Djemaa = Versammlung), an dem sich die Mohammedaner mittags zum Gemeinschaftsgebet in den Hauptmoscheen einfinden.

Staatsfeiertage:

1.1.	Neujahrsfest
3.3.	Fêtê du Thrône (Fest der Thronbesteigung von König Hassan II.)
1.5.	Tag der Arbeit
14.5.	Jahrestag der Armeegründung

9. 7. Fête de la Jeunesse
(Fest der Jugend, Geburtstag von Hassan II.)
18. 11. Fête de l'Independance
(Unabhängigkeitstag)

Religiöse Feiertage:

Achoura
Beginn des islamischen Jahres, am 10. Tag des ersten Monats Moharrem

Mouloud
Geburtstag des Propheten Mohammed, am 12. Tag des 3. Monats Rebia el Ouel

Chabana
Tag vor Beginn des Fastenmonats Ramadan (der 9. Monat)

Aid es Seghir
das kleine Hammelfest, am ersten Tag nach dem Ramadan

Aid el Kebir
das große Hammelfest, während des Höhepunktes der Pilgerfahrten nach Mekka, 10. Tag des 12. Monats Doul Hidja

Da das islamische Jahr, das nach Mondmonaten rechnet, kürzer ist als unser Sonnenjahr, verändern sich die Termine der religiösen Feste in jedem Jahr. Der Fastenmonat **Ramadan** beginnt 1980 Mitte Juli; in den folgenden Jahren liegt sein Anfang jeweils 10–11 Tage früher (1981 also Anfang Juli; 1982 Mitte Juni). Er dauert 29 Tage.

Feste und Festspiele

Moussems:
Moussems sind regionale, religiöse Feste zu Ehren eines Marabuts, eines Lokalheiligen. Wallfahrten, Fantasias, ein großer Markt und vielfältige Unterhaltung sind mit den Moussems verbunden. Fast jedes Dorf in Marokko feiert ein solches Fest. Die wichtigsten sind:

El Jadida
Moussem für *Moulay Abdallah*, Ende August, berühmte Fantasias

Fès
Moussem für *Moulay Idriss II.*, Ende August/Anfang September

Fes-el-Bali
Moussem von *Moulay Bouchta*, Oktober

Goulimine
Moussem, Anfang Juni, größter Moussem der Saharanomaden mit großem Kamelmarkt

Imilchil
Moussem, in der 3. Septemberwoche, als ›Heiratsmarkt von Imilchil‹ bekannt, weil während dieses Festes Heiraten zwischen den Mitgliedern der Ait Hadiddou, eines Beraber-Stammes, geschlossen werden

Meknes
Moussem von *Moulay Bou Assa*, Mitte September, viele als ›tanzende Derwische‹ bekannte Mitglieder einer Sekte treten auf

Moulay Idriss
Moussem für *Moulay Idriss I.*, größter Moussem des Landes, im August

Tan–Tan
Moussem, Ende Mai/Anfang Juni, ebenfalls von vielen Nomaden besucht und mit Kamelmarkt verbunden

Tiznit
Moussem von *Sidi Ahmed ou Moussa*, 3. Donnerstag im August

KURZINFORMATIONEN VON A–Z

Auch diese Termine verändern sich von Jahr zu Jahr, die genauen Daten sollten daher bei den Fremdenverkehrsämtern erfragt werden.

Lokale Feste:

El Kelaa des Mgouna
Rosenfest, Mai

Erfoud
Dattelfest, Oktober

Fès
Sultan-Tolba-Fest, im April, traditionelles Fest der Studenten der Kairaouine-Universität

Immouzer des Ida
(Provinz Agadir) Honigfest, Mai

Ouezzane
Olivenfest, erste Dezemberwoche

Rafsai
(Rifgebirge) Olivenfest, Mitte Dezember

Salé
Wachslaternenfest, am Abend des Mouloud-Tages, soll auf Prozessionen der Korsaren zurückgehen

Sefrou
Kirschenfest, April oder Juni

Tafraoute
Mandelblütenfest, Februar

Tissa
(Provinz Fès) Pferdefest, erste Oktoberwoche, berühmte Fantasias

Festspiele:

Asilah
Internationales Festival, Juli, marokkanische und internationale Musikgruppen

Casablanca
Amateurtheaterfestspiele, März

Marrakech
Folklorefestival, Mai/Juni, Dauer 10 Tage, gibt hervorragende Übersicht über traditionelle Tänze, Musik und Trachten des ganzen Landes

Sonstige Veranstaltungen:

Casablanca
Internationale Messe, alle 2 Jahre im April/Mai

Tanger
Internationale Woche, September, Ausstellungen

Daneben gibt es *Regionalmessen* für Landwirtschaft und Industrie in einer Reihe von Provinzhauptstädten und zahlreiche internationale *Sportveranstaltungen* (vor allem in Rabat und Casablanca).

Fremdenführer

Offizielle Fremdenführer können Sie bei den O.N.M.T.-Büros, den Syndicats d'Initiative oder in großen Hotels engagieren. Sie tragen ein Abzeichen und einen Dienstausweis und sprechen neben französisch oft englisch und/oder deutsch. Die Tarife sind festgesetzt, aber von Ort zu Ort verschieden. Sie liegen etwa bei 2,50 DM pro Stunde, 5–7,50 DM für einen halben und 10–15 DM für einen ganzen Tag. Nichtoffizielle Führer, unter denen sehr häufig Kinder sind, bieten ihre Dienste in allen von Reisenden oft besuchten Orten an. Sie werden meistens von Geschäften dafür bezahlt, daß sie Kunden anlocken. Wollen Sie dennoch einen solchen Führer engagieren, handeln Sie den Preis unbedingt im voraus aus.

Geld

Die marokkanische Währung ist der *Dirham* (DH), der in 100 Centimes unterteilt ist. Es gibt Münzen zu 1, 5, 10, 20 und 50 Centimes und zu 1 und 5 DH und Banknoten zu 5, 10, 50 und 100 DH. In der ehemaligen französischen Zone wird 1 DH oft noch als 100 Francs bezeichnet, in der früheren spanischen Zone werden 10 Centimes oft noch 1 Peseta genannt.
Wechselkurs (Stand April 1979): 1 Dirham = 0,48 DM

Geldwechsel

Banken, die Devisen zu offiziell festgelegten Kursen wechseln, gibt es in allen größeren Orten. Traveller Cheques werden von den meisten, Eurocheques nur von den größeren Banken der Großstädte akzeptiert. Cheques erzielen einen etwas günstigeren Wechselkurs als Bargeld. Die Banken sind in der Regel montags bis freitags von 9–12 und von 14.15–16.30, im Sommer auch länger, geöffnet. Die Bankschalter an Flughäfen und Grenzübergangsstellen sind durchgehend offen. Private Wechselstuben in den Großstädten haben längere Öffnungszeiten als die Banken (zum Teil auch am Wochenende), gewähren aber einen schlechteren Kurs. Auch in größeren Hotels und Restaurants ist Geldwechsel möglich, allerdings wird dort in der Regel nur Bargeld akzeptiert. Viele Geschäfte nehmen ebenfalls Devisen als Zahlungsmittel an. Geldwechsel bei Schwarzhändlern lohnt sich nicht, da der Wechselkurs höchstens 10% über dem Bankkurs liegt und weil das Risiko, betrogen zu werden, recht groß ist (vgl. *Devisenvorschriften* S. 222).

Gesundheit

Leitungswasser in den Großstädten ist in der Regel gechlort und damit trinkbar, Leitungs- und Brunnenwasser außerhalb der Städte kann dagegen verunreinigt sein. Dort sollten Sie Tabletten oder Filter zur Wasserdesinfektion verwenden oder Mineralwasser kaufen, das in allen Lebensmittelgeschäften mit oder ohne Kohlensäure erhältlich ist. Meiden Sie auch ungeschältes Obst, in ungereinigtem Wasser gewaschene Salate, Eiscreme und rohes Fleisch (Hackfleisch). Nehmen Sie Medikamente gegen *Durchfall* mit und suchen Sie einen Arzt auf, wenn der Durchfall mit blutigem Stuhl verbunden ist oder länger als 4—5 Tage andauert.

Beachten Sie, daß Sie sich wegen des oft krassen Unterschieds zwischen hohen Außen- und niedrigen Innentemperaturen leicht erkälten können. Auch die Gefahr eines Sonnenbrandes ist erheblich größer als in unseren Breiten. Im Sommer sollten Sie deshalb bei längeren Aufenthalten in der Sonne einen Kopf- und Nackenschutz tragen. Desinfizieren Sie Wunden sofort (Infektionsgefahr!).
Bei Beachtung einer gewissen Vorsicht in gesundheitlichen Dingen besteht kein Anlaß zu einer übertriebenen Ängstlichkeit (vgl. *Gesundheitsvorsorge* S. 221, *Apotheken* S.227, *Ärztliche Betreuung* S. 227).

Gewichte und Maße

Metrisches System.

Goethe-Institute

Stellen des Goethe-Instituts, des bundesdeutschen Kulturinstituts für das Ausland, gibt es in folgenden Orten:

Rabat
Zankat al Jabli (nahe der deutschen Botschaft)

Casablanca
Place du 16. Novembre

Tanger
Place Mohammed V.

Diese Institute verfügen über Bibliotheken, zeigen deutschsprachige Filme und führen kulturelle Veranstaltungen durch.

Handeln

Das Aushandeln von Preisen ist in Marokko noch immer sehr verbreitet, aber nicht überall üblich. Handeln ist *nicht* angebracht in Restaurants, Hotels, Cafés und in Läden mit ausgeschilderten Preisen. Dagegen ist Handeln üblich in den Souks, bei Straßenhändlern und bei angebotenen Dienstleistungen. In der Regel kann man davon ausgehen, daß man nicht mehr als $1/3$ bis $1/2$ des ursprünglich geforderten Preises zahlen sollte. Insbesondere in den Touristenzentren werden aber oft anfangs derartig überhöhte Preise gefordert, daß selbst $1/3$ dieser Preise noch bei weitem zuviel ist. Besonders beim Kauf wertvoller Objekte sollten Sie folgende Ratschläge beachten: Erkundigen Sie sich vorher in mehreren anderen Läden (z.B. in den staatlichen Kunstgewerbeläden, die feste Preise haben) über den ungefähren Wert des Gegenstandes! Nehmen Sie sich zum Kauf viel Zeit! Bleiben Sie beim Handeln freundlich und zeigen Sie viel Geduld! Zeigen Sie ihr Kaufinteresse nicht! Nennen Sie nicht übereilt Gegenpreise, da Sie einen einmal gebotenen Preis hinterher nicht mehr unterbieten können! Werden Sie nicht handelseinig, verlassen Sie den Laden und suchen einen anderen auf! Schenken Sie Erzählungen über ›einmalige Gelegenheiten‹ keinen Glauben! Handeln Sie nur, wenn Sie einen Gegenstand auch wirklich kaufen wollen! Warten Sie mit größeren Käufen möglichst bis zum Ende Ihrer Reise, da sie dann besser über Preise und Handelstechniken informiert sind! Geben Sie kleinen, abgelegenen Läden den Vorzug vor großen, von Touristen oft besuchten Geschäften (vgl. *Souks* S.241, *Souvenirs* S. 241)!

Haschisch

Der Besitz und Genuß von Drogen ist in Marokko verboten. Dennoch ist der Konsum von Haschisch und dem verwandten marihuanaähnlichen Kif unter den Marokkanern sehr verbreitet, und beide Drogen werden auch häufig ausländischen Reisenden angeboten. Für ausländische Touristen ist der Drogenkonsum aber keineswegs risikolos: Insbesondere jüngere Reisende werden häufig von der Polizei kontrolliert, und manche Drogenhändler arbeiten mit der Polizei zusammen. Zahlreiche Händler versuchen auch, die Käufer zu betrügen. Sehr streng sind die Polizeikontrollen bei der

Ausreise aus Marokko. Die Strafen für Drogenbesitz sind hoch.

Hotels und sonstige Unterkünfte

Das nationale marokkanische Tourismusbüro gibt jährlich einen detaillierten Hotelführer heraus, der alle klassifizierten Hotels des Landes aufführt. Die Hotels sind in fünf Klassen eingeteilt, für die es offiziell festgelegte Maximalpreise gibt. Der Hotelführer ist in allen O.N.M.T. Büros erhältlich. Die Zimmerpreise der klassifizierten Hotels müssen in den Zimmern ausgehängt sein.

Die meisten Großstädte und Hauptferienzentren verfügen über ein reiches Angebot an Hotels, das von Luxushotels bis zu einfachen Pensionen reicht. Fast jeder größere Ort verfügt über mindestens ein klassifiziertes Hotel mittlerer Qualität.

In abgelegenen Gegenden, die von Fremden selten besucht werden, ist die Auswahl dagegen geringer: Klassifizierte Hotels gibt es dort meist nicht. In der Regel finden sich hier nur sehr einfache Herbergen und Pensionen, die sehr preiswert sind, meist aber kaum über sanitäre Anlagen verfügen und häufig recht schmutzig sind. Für die Übernachtung in solchen Unterkünften empfiehlt sich die Mitnahme eines Leinenschlafsacks.

In den Badeorten werden Bungalows vermietet, die aber häufig von Reisegruppen belegt sind. Auskunft über die Vermietung solcher Ferienhäuser erteilen die Fremdenverkehrsämter. Einige Chalets stehen auch in den Wintersportorten zur Verfügung.

Jugendherbergen, die dem internationalen Jugendherbergsverband angeschlossen sind, gibt es in Asni, Azrou, Casablanca, Fès, Ifrane, Marrakech, Meknes, Erfoud und Rabat, Ein internationaler Jugendherbergsausweis ist erforderlich, die Übernachtungsgebühr liegt bei 2,50 DM.

Hamam (›Türkisches Bad‹)

Die Hamam sind in Marokko seltener als in den weiter östlich gelegenen arabischen Ländern oder in der Türkei, aber die Altstädte der meisten größeren Orte verfügen über eine oder mehrere solcher Einrichtungen. Das Hamam ist ein öffentliches Badehaus. Erwärmt werden die Innenräume durch geheizte Fußböden und mit Wasserdampf (durch Wasseraufgüsse erzeugt). Neben Wasch- und Ruhegelegenheiten werden auch Massagen angeboten. Für Männer und Frauen gibt es getrennte Öffnungszeiten oder verschiedene Badehäuser.

Neben den eigentlichen Hamam verfügen alle größeren Orte auch über öffentliche Duschgelegenheiten.

Kino

Kinos mit Filmen in französischer Sprache oder in arabisch mit französischen Untertiteln gibt es in allen größeren Orten.

Kleidung

Vom Frühjahr bis Herbst leicht waschbare Sommerkleidung, daneben aber mindestens ein wärmeres Kleidungsstück wegen der oft stark abfallenden Nachttemperaturen. Im Winter wärmere Kleidung, besonders bei Fahrten in die sehr kalten Berggebiete.

KURZINFORMATIONEN VON A–Z

Im Winter und Frühjahr ist besonders an den Küsten ein Regenschutz sinnvoll. Bequeme, feste Schuhe sind unbedingt zu empfehlen. Beachten Sie, daß außerhalb der Strände Shorts und bei Frauen auch kurze Röcke und ärmellose oder tief ausgeschnittene Oberbekleidung als anstößig empfunden werden (vgl. *Klima* S. 215, *Reisezeit* S. 222).

Leihwagen

Leihwagenagenturen gibt es in allen größeren Orten, in den Großstädten und den Hauptferienzentren befinden sich darunter auch Vertretungen internationaler Firmen. Die Tarife liegen kaum unter den auch in Westeuropa üblichen, so daß die Kosten relativ hoch sind. Vermietet werden vorwiegend französische Fabrikate. Preisgünstiger als ein Leihwagen kann das Mieten eines Taxis für eine Tagespauschale sein.

Wollen Sie einen Leihwagen mieten, müssen Sie einen *internationalen Führerschein* vorlegen.

Moscheebesuch

Moscheen dürfen in Marokko von Nichtmoslems *nicht* betreten werden. Die einzigen Ausnahmen bestehen für die Moschee am Grab von Moulay Ismail in Meknes und für die Moscheen, die nicht mehr benutzt werden (z. B. die Moschee-Ruinen von Tinmal und die Chellah von Rabat).

Museen

Die marokkanischen Museen sind in der Regel täglich – außer dienstags – von 9–12 und 14–18 Uhr geöffnet. Der Eintritt ist frei.

Fès

Das *Museum für marokkanische Volkskunst* ist das reichhaltigste Museum seiner Art im Land. Es ist im Dar Batha, einem Palast des späten 19. Jahrhunderts, untergebracht und enthält neben zahlreichen anderen Objekten vor allem eine große Sammlung reich verzierter Türen und Minbars (Gebetskanzeln). Das *Waffenmuseum* im Bordj Nord, einer Festung aus dem 16. Jahrhundert, verfügt über einen reichen Bestand historischer Waffen, die großenteils aus dem Arsenal von Moulay Ismail stammen.

Meknes

Die Stadt besitzt ein sehenswertes *Museum für marokkanische Volkskunst*, das sich im Dar Jamai, einem Palast des späten 19. Jahrhunderts, befindet.

Marrakech

Das in dem um 1900 erbauten Dar Si Said-Palast untergebrachte *Museum für marokkanische Volkskunst* enthält vor allem Gegenstände des Kunsthandwerks der Berber. Von allen marokkanischen Museen vermittelt es die beste Übersicht über diesen Bereich.

Rabat

Das *archäologische Museum*, das neben prähistorischen und phönizisch-karthagischen Funden vor allem Funde aus verschiedenen römischen Ausgrabungsorten enthält, ist das mit Abstand reichhaltigste Museum seiner Art in Marokko. Besonders eindrucksvoll sind die Bronzestatuen aus Volubilis. Sehenswert ist auch das *Museum für marokkanische Volkskunst*. Der größere Teil dieses Museums befindet sich in einem modernen Gebäude, der kleinere Teil in einer nahegelegenen Medersa vom Ende des 17. Jahrhunderts, die an die Kasbah des Oudaias angrenzt. Daneben gibt es in Rabat noch ein kleines *Postmuseum* und ein *Museum über das Leben des Königs Mohammed V.*, das neben seiner Grabstätte eingerichtet wurde.

Tanger

Im Bereich der Kasbah aus dem 17. Jahrhundert liegen ein *Museum für marokkanische Volkskunst*, ein *Museum für Stadtgeschichte* und ein *archäologisches Museum* mit prähistorischen und römischen Funden aus der Umgebung und mit Kopien der Volubilis-Bronzen.

Tetouan

Das *archäologische Museum* enthält vor allem die Funde aus Lixus, daneben aber auch prähistorische und römische Funde aus anderen Ausgrabungsstätten der ehemaligen spanischen Zone und ein Modell des berühmten Kromlech von Msoura. Einen Besuch lohnt auch das *Museum für marokkanische Volkskunst*, in dem vor allem eine alte Brautsänfte und die Rekonstruktion der Empfangshalle eines maurischen Hauses sehenswert sind.

Volubilis

Hinter dem Eingang zum Ausgrabungsgelände, das in seiner Gesamtheit als Freilichtmuseum bezeichnet werden kann, wurden im Freien eine Reihe von Statuen, Kapitellen und Amphoren aufgestellt (Abb. 13). Anders als bei den Museen wird für den Besuch des Ausgrabungsgeländes eine geringe Gebühr erhoben.

Nationalparks

Obwohl Marokko über eine große Zahl landschaftlicher Höhepunkte verfügt, wurden bisher lediglich zwei Nationalparks eingerichtet.

Djebel Tazzeka

Dieser Nationalpark umfaßt nur ein kleines Gebiet um den 1979 m hohen Gipfel des Tazzeka-Massivs 45 km südwestlich von Taza. Außerhalb des Parks an der Straße nach Taza liegen die berühmten Tropfsteinhöhlen Chiker und Friouato.

Djebel Toubkal

Dieser Nationalpark umfaßt das Gebiet des Toubkal-Massivs, das mit 4165 m den höchsten Berg Nordafrikas stellt. Ein Bergpfad in das Massiv beginnt in dem Dorf Imlil 17 km südlich von Asni. Führer und Maultiere können in dem Dorf gemietet werden. Entlang des Aufstiegspfades liegen einige Schutzhütten, in denen eine Übernachtung möglich ist (Auskunft bei den Fremdenverkehrsämtern in Marrakech).

Öffnungszeiten

Behörden und Banken sind montags bis freitags von 9 bis 12 und von 14 oder 14.30 bis 16.30 oder 17 Uhr geöffnet. In den Sommermonaten ist die Mittagspause oft länger, dafür wird abends später geschlossen.

Die Öffnungszeiten der *Geschäfte* schwanken sehr, da es kein Ladenschlußgesetz gibt. Die Geschäfte in den Neustädten haben in der Regel zwischen 9 und 12 und zwischen 14.30 bzw. 15 und 19 bzw. 19.30 Uhr geöffnet, sonntags schließen sie meist. Die Läden in den Souks machen im allgemeinen eine längere Mittagspause, sie sind dafür abends länger offen (manchmal bis nach 21 Uhr). Sie haben in der Regel nicht sonntags, sondern am Freitagvormittag geschlossen (vgl. *Post* S. 240).

Photographieren

In den großen Städten und den von Touristen häufig besuchten Orten ist es in der Regel unproblematisch, Personen zu photographieren. Allerdings sollten Sie auch hier zurückhaltend sein und im Zweifelsfalle durch eine kleine Geste eine Erlaubnis einholen. Das Photographieren von betenden Personen sollten Sie in jedem Falle unterlassen. Auf dem Lande und besonders in von Fremden selten besuchten Gebieten ist mehr Vorsicht geboten: Kinder drängen sich auch hier oft danach, ›geknipst‹ zu werden, die Erwachsenen sind aber oft kamerascheu. Frauen sollten Sie auf dem Lande möglichst nicht photographieren, wenn es nicht von ihrem Vater oder Ehemann erlaubt wurde. Rechnen Sie damit, daß in den von Touristen häufig besuchten Orten Personen wie Schausteller, Wasserverkäufer und auch Bettler oft eine Bezahlung erwarten, wenn Sie eine Aufnahme machen wollen.

In bezug auf militärische Anlagen und auf Objekte wie Häfen, Brücken, Flughäfen etc. bestehen die üblichen Photographier-Verbote (vgl. *Verhalten im Alltag* S. 246).

Polizei

Für Verkehrsangelegenheiten (z. B. Verkehrsunfälle) ist die *Gendarmerie* zuständig, für Kriminalfälle (z. B. Diebstähle) die *Sureté*, die auch ›Police‹ genannt wird. Beide Abteilungen haben getrennte Dienststellen. Die Sureté hat in den Städten mehrere Reviere, die in der Regel an zentralen Orten liegen. Die Hauptstelle ist das Commissariat. In den Städten hat der *Polizeinotruf* die Telephonnummer 19.

Post

Die Aufschrift PTT (Abkürzung von Poste, Télégraphe, Téléphone) kennzeichnet die Postämter, von denen es in den Städten mehrere an zentralen Orten gibt. Die großen Postämter sind in der Regel montags bis samstags von 8.30 bis 18.30 geöffnet, kleinere Postämter schließen von 12–15 Uhr und an Samstagen. In den Postämtern können Ferngespräche vermittelt werden.

Postlagernde Sendungen nach Marokko müssen mit dem Vermerk *poste restante* versehen und mit der Angabe des Postamtes (Name der Stadt und poste centrale) adressiert werden. Sie können gegen Vorlage des Reisepasses und Zahlung einer Gebühr abgeholt werden.

Post aus Marokko sollten Sie per Luftpost schicken (Aufschrift *par avion*), da andere Sendungen sehr lange unterwegs sind. Pakete ins Ausland können nur von bestimmten Postämtern in den größeren Städten abgesendet werden.

Briefmarken können Sie außer in den Postämtern auch in größeren Tabak- und Schreibwarengeschäften und in größeren Hotels kaufen.

Radio und Fernsehen

Die *Deutsche Welle* Köln kann in Marokko von 19–22 Uhr auf Kurzwelle 19,25 und 29 m empfangen werden. Eines der drei marokkanischen Radioprogramme wird in französisch, spanisch und englisch gesendet.
Das marokkanische Fernsehen sendet täglich 2–3 Stunden in französischer Sprache. Spielfilme sind meist mit französischen Untertiteln versehen.

Schuhputzer

In allen größeren Städten bieten Schuhputzer – oft Kinder – ihre Dienste an, die mit etwa 1 Dirham entlohnt werden sollten.

Souks

Das arabische Wort Souk entspricht dem persischen Basar. Es ist die Bezeichnung für Markt. Auf dem Lande ist ein solcher Souk in der Regel der Markt eines Stammes oder einer Stammesfraktion, der meist einmal wöchentlich stattfindet (Farbt. 21). Traditionell wurden diese Landmärkte nicht in festen Siedlungen abgehalten, sondern auf einem bestimmten Gelände im Freien. In abgelegenen Gebieten gibt es solche Souks noch heute. In den Städten dagegen bilden die Souks stets feste Einrichtungen, deren Straßen nach den einzelnen Gewerben aufgeteilt waren. In den Medinas der meisten Städte haben die Souks ihren traditionellen Charakter bis heute weitgehend bewahrt, und der Besuch großer Souks wie der von Fès und Marrakech zählt zu den eindrucksvollsten Erlebnissen einer Marokkoreise (Farbt. 33–35).

Souvenirs

Trotz des wachsenden Anteils importierter und fabrikmäßig hergestellter Waren ist das Angebot an traditionellem Kunsthandwerk noch sehr groß. Marokkanische Spezialitäten sind Teppiche, Lederwaren (Maroquinerie), Kupfer- und Messingschmiedearbeiten, Silberschmuck, Dolche, Wolldecken, Kleider und Stickereien, Keramik, Holzbeiten mit Silber-, Perlmutt oder Elfenbeineinlagen.
Souvenirs gibt es in der größten Auswahl in den Souks von *Fès, Marrakech, Meknes, Tetouan* und *Rabat/Salé*. Am preisgünstigsten erhält man die Waren an ihrem Herstellungsort. Außer den genannten Orten sind dies vor allem *Tiznit* und *Taroudannt* für Schmuck und Waffen, *Chichaoua, Ouarzazate* und die Marktorte des *Mittleren Atlas* für Teppiche, *Safi* für Keramik und *Essaouira* für Holzarbeiten (vgl. *Handeln* S. 236, *Zollbestimmungen für die Ausreise* S. 247).

Sperrzonen

Dauerhafte Sperrzonen gibt es in Marokko nicht. Aufgrund der Spannungen mit dem Nachbarn Algerien und den kriegerischen Auseinandersetzungen in der ehemaligen Spanisch-Sahara sind aber in den letzten Jahren einige Gebiete zu Sperrzonen erklärt worden. Welche Gebiete dies sind, hängt von der jeweiligen politischen und militärischen Lage ab. In der Regel handelt es sich um die Zone entlang der Grenze zu Algerien und das Gebiet südlich von Goulimine. *Mitte 1979 waren Reisen in beide Zonen für Touristen nicht möglich.* Über den aktuellen Stand können Auskünfte bei den Fremdenverkehrsämtern oder den Polizeidienststellen eingeholt werden.

Reisen in die besetzte, ehemalige *Spanische Sahara* sind auf dem Landweg nicht möglich. Der Hauptort *Laayoune* (El Aioun) ist nur per Flugzeug erreichbar.

Sprache

Staatssprache ist Arabisch, das in Marokko als Dialekt gesprochen wird, der vom Hocharabischen abweicht. Etwa die Hälfte der Bevölkerung spricht als Muttersprache einen der drei Berberdialekte, die meisten von ihnen beherrschen aber Arabisch. Zweite Verwaltungs- und Handelssprache ist *Französisch*. Sehr viele Marokkaner sprechen es fließend, und die meisten Straßenschilder, offiziellen Dokumente und Beschriftungen sind sowohl in Arabisch wie in Französisch verfaßt. Mit Französischkenntnissen ist eine Verständigung in Marokko deshalb problemlos. Die Verbreitung von *Englisch* und *Deutsch* ist gering und beschränkt sich vorwiegend auf die Hauptferienzentren.

Sprachführer

Aussprachregeln

ch	entspricht dem deutschen *sch*
dh	entspricht dem englischen *th*
e	wird am Ende nicht gesprochen
eu	entspricht dem deutschen *ö*
gue und *gui*	werden *ge* bzw. *gi* gesprochen
h	ist ein stark gehauchtes *h*, wird immer ausgesprochen
j und dj	werden wie in ›Journalist‹ ausgesprochen
kh	wird etwa wie *ch* in ›Nacht‹ ausgesprochen, nur stärker (etwa wie das spanische *j*)
ou	entspricht dem deutschen *u*
q	ist ein tief in der Kehle gesprochenes *k*
rh oder gh	wie Zäpchen-*r*
r	wie Zungenspitzen-*r*
s	stimmloses *s* (wie in ›essen‹)
w	entspricht dem englischen *w*
y	entspricht dem deutschen *i*
z	stimmhaftes *s* (wie in ›Süden‹)

Begrüßungsformeln und wichtige Vokabeln

Guten Tag, Willkommen	marhaba
Gruß für alle Gelegenheiten	salam (Friede), förmlicher: as-salam-eleikum
Guten Morgen	sabah el kheir
Guten Abend	msa el kheir
Gute Nacht	lila mebruka
Auf Wiedersehen	besslama
Danke	chukran oder barak allahu fik (Allah segne dich, förmlich)
Verzeihung	samahni
Guten Appetit	bismillah (im Namen Allahs)
Ja	n'am
Nein	la
Entschiedene Verneinung	makasch
Achtung	balek
Gut	uakha
Schön	mezian
Schlecht	duni
Wieviel?	asch-hal
Viel	ktir
Zuviel	bezzaid

Wenig	schu'ia
Genug	barka oder ikfi
Geld	flus
Geh weg	sir oder barra (sehr grob)
Herr	sidi
Frau	lalla
Deutscher	Almani
Österreicher	Nimsewi
Schweizer	Swissri

Reisen

Tankstelle	machdar petrol
Werkstatt	machdar mechanik
Landstraße	triq
Straße in der Stadt	derb, zankat
Eisenbahn	sekka
Hafen	marsa
Auto	tomobil
Bus	tobus
Hotel	fonduq
Zimmer	bit
Gepäck	huaij
ist das der Weg nach …?	hadi trek …
hier	hena
weit	ba'id
rechts	limin
links	lechmal
groß	kebir
klein	sghir
Polizei	poliss
wo	feen
Meer	bar

Essen

Frühstück	ftur
Mittagessen	ghda
Abendessen	e'uscha
Durst	ateuch

Brot	khobz
Butter	zebda
Fleisch	leham
Fisch	huta
Hammel	kebch
Huhn	djaja
Salz	melha
Kaffee	kawa
Tee	chai
Wasser	ma
Milch	halib
Ei	bida
Zucker	sokkar
Öl	zit
Zwiebel	bsel
Orange	tchina
Trauben	ineb
Datteln	tmar
Löffel	m'allqa
Messer	me'us
Teller	tobsil

Zeitangaben

Abend	achiya
Morgen	sebah
Nacht	lil
Stunde	sa'a
heute	el yum
gestern	yamess (abends) elbarah (am Tag)
morgen	ghedda
jetzt	daba

Allgemeines

Adrar	Gebirge
Agadir	Speicherburg
Agdal	Obstgarten
Aguelmane	Bergsee
Ait	Söhne von …, wird dem

KURZINFORMATIONEN VON A–Z

	Stammesnamen vorangestellt (berberisch)	Igouramen	heilige Personen bei Berbern
Bab	Tor	Imam	Vorbeter in der Moschee
Babouches	pantoffelartige Schuhe, spitz zulaufend	Jihad	heiliger Krieg
		Kaftan	besticktes, wertvolles Frauenkleid
Baraka	heilige, segensbringende Kraft	Kasbah	Burg
Beni	Söhne von …, wird dem Stammesnamen vorangestellt (arabisch)	Khaima	Nomadenzelt
		Khamsa	Fünf, auch Bezeichnung für Silberamulette (sog. ›Hand der Fatima‹)
Bidonville	Slum (französisch für ›Kanisterstadt‹).	Koubba	Grabstätte
Bled	Land (im Gegensatz zu Stadt)	Ksar (plural Ksour)	befestigtes Dorf
		Makhzen	Regierung
Bordj	Festung	Mahdi	gottgesandter Glaubenskämpfer
Burnus	weites, schweres Übergewand	Marabut	heilige Person, auch Heiligengrab
Cadi	Richter, Beamter		
Caid	Stammesführer	Medersa	theologische Hochschule
Cheikh (Scheich)	Führer einer Stammesfraktion	Medina	Altstadt
		Mellah	Judenviertel
Daiet	See	Mesdjid	Moschee
Dar	Haus	Mihrab	Gebetsnische
Djebel (Jebel)	Berg	Minarett	Moscheeturm
Djellabah	langes Kapuzengewand	Minbar	Gebetskanzel
Djiin	Geist	Moulay	Titel für hochstehende Person (besonders für Angehörige der Königsfamilie)
Djemaa	Versammlung (auch Name für Freitag und für Freitagsmoschee)		
		Moussem	Fest für Lokalheiligen
Douar	Zeltlager	Muezzim	Gebetsausrufer
Dragoman	Fremdenführer, Dolmetscher	Nouala	Rohr- und Strohhütte
		Oued	Fluß, Flußbett
Erg	Sandwüste	Qibla	nach Mekka gerichtete Mauer einer Moschee
Fantasia	Reiterspiel		
Fellah	Bauer	Riad	Innenhof
Fonduq	Herberge	Ribat	befestigtes Kloster
Foum	enges Tal	Sidi	Herr (Anrede)
Guedra	Frauentanz im Süden	Souk	Markt, Marktstraße
Hadj	Mekkapilger	Takia	Käppchen aus Baumwolle oder Leinen
Haik	weites Frauengewand		
Hammada	Geröllwüste	Tighremt	Speicherburg
Hamam	Dampfbad	Tizi	Bergpaß
Haratin	schwarze Oasenbewohner, Nachkommen von Sklaven	Ulema	islamischer Rechtsgelehrter
		Zaouia (Zawiya)	Sitz einer religiösen Bruderschaft
Harem	Frauengemächer		

Zahlen

1	wahed
2	tnin oder chuch
3	tlata
4	arba
5	khamsa
6	setta
7	seba
8	tmenia
9	tse'ud
10	achra
11	hadach
12	etnach
13	tlatach
14	arbatach
15	khamstach
16	settach
17	sebatach
18	tmentach
19	tsatach
20	achrin
21	wahed u achrin
30	tlatin
40	arbain
50	khamsin
60	settin
70	seba'in
80	tmanin
90	tsa'in
100	mia
200	mitin
300	tlata mia
1000	alef

Strom

110–115 Volt Wechselstrom, in großen Hotels meist 220 Volt.

Taxis

In Marokko gibt es zwei verschiedene Arten von Taxis. Die *Petit Taxis* dienen dem innerstädtischen Verkehr in den Großstädten. Es handelt sich hier um kleinere Fahrzeuge, die höchstens drei Personen befördern dürfen und keine großen Gepäckstücke mitnehmen. Sie dürfen den Stadtbereich nicht verlassen. In jeder Stadt sind die Petit Taxis in einer bestimmten Farbe lackiert, man erkennt sie an einem gelbschwarzen Schild auf dem Dach. Die Tarife sind je nach Stadt verschieden. In der Regel werden die Taxameter eingeschaltet, tut der Taxifahrer dies nicht, sollte der Fahrpreis unbedingt vorher ausgehandelt werden. Mehr als 1 Dirham pro Kilometer sollten Sie keinesfalls zahlen. Die *Grand Taxis* unternehmen auch Fahrten außerhalb der Städte. Es sind große Limousinen oder Kombiwagen, die bis zu 6 Passagiere befördern können und auch große Gepäckstücke mitnehmen. Die Tarife sind etwa doppelt so hoch wie die der Petit Taxis, pro Kilometer muß also mit etwa 2 Dirham gerechnet werden. Bei den Grand Taxis werden besonders bei Fahrten außerhalb der Stadt die Taxameter oft nicht eingeschaltet, der Fahrpreis muß also unbedingt vorher ausgehandelt werden. Vor allem bei der Ankunft in Häfen oder Flughäfen verlangen die Taxifahrer zunächst stark überhöhte Preise. Zeigen Sie dann Geduld und fragen sie mehrere Fahrer. Grand Taxis können auch zu Pauschaltarifen für einen ganzen Tag gemietet werden. Über die Richtpreise informieren Sie die Fremdenverkehrsämter.

Telephonieren

Öffentliche Fernsprechzellen gibt es nur sehr wenige in den Großstädten. Sie werden mit einem 50-Centimes-Stück bedient. Telephone gibt es außerdem in allen Postämtern, in größeren Hotels und in Cafés mit einem entsprechenden Schild an der Tür. Fern- und Auslandsgespräche werden über die Postämter vermittelt. Mit längeren Wartezeiten für Auslandsgespräche ist zu rechnen. Gegen eine geringe Gebühr übernehmen es die größeren Hotels in der Regel, solche Gespräche beim Postamt anzumelden. Die Gebühren für ein Gespräch nach der Bundesrepublik, Österreich oder der Schweiz betragen für 1 Minute etwa 4 DM, für 3 Minuten etwa 9 DM.

Toiletten

Außer in größeren Hotels und Restaurants, wo es Sitztoiletten gibt, sind in Marokko Stehtoiletten nach französischer Art üblich. In letzteren werden Sie nur selten Toilettenpapier vorfinden, da sich die Marokkaner im allgemeinen mit Wasser (ein Wasserhahn befindet sich in den meisten Toiletten) und den Fingern der linken Hand reinigen. Können Sie sich mit dieser Art der Reinigung nicht anfreunden, sollten Sie stets einen Vorrat an Toilettenpapier mit sich führen.

Trink- und Bedienungsgelder

In Restaurants und Cafés gibt man in der Regel etwa 10 % Trinkgeld, in sehr einfachen Restaurants sind Trinkgelder allerdings nicht üblich. Bei Taxifahrten sollten Sie den Fahrpreis laut Taxameter etwas aufrunden. Wurde der Fahrpreis dagegen vorher ausgehandelt, ist ein Trinkgeld nicht nötig. Gepäckträger (auch die, die Gepäckstücke auf die Dächer der Busse laden), erhalten etwa 1 Dirham.

Sonstige Dienstleistungen wie die von Parkwächtern oder Museumswärtern werden mit etwa 50 Centimes bis 1 Dirham entlohnt. Personen, die Dienstleistungen nicht selbst anbieten, sondern die von Ihnen um eine Auskunft gebeten werden, erwarten kein Trinkgeld.

Unfallverhalten

Bei jedem Unfall, auch bei solchen ohne Personenschäden, sollte unbedingt die Polizei (Gendarmerie) hinzugezogen werden. Sind Sie im Besitz eines Auslandsschutzbriefes, können Sie die Hilfe der marokkanischen Automobilclubs in Anspruch nehmen. Alle Formalitäten werden von diesen Clubs dann erledigt. Gegen Vorlage der in den Schutzbriefen enthaltenen Kreditscheine werden auch die Reparaturkosten vorgestreckt. Besitzen Sie keinen Auslandsschutzbrief, haben Sie zwar keinen Anspruch auf Hilfeleistung der Clubs, können aber in der Regel auf deren Unterstützung – zumindest bei der Abwicklung der Formalitäten – rechnen. Im Notfall werden Ihnen auch die Fremdenverkehrsämter behilflich sein. Da viele marokkanische Autofahrer nicht versichert sind, ist der Abschluß einer Reisekaskoversicherung (ebenfalls bei den Automobilclubs erhältlich) sinnvoll (vgl. *Automobilclubs* S. 229, *Autoreparatur* S. 229, *Polizei* S. 240).

Verhalten im Alltag

Auch wenn in den Touristenzentren die traditionelle Gastfreundschaft zunehmend von einem ausgeprägten Geschäftssinn verdrängt wird, sind die Marokkaner in der Regel noch immer gegenüber Fremden sehr freundlich. Für Sie sollte deshalb Höflichkeit und Toleranz gegenüber den marokkanischen Sitten oberstes Gebot sein! Üben Sie Zurückhaltung bei Gesprächen über Politik und Religion, respektieren Sie auch die Traditionen, die Ihnen unverständlich erscheinen. Als Mann sollten Sie es vermeiden, eine Frau anzusprechen. Als Frau sollten Sie sich in der Öffentlichkeit sehr zurückhaltend benehmen. Bleiben Sie immer freundlich!

Zeitungen

In Marokko erscheinen verschiedene Tageszeitungen in französischer Sprache (*Le Matin*, *L'Opinion*, *Le Quotidien*, *La Nation* u. a.). Die wichtigsten französischen Tageszeitungen gibt es sehr häufig, englische in den meisten größeren Städten. Deutschsprachige Zeitungen sind nur in einigen Großstädten und den Hauptbadeorten erhältlich, sie treffen dort meist mit 1–2 Tagen Verspätung ein. Geführt werden Zeitungen von Zeitschriftenständen und Schreibwarengeschäften in den Hauptstraßen der Neustädte. Deutschsprachige Bücher werden sehr selten angeboten, englisch- und französischsprachige dagegen sehr oft.

Zeitunterschied

Marokko gehört zur Zone der Greenwich Mean Time (GMT), der westeuropäischen Zeit, die 1 Stunde hinter der mitteleuropäischen zurückliegt.

Zollbestimmungen für die Ausreise

Die Ausfuhr von Artikeln des persönlichen Bedarfs und von Souvenirs und Geschenkartikeln ist in unbegrenzter Höhe möglich. Beachten Sie aber die Einfuhrbegrenzungen der Bundesrepublik, Österreichs und der Schweiz. Für die Einfuhr von Souvenirs liegt die Wertgrenze in der Bundesrepublik bei 100 DM, in Österreich bei 650 ö.S. und in der Schweiz bei 200 Fr. Für Teppiche wird ein Zoll von 25 % des Einkaufspreises erhoben (Rechnung aufbewahren!).

Reisen in Marokko

Mit dem Flugzeug

Marokko verfügt über ein dichtes Binnenflugnetz, das von den Gesellschaften *Royal Air Inter* (einer Tochtergesellschaft der Royal Air Maroc), *Air Sud* und *Ailes Atlas* beflogen wird. Zentrum des Binnenflugnetzes ist der Flughafen Casablanca-Anfa, angeflogen werden die Flugplätze Agadir, Côte du Rif (Al Hoceima), Fès, Marrakech, Ouarzazate, Oujda, Rabat/Salé Tan-Tan, Tanger und Tetouan und in der ehemaligen Spanischen Sahara die Flugplätze Laayoune (El Aioun), Dakhla und Smara. Verbindungen zu den wichtigsten Orten bestehen täglich, zu den anderen meist mehrmals wöchentlich. Die Tarife sind etwa 4–5mal so hoch wie die Bustarife für die entsprechende Strecke (Casablanca–Agadir kostet z. B. etwa 85 DM). *Ermäßigungen* gibt es für Kinder (unter 2 Jahre 90%, 2–12 Jahre 50%), für Jugendliche bis 26 (25%), für Familien und Gruppen (etwa 10%).

Auskunft über die Flüge der *Royal Air Inter*, die den größten Teil des Binnenflugverkehrs abwickelt, erteilen die Büros der Royal Air Maroc in:

Agadir
Av. Général Kettani,
∅ 23793/23145

Al Hoceima
Aéroport Côte du Rif,
∅ 2005/2006

Casablanca
44 Av. de F. A. R.,
∅ 271122/224141
44 Place Mohammed V.,
∅ 273211
90 Av. Mers Sultan,
∅ 263753/264989/265859

Fès
54 Av. Hassan II.,
∅ 20456/20457/25516/25517

Marrakech
197 Av. Mohammed V.,
∅ 31938/30439/30138/30939

Meknes
7 Av. Mohammed V.,
∅ 20963/20964/41031

Oujda
Hotel Oujda, Boul. Mohammed V.,
∅ 3963/3964/3909

Rabat
Rue Abou Faris al Marini,
∅ 21594/21595/31947
Av. Mohammed V.,
∅ 32296/32297/32298/24604

Tanger
Place Mohammed V.,
∅ 34722/21501/21502/21503

Tetouan
5 Av. Mohammed V.,
∅ 6318/2576

Über die Flüge der *Air Sud* erhalten Sie Auskunft in:

Agadir
Av. Moukaouama

und über die Flüge der *Ailes Atlas* in:

Casablanca
121 Rue Dumont d'Urville

Mit der Bahn

Das marokkanische Eisenbahnnetz ist mit etwa 2500 km Länge nur wenig ausgebaut. Es umfaßt die Strecken Casablanca–Rabat–Sidi Kacem–Fès–Oujda, Sidi Kacem–Tanger, Casablanca–Marrakech, Casablanca–Oued Zem, Benguerir–Safi und Oujda–Bou Arfa. Auf den meisten Routen verkehren Züge mehrmals täglich. Es gibt drei Zugklassen, deren Tarife sehr niedrig sind: Die erste Klasse kostet etwa 12 Centimes pro km, die 2. Klasse 8 cts., die 3. Klasse (classe economique) 4.6 cts. Sitzreservierungen für 1. und 2. Klasse sind möglich. Speisewagen führen nur die Langstreckenzüge. Die Nachtzüge haben Schlafwagen, die in der 1. Klasse etwa 10 DM, in der 2. Klasse etwa 8,50 DM Zuschlag kosten. Mit Ausnahme der Expreßzüge (rapide), die keine 3. Klasse führen, sind die Züge erheblich langsamer als die Busse.

Mit dem Bus

Marokko verfügt über ein hervorragend ausgebautes Busnetz. Zwischen den größeren Orten fahren in der Regel mehrmals täglich Busse, und selbst entlegene Orte sind recht gut erreichbar. Da die Busse außerdem schneller sind als die Eisenbahn und in etwa die gleichen Tarife haben, sind sie für den Individualreisenden ohne eigenes Auto das ideale Verkehrsmittel.

Es gibt in Marokko eine staatliche Busgesellschaft und zahlreiche Privatlinien. Die *staatliche Gesellschaft CTM* befährt vor allem die Langstrecken. Ihre Fahrzeuge sind in der Regel komfortabler und schneller als die der Privatlinien, dafür auch etwas teurer (9–10 Centimes pro km). Auf einigen Strecken (z. B. zwischen Casablanca und Agadir) unterhält die CTM besonders komfortable Luxusbusse, deren Tarife höher liegen. Die *Privatlinien,* die meist auf bestimmte Regionen begrenzt sind, befahren vor allem Kurz- und Nebenstrecken, verkehren aber manchmal auch auf den selben Routen wie die CTM. Ihre Tarife liegen bei 6–7 Centimes pro km. Dafür sind ihre Busse meist älter und weniger bequem als die der CTM, und wegen häufiger Zwischenhalte auch langsamer. Alle Langstreckenbusse halten etwa alle 3–4 Stunden an, um Gelegenheit für Essenseinkäufe oder einen Restaurantbesuch zu geben.

Die *Busbahnhöfe* liegen in der Regel in den Ortszentren. In einigen Städten (Casablanca, Meknes, Fès) unterhalten die CTM und die Privatlinien verschiedene Busbahnhöfe, in den meisten Orten aber einen gemeinsamen.

Für manche Strecken, insbesondere für wenig befahrene Linien der CTM, ist es empfehlenswert, sich das Ticket für die Weiterfahrt im voraus (am besten am Tag vorher) zu besorgen, da sonst der Bus belegt sein kann. Für die Privatlinienbusse und für häufig befahrene Strecken ist dies in der Regel nicht notwendig.

Auf dem Lande verkehren auf Strecken, die von Bussen nur selten befahren werden, oft *Sammeltaxis*. Diese großen Limousinen oder Kombiwagen nehmen etwa 6 Passagiere auf. Ihre Tarife liegen etwa 50–100% höher als die der Busse. Sie fahren meist an den Busbahnhöfen ab.

Mit dem eigenen Auto

Marokko verfügt über mehr als 14 000 km asphaltierter und etwa 37 000 km nichtasphaltierter *Straßen* und hat damit das dichteste Straßennetz in Afrika. Die asphaltierten Straßen sind allgemein in einem guten Zustand und nur auf einigen Bergstrecken mit Schlaglöchern durchsetzt. Auch ein großer Teil der nichtasphaltierten Straßen – meist mit Schotterbelag, im Süden Sandpisten – ist mit normalem PKW befahrbar. Ein Geländefahrzeug ist nur für sehr abgelegene Berggebiete und einen Teil der Wüstenpisten notwendig. Allerdings sind im Winter viele Bergstraßen wegen hoher Schneefälle zeitweise nicht passierbar. Im Frühjahr sind einige Strecken (besonders am Fuß der Gebirge) wegen Frühjahrsregen und Schmelze überschwemmt.

Eine besondere *Fahrzeugausrüstung* ist im allgemeinen nicht erforderlich, lediglich die notwendigsten Ersatzteile sollten mitgeführt werden, da sie in Marokko nicht überall erhältlich sind. Falls Sie längere Fahrten in die Wüste planen, ist eine entsprechende Präparierung ihres Fahrzeugs aber empfehlenswert.

Das *Tankstellennetz* ist in den Städten und entlang der Hauptrouten recht dicht, nur in den Bergen und im Süden sind Tankstellen sehr rar. In diesen Gegenden ist das Mitführen eines Reservekanisters zu empfehlen. Mit Ausnahme von Diesel liegen die Treibstoffpreise über den mitteleuropäischen. Für Ausländer werden allerdings gelegentlich *Benzingutscheine* ausgegeben, die 30% Ermäßigung gewähren. Die Menge ist auf 25 Liter pro Tag für höchstens 30 Tage im Jahr begrenzt. Die Benzingutscheine sind erhältlich in der *Bundesrepublik* bei der Commerzbank, in *Österreich* bei der Creditanstalt Bankverein Wien, in der *Schweiz* bei der Union des Banques Suisses und in allen drei Ländern auch bei den Automobilclubs.

In *Marokko* werden die Gutscheine an den Grenzübergangsstellen und bei folgenden Banken verkauft:

Banque Marocaine du Commerce Exterieur

Casablanca
241 Boul. Mohammed V.,
⌀ 63261

Rabat
5 Rue Richard d'Ivry,
⌀ 21798

Tanger
17 Rue de Belgique,
⌀ 31044 und im Hafen

Tetouan
11 Rue du Consul Zugasti,
⌀ 3293

Crédit du Maroc
Fès
Rue Archieri,
∅ 25751

Marrakech
Immeuble Harroch, Av. Mohammed V.,
∅ 23851

Meknes
33 Av. Mohammed V.,
∅ 22900

Oujda
Boul. Mohammed V.,
∅ 2273

Verkehrsregeln und *Straßenschilder* entsprechen in der Regel den in Mitteleuropa üblichen. Schilder sind meistens arabisch und französisch beschriftet. Zu beachten ist, daß die allgemeine Vorfahrtsregel rechts vor links in Marokko auch im Kreisverkehr und selbst für viele Nebenstraßen gilt! Eine allgemeine Geschwindigkeitsbegrenzung für Landstraßen gibt es nicht, innerhalb von Ortschaften liegen die Begrenzungen zwischen 40 und 60 km/h. Die Verkehrsdichte ist in den meisten Gebieten gering, und die marokkanischen Autofahrer fahren in der Regel sehr diszipliniert. Besondere Vorsicht ist auf dem Lande vor Fußgängern und Tieren geboten, die sich sehr sorglos auf den Straßen bewegen. Nachts müssen Sie mit unbeleuchteten Fuhrwerken rechnen (Vgl. *Autoreparatur* S. 229, *Leihwagen* S. 238, *Unfallverhalten* S. 246).

Weiterreise von Marokko

Auf dem Landweg
Nach *Algerien* gibt es mehrere Grenzübergänge (bei Oujda, Ahfir, Ain Benimathar, Figuig und zwischen Foum el Hassane und Tindouf). In Spannungszeiten werden diese Übergänge häufig geschlossen, in der Regel zuerst die im Süden und zuletzt der bei Oujda. Täglich verkehrt der Direktzug Inter-Maghrebine zwischen Casablanca und Tunis (über Fès, Oujda, Tlemcen, Oran und Algier), auch werden die Übergänge bei Ahfir und Oujda regelmäßig von Bussen überquert. *Das Visum für Algerien muß im voraus besorgt werden!* (vgl. *Reisepapiere* S. 220). Die Verbindungen durch die ehemalige *Spanische Sahara* nach *Mauretanien* sind erheblich schlechter. Die Strecke ist seit mehreren Jahren für ausländische Reisende vollständig gesperrt. Die Straße ist sehr schlecht, und regelmäßige öffentliche Verkehrsmittel verkehren hier nicht.

Mit dem Flugzeug
Von Casablanca bestehen sehr gute Flugverbindungen nach den Kanarischen Inseln, zu den wichtigsten Städten in Europa, Nord- und Westafrika und zu verschiedenen Zielen in Asien und Amerika. Interessant für europäische Reisende sind auch die Flüge von Agadir nach den Kanarischen Inseln und von Tanger nach Spanien und Portugal.

Mit dem Schiff
Die Fährverbindungen von Tanger nach Spanien und von Tanger und/oder Casablanca nach anderen europäischen Ländern sind unter ›*Anreise: Fähren*‹ (S. 225) detailliert aufgeführt. Genauere Auskünfte erteilen die Agenturen der Fährgesellschaften:

Tanger
Limadet (nach Malaga), 13 Av. Prince Moulay Abdallah
Trasmediterranea (Algeciras), 31 Rue Quevedo

Paquet (Marseille), 21 Av. d'Espagne
Bland Line (Gibraltar),
Boul. Mohammed V.
Transtour (Tragflügelboote nach Algeciras und Gibraltar), 54 Boul. Pasteur
D. F. D. S. (Genua), Lasry Maroc, 4 Rue Mediterranée

Casablanca
Comanav (Sète), Av. des F. A. R.
Paquet (Marseille), Av. des F. A. R.
Trasmediterranea (von Tanger, Ceuta und Melilla zu verschiedenen spanischen Häfen), 17–19 Rue Aristide Bruant
Limadet (Tanger–Malaga), 225 Boul. Mohammed V.

Normandy Ferries (Lissabon, Cherbourg und Southhampton), 28 Rue du Lille

Außer den Fähren nach Europa gibt es keine regelmäßigen Schiffslinien ab Marokko. Casablanca wird aber von zahlreichen Frachtschiffen aus aller Welt angelaufen. Über diese Schiffsankünfte können beim Fremdenverkehrsamt in Casablanca Informationen eingeholt werden. Über Schiffsverbindungen nach Amerika erteilt Auskunft:
Compagnie Générale Transatlantique,
225 Boul. Mohammed V. (Vgl. *Anreise Fähren* S. 225).

Urlaubsaktivitäten

Badeurlaub

Marokko bietet zahlreiche gute Bademöglichkeiten an den Küsten von Atlantik und Mittelmeer.

Mittelmeerküste

Die Küste ist überwiegend steil und enthält viele kleine Buchten mit Sandstränden, von denen aber ein großer Teil kaum zugänglich ist. Bekannte und auch von Touristen häufig besuchte Badeorte sind die Bucht von *Tanger*, die modernen Hotel- und Ferienhauskomplexe von *Restinga-Smir, Cabo Negro/ M'Diq* und *Al Hoceima*. Einige andere Orte wie *Rio Martil, Oued Laou, Nador* und *Saidia*, sind weniger frequentiert, stehen aber vor einer touristischen Erschließung.

Atlantikküste

Die Küste ist überwiegend ungeschützt und wenig gegliedert, die Strände sind sehr ausgedehnt. Starke Brandung und ein starker Sog machen das Baden außerhalb bewachter Strände gefährlich. Geschützte Felsenbuchten gibt es nur südlich von Essaouira. Der bekannteste Badeort ist *Agadir*, das größte Touristenzentrum Marokkos. Von Fremden häufig besucht werden auch die Strände zwischen *Rabat/Salé* und *Casablanca* (besonders *Plage des Nations, Temara, Sables d'Or, Skhirat, Mohammedia* und *Ain Diab*). Die Orte *Asilah, Moulay Bou Selham, Mehdia, El Jadida, Oualidia, Essaouira* und die Strände südlich von Agadir entwickeln sich ebenfalls zu beliebten Badeorten und werden touristisch erschlossen. Beliebte Ziele jugendlicher Reisender sind vor allem *Mirhleft* bei Tiznit und *Tarhazout* bei Agadir. Die übrigen Strände werden von Fremden kaum besucht.

Wassersport

Zum *Tauchen* ist vor allem die buchtenreiche Mittelmeerküste geeignet. In allen größeren Badeorten werden hier Tauchausrüstungen vermietet. Die besten Tauchmöglichkeiten an der Atlantikküste bietet die Lagune von Moulay Bou Selham.
Wasserski kann in allen großen Badeorten betrieben werden.

Segeln

Anlegemöglichkeiten für Segelboote bestehen in allen Hafenorten. Jachtclubs gibt es in *Tanger, Kenitra, Rabat, Mohammedia, Casablanca, El Jadida* und *Agadir*. Die besten Segelmöglichkeiten bietet die Mittelmeerküste. Auch in einigen Seen (*Daiet er Roumi, Aguelmane Sidi Ali, Aguelmane Aziza* und die Stauseen *Bin el Ouidane, Kansera* und *N'Fiss*) ist Segeln möglich. *Auskunft* erteilt:
**Federation de Yachting,
Bab Marrakech,
Rabat-Agdal.**

Fischen

Fischen ist vor allem in den Seen und Bächen des Mittleren Atlas möglich. Beste Standorte sind *Azrou, Ifrane, Immouzer-du-Kandar, Khenifra, Ain Leuh* und *El Hajeb*. Informationen und gebührenpflichtige Angelscheine sind erhältlich bei:

**Fishing Club du Moyen Atlas,
4 Rue Ricard, Fès**

**Administration des Eaux et Fôrets,
11 Rue de Revoil, Rabat**

und bei den örtlichen Forstverwaltungen.
Über Möglichkeiten zur *Hochseefischerei* erteilen die Jachtclubs Auskunft.

Wandern

Die ausgedehnten Berggebiete Marokkos erlauben fast unbegrenzte Wandermöglichkeiten. Zahlreiche Orte haben in ihrer Umgebung beschilderte Wanderwege eingerichtet, und auch mehrtägige Wanderungen durch vom Tourismus unberührte Gebiete sind möglich. Besonders eindrucksvoll können solche Wanderungen sein, wenn es Ihnen Ihre Ausrüstung (Rucksack, Zelt) erlaubt, außerhalb der Unterkünfte größerer Dörfer zu übernachten. Sie können dann die traditionelle marokkanische Gastfreundschaft noch unverfälscht kennenlernen. Die schönsten Wandermöglichkeiten bieten folgende Regionen:

Rifgebirge: die verschiedenen *Bergmassive um Chechaouen*; das *Tidiquin-Massiv* und das *Oued Sra-Tal* bei Ketama; das *Lalla-Outka-Massiv* bei Rafsai; das *Beni-Snassen-Massiv* mit seinen Tropfsteinhöhlen bei Berkane; das Gebiet des *Cap des Trois Fourches* bei Melilla.

Mittlerer Atlas: der gesamte *Nordteil des Gebirges* zwischen Khenifra, Azrou Sefrou und dem Col du Zad mit Zedernwäldern und zahlreichen Seen und Quellen; das *Djebel Tazzeka-Massiv* mit seinen Tropfstein-

URLAUBSAKTIVITÄTEN

höhlen und das Gebiet des *Oued el Abid* mit dem Bin-el-Ouidane Stausee und den Ouzoud-Kaskaden. Am wenigsten von Fremden besucht ist die Region um *Djebel Bou Iblane* und *Djebel Bou Naceur,* dem höchsten Massiv des Mittleren Atlas.

Hoher Atlas: die Täler bei *Amizmiz, Asni, Oukaimeden* und *Ourika;* das *Djebel Toubkal-Massiv* (höchster Berg Nordafrikas); die *Umgebung von Telouet* (bes. der Weg zur Kasbah Anemiter); die *Schluchten von Dades und Todrha* mit zahlreichen Kasbahs; das Gebiet zwischen dem *Seenplateau von Imilchil* und dem *Djebel Ayachi-Massiv* bei Midelt.

Sonstige Gebiete: die *Täler um Tafraout* im Anti-Atlas (bes. Tal der Ammeln); das Gebiet zwischen *Essaouira* und dem *Djebel Amsittene;* die Umgebung von Immouzer-des-Ida-Outanane; die Umgebung von *Oulmès* und *El Harcha;* das *Zerhoun-Massiv* bei Moulay Idriss.

Bergsteigen

Auskunft erteilt der *Club Alpin, Av. Moh. V., Rabat.* Informationen über das Besteigen des Toubkal-Massivs erteilt auch das Fremdenverkehrsamt Marrakech, dort können auch die *Schutzhütten* im Gebiet des Toubkal gemietet werden.

Wintersport

Der größte Wintersportort des Landes ist *Oukaimeden* im Hohen Atlas, wo es mehrere Ski- und Sessellifts, Hotels und Ferienhäuser gibt und wo auch alle Arten von Wintersportausrüstung gemietet werden können. Liftanlagen, Ferienhäuser und Verleih von Ausrüstungen gibt es auch in *Michliffen* bei Ifrane und am *Djebel Hebri* bei Azrou. Der Bau von Liftanlagen am *Djebel Tidiquin* bei Ketama ist vorgesehen.

Jagd

Jagdmöglichkeiten bieten zahlreiche Regionen. Ein nur für Ausländer reserviertes großes Jagdgehege liegt bei *Arbaoua.* Auskunft erteilen: *Federation Royale de Chasse, 36 Boul. Mangin, Rabat* und die Fremdenverkehrsämter.

Reiten

Reitclubs und Pferdevermietungen gibt es in den meisten größeren Städten. Organisierte Ritte werden vor allem in den Mittleren Atlas unternommen. Auskunft erteilen *Royal Polo Club Equestre, Dar es Salam, Rabat* oder die Fremdenverkehrsämter.

Sonstiges

Clubs für *Golf, Tennis* und *Sportfliegerei* gibt es in allen großen Städten. *Heilbäder* sind Sidi Harazem und Moulay Yacoub bei Fès und Oulmès les Thermes; als *Luftkurorte* gelten Azrou, Ifrane, Immouzerdu-Kandar, Ketama und Asni.

Routenvorschläge

Die folgenden Routen berühren alle wichtigen Sehenswürdigkeiten des Landes, die jeweils kurz charakterisiert werden.

1. Route
Die Atlantikküste und die Königsstädte
(rote Linie auf der vorderen Umschlagklappe)

*Tanger: bereits phönizisch-karthagische und römische Siedlung, später portugiesische und englische Kolonie, von 1912–1956 unter internationaler Verwaltung, in dieser Zeit berüchtigtes Schmugglerzentrum, heute Fremdenverkehrszentrum und wichtigster marokkanischer Fährhafen. Sehenswert die belebte Medina, in der Umgebung die *Herkulesgrotten* und die spärlichen Ruinen der Römersiedlung *Cotta*   *Asilah: karthagische und römische Siedlung, dann erster portugiesischer Stützpunkt in Marokko. Gut erhaltene Medina mit portugiesischer Stadtmauer und Palais Raisouli vom Beginn dieses Jahrhunderts   *Larache: kleine Hafenstadt mit portugiesisch-spanischen Befestigungsanlagen und belebter Medina, in der Nähe die sehenswerten Ruinen der Römersiedlung *Lixus*, die auf den Fundamenten einer karthagisch-phönizischen Siedlung angelegt wurde   *Ksar el Kebir: Marktort mit Maueranlagen und Medina aus dem 15./16. Jahrhundert, Schauplatz der »Dreikönigsschlacht« von 1578, in der die Portugiesen vernichtend geschlagen wurden   *Souk el Tleta du Gharb: von hier Möglichkeit zu einem Abstecher zu den Ruinen der Römersiedlung *Banasa*   *Tamusida: spärliche Reste einer Römersiedlung   *Kenitra: moderne Hafen- und Industriestadt und Marinestützpunkt, in der Nähe die Kasbah von *Mehdia* (Ende 17. Jahrhundert) und der Korkeichenwald von *Mamora*   *Bouknadel: sehenswerter botanischer Garten   *Salé: im 17. Jahrhundert berüchtigtes Piratenzentrum, gut erhaltene Medina mit einer bedeutenden merinidischen Medersa   *Rabat: Hauptstadt Marokkos, eine der vier Königsstädte des Landes, einst kurze Zeit Almohadenresidenz, vorwiegend moderne Stadt, die aber zahlreiche bedeutende Bauten enthält (Kasbah des Oudaias, Hassanturm, Mausoleum Mohammed V., Chellah mit Merinidennekropole und römischen Ruinen)   *Mohammedia: Industriestadt (Erdölraffinerie) und exklusiver Badeort   *Casablanca: größte Stadt und Handels- und Industriezentrum des Landes, größter Hafen Nordafrikas, Verkehrsknotenpunkt, modernes Stadtbild ohne besondere Sehenswürdigkeiten   *Azemmour: vollständig erhaltene Medina mit portugiesischer Stadtmauer   *El Jadida: ehem. karthagische Siedlung, später Zentrum der portugiesischen Niederlassungen in Marokko, sehenswert die gut erhaltene Portugiesenstadt mit mächtigen

ROUTENVORSCHLÄGE

Festungsanlagen und einer Zisterne *Moulay Abdallah: Ruinen des almohadischen Ribat Tit *Oualidia: Badeort an Lagune mit 1634 erbauter Kasbah *Safi: bedeutende Hafen- und Industriestadt (Phosphat), sehenswerte kleine Medina mit portugiesischen Festungsanlagen und einer portugiesischen Kapelle. Zentrum der marokkanischen Töpferei *Essaouira: Fischereihafen und Badeort, völlig erhaltene Medina vom Ende des 18. Jahrhunderts, die nach den Plänen eines französischen Architekten regelmäßig angelegt wurde. Auf den vorgelagerten Purpurinseln gab es in der Zeit des mauretanischen Reiches berühmte Purpurmanufakturen *Agadir: portugiesische Gründung, 1960 durch verheerendes Erdbeben völlig zerstört (15 000 Tote), heute moderne Stadt ohne Sehenswürdigkeiten, größtes Touristenzentrum Marokkos, wichtiger Hafen- und Industrieort *Chichaoua: bedeutendes Teppichzentrum *Marrakech: nach Fès bedeutendste und sehenswerteste der vier Königsstädte, Zentrum des marokkanischen Südens, almoravidische, almohadische und saadische Hauptstadt, zählt zu den Hauptfremdenverkehrsorten Marokkos, zahlreiche bedeutende Bauten, liegt in einer Oase *Tamelelt: Möglichkeit zu einem Abstecher zu der bei *Demnate* gelegenen natürlichen Steinbrücke von *Imi n'Ifri* *Zwischen El Kelaa des Srarhna und Beni Mellal Möglichkeiten für Abstecher zu den *Kaskaden von Ouzoud* (Wasserfälle) und zum *Stausee Bin el Ouidane*, dem größten des Landes *Kasba Tadla: Marktort mit einer um 1700 erbauten Festung, einer der größten und eindrucksvollsten des Landes, und einer Steinbrücke über den Oum er Rbia aus der gleichen Zeit *El Ksiba: Ausflugsmöglichkeiten nach *Imilchil* mit dem berühmten Heiratsmarkt der Ait Hadiddou *Khenifra: Marktort mit lebhafter Medina und Oum er Rbia-Steinbrücke, Möglichkeit zu einem Abstecher zu den *Oum-er Rbia-Quellen* *Ain Leuh: Berberdorf mit Kasbah vom Anfang des 18. Jahrhunderts *Azrou: Luftkurort und Handelszentrum, Kasbah vom Ende des 17. Jahrhunderts, bester Standort für Wanderungen im nördlichen Mittleren Atlas *Ifrane: Luftkur- und Wintersportort, ebenfalls gut als Standort für Wanderungen geeignet *Immouzer du Kandar: Ausflugsort für Bewohner von Fès *Fès: älteste und bedeutendste der vier Königsstädte, Hauptstadt der Meriniden und Alaouiten bis 1912, sehenswerteste Stadt des Landes mit zahlreichen bedeutenden Bauten, zählt zu den wichtigsten Kulturzentren des westlichen Islams *Meknes: eine der vier Königsstädte, bedeutende Bauten sind die riesigen Ruinen der Königsstadt des Moulay Ismail und die Medina mit einer merinidischen Medersa *Moulay Idriss: heiligste Stadt und wichtigstes Pilgerziel Marokkos mit dem Grab von Idriss I., dem Gründer des ersten marokkanischen Reiches, völlig erhaltene Medina *Volubilis: bedeutendste römische Ruinenstätte in Marokko, ehemaliger Hauptort der römischen Provinz Mauretania Tingitania, sehenswert unter den zahlreichen Überbleibseln vor allem die Fußbodenmosaike *Ouezzane: Sitz der Taibia-Sekte, deren Führer wegen ihrer großen Macht oft als ›islamische Päpste‹ bezeichnet wurden, bedeutendes Pilgerziel von Moslems und Juden, erhaltene Medina *Chechaouen: von andalusischen Flüchtlingen gegründetes Zentrum der Rifkabylen, zählt wegen seiner andalusisch geprägten Medina und seiner malerischen Lage zu den schönsten Orten Marokkos *Tetouan: ehemalige Hauptstadt der spanischen Zone, besitzt nach den vier Königsstädten die ausgedehnteste Medina des Landes, die einen deutlich andalusischen

Charakter zeigt *Ceuta: Fährhafen, seit 1580 ununterbrochen in spanischem Besitz, bereits karthagische und römische Siedlung, hat völlig spanischen Charakter, einige sehenswerte Bauten aus dem Spätbarock *Ksar es Seghir: einst wichtiger Hafen für den Übergang nach Spanien, kleiner Fischerort, Ruinen einer almohadischen Festung und einer portugiesischen Zitadelle *Tanger (s. o.)

2. Route
Südmarokko
(blaue Linie auf der vorderen Umschlagklappe)

*Agadir (siehe 1. Route) *Tiznit: Handels- und Kunsthandwerkzentrum (Silberschmiede), erst Ende des 19. Jahrhunderts gegründet, typische Oasensiedlung. Ausgangspunkt für Fahrten nach *Goulimine*, dem größten Kamelmarkt Marokkos *Tafraoute: Oasenstadt inmitten einer der schönsten Landschaften Marokkos (Granitfelsen), in der Nähe das *Tal der Ammeln* (steile Schlucht mit zahlreichen Ksour) *Taroudannt: altes Zentrum des Souss, erste Saadier-Hauptstadt, bis ins 18. Jahrhundert eines der wichtigsten Karawanenzentren Nordafrikas, sehenswert die Medina mit der 8 km langen Lehmmauer und den berühmten Silberschmiede-Souks *Tinmal: Stammort der Almohaden, Ruine einer almohadischen Moschee. In der Nähe der 2120 m hohe Paß *Tizi n'Test* und die *Kasbah Goundafa* *Asni: Luftkurort, Ausgangspunkt für Wanderungen ins Toubkal-Massiv, in der Nähe der Wintersportort *Oukaimeden* *Marrakech (siehe 1. Route) *Tizi n'Tichka: 2260 m hoher Paß, in der Nähe die Kasbah von *Telouet*, der ehemalige Hauptsitz des Caid El Glaoui *Amergane: von hier Abzweig zur *Kasbah der Ait Benhaddou*, dem Beginn der ›Straße der Kasbahs‹ *Ouarzazate: Ausgangspunkt für den Besuch der nahegelegenen Kasbahs *Taourirt* und *Tiffoultoute* und für die Fahrt ins *Dra-Tal* (zahlreiche Kasbahs zwischen *Agdz* und *Zagora*, Zaouia von *Tamegrout*) *Skoura und El Kelaa des Mgouna: größere Oasen mit zahlreichen Kasbahs, Herstellung von Rosenöl *Boumalne: Ausgangspunkt für Besuch der *Dades-Schluchten* *Tinerhir: eine der schönsten Oasen des Landes mit zahlreichen Kasbahs, Ausgangspunkt für Besuch der *Todrha-Schlucht* *Tinejdad und Goulmima: Oasen mit mehreren Kasbahs *Ksar es Souk: Ausgangspunkt für Ausflüge in das *Tafilalet* (Stammgebiet der Alaouiten, Ruinen von *Sidjilmasa*, einem der bedeutendsten Handelszentren in almohadischer und merinidischer Zeit) *Midelt: Bergwerkszentrum *Azrou (siehe 1. Route).

3. Route
Ostmarokko
(grüne Linie auf der vorderen Umschlagklappe)

*Chechaouen (siehe 1. Route) *Ketama: Luftkur- und Wintersportort, guter Ausgangspunkt für Wanderungen, Zentrum des marokkanischen Haschischanbaus *Targuist:

ROUTENVORSCHLÄGE

Ausgangspunkt für eine Fahrt nach *Kalah Iris,* einem Fischerdorf mit einer um 1500 erbauten Festung. Einige km östlich davon lag bis ins 16. Jahrhundert *Badis,* der Hafen von Fès. Der Küste vorgelagert ist die spanische Insel *Peñon de Velez de la Gomera*   ***Al Hoceima:** Fischereihafen und bedeutender internationaler Badeort, vor der Küste die befestigte spanische Insel *Peñon de Alhucemas*   ***Nador:** moderner Industrieort (Stahlwerk) ohne Sehenswürdigkeiten   ***Melilla:** spanische Hafenstadt, war neben Lixus die erste phönizische Siedlung in Marokko, später römisch, seit 1497 spanisch, ausgeprägtes spanisches Stadtbild, sehenswerte kleine Altstadt mit mächtigen Festungsanlagen   ***Berkane:** Weinbauzentrum, Ausgangspunkt für Ausflüge ins *Beni Snassen-Massiv* und zum Badeort *Saidia*   ***Oujda:** Verkehrs- und Handelszentrum Ostmarokkos, Bergbauort, vorwiegend moderne Stadt, kleine Medina ohne besondere Sehenswürdigkeiten   ***Taza:** eine der bedeutendsten Festungen des Landes, kurze Zeit almohadische, merinidische und alaouitische Residenz, sehenswerte Medina mit gewaltigen Festungsanlagen (z. T. almohadisch) und einer bedeutenden merinidischen Moschee, Ausgangspunkt für Ausflüge ins *Djebel Tazzeka-Massiv*   ***Fès** (siehe 1. Route)

Entfernungen in Marokko

	Agadir	Al Hoceima	Casablanca	Ceuta	El Jadida	Erfoud	Essaouira	Fès	Ksar es Souk	Larache	Marrakech	Meknes	Melilla	Ouarzazate	Oujda	Rabat	Safi	Tanger	Taroudannt	Taza	Tetouan	Tiznit
Al Hoceima	1061																					
Casablanca	521	563																				
Ceuta	951	321	430																			
El Jadida	424	660	97	527																		
Erfoud	754	691	597	752	665																	
Essaouira	174	914	351	781	254	743																
Fès	791	270	293	331	390	421	644															
Ksar es Souk	682	590	496	641	697	101	671	320														
Larache	803	384	287	141	379	579	633	216	478													
Marrakech	306	755	237	667	197	572	171	485	500	511												
Meknes	758	330	233	302	330	440	584	60	339	180	452											
Melilla	1115	169	634	476	731	572	985	324	471	439	809	384										
Ouarzazate	377	950	442	862	392	377	366	680	305	706	195	647	1004									
Oujda	1132	271	634	576	731	612	985	339	533	631	824	399	156	1019								
Rabat	614	470	93	337	190	539	444	200	438	191	322	140	541	517	539							
Safi	308	811	248	678	151	729	138	541	657	532	157	481	882	352	882	341						
Tanger	890	338	369	102	466	680	720	327	579	87	598	281	493	793	585	276	617					
Taroudannt	80	981	601	1031	504	674	254	711	602	873	226	678	1035	297	1050	694	388	970				
Taza	907	159	409	447	502	580	756	116	479	332	601	176	208	796	225	316	653	443	827			
Tetouan	906	281	385	42	482	623	736	277	512	103	842	290	436	802	528	294	635	57	968	397		
Tiznit	91	1152	612	1042	535	832	265	882	770	894	384	836	1193	465	1210	705	399	981	158	985	997	
Zagora	545	1118	608	1040	560	254	534	848	355	874	363	815	848	168	888	685	530	961	465	856	972	623

Raum für Ihre Reisenotizen
Anschriften neuer Freunde, Foto- und Filmvermerke, neuentdeckte gute Restaurants, etc.

Bildnachweis

Farbtafeln

1–7, 10, 11, 17, 22–26, 29, 30, 42–46, vordere Umschlagseite (innen u. außen), Umschlagrückseite:	Verfasser
8, 15, 19–21:	Klaus D. Francke
27, 47:	Günther Müller
9, 13, 14, 35, 38–41:	Werner Rau
16, 18, 28, 34:	Klaus Thiele
12, 31–33, 36, 37:	Zefa (Biedermann, COP, Everts, Helbig, Rust, Viollon)

Schwarzweiß-Abbildungen

2–4:	Walther Kahler-Lang
20, 25, 28, 29, 47, 48, 77, 79, 85, 86:	Klaus Thiele

Alle anderen Aufnahmen vom Verfasser

Zeichnungen

1–3, 5, 6, 12–17, 19–22, 25–27, 29, 31–38, 40:	Peter Sedlaček
Seite 215, 232, 258:	Almut Rother

Die Zeichnungen 23, 24 und 30 sind dem Werk ›Die Straße der Kasbahs‹ von Dr. W. Wrage (Neumann-Verlag, Radebeul), entnommen.

Die Zeichnungen 47, 49, 50 und 51 sind dem Werk ›L'art muselman d'Occident des origines à la fin du XVe siècle‹ von Elie Lambert (Paris 1966) entnommen.

Karte S. 212:	Frank Rother
Karten S. 214, 218:	Afrika-Abt., Geographisches Institut, TU Hannover 1971

Register

Personennamen, Stämme, Völker, Dynastien

Abbasiden 121, 122, 123
Abd el Aziz 186
Abd el Krim 65
Abd el Mumen (Moumen) 125, 187, 191, 192, 199, 200, 205
Abd-el-Waditen 126
Abd-er-Rahman I 122
Abdallah ben Yasîn 124
Abdullah el Ghalib 204
Abu Bekr 198
Abu el Hassan 195, 202
Abu Inan 184
Abu Said Othman 185, 195
Abu Thabit 199
Abu Yûsuf 125, 185
Abu Yusuf Yaqub 182, 191
Abul Hassan Ali al-Djaznayi 181
Aedaemon 40
Africanus, Leo
s. Leo Africanus
Ägypter 45, 120
Ahmed el Mansour ed Dehbi 126, 198, 203, 204
Ait Atta 78, 114, 118 (Abb. 45)
Ait Benhaddou 80, 257
Ait Hadiddou 65, 78
Ait Morghad 78, 118
Ait Seddrat 114, 117
Ait Yafelmane 65
Ait Zerri 114
Âl Kettani 178
Alfons VI. 198
Ali, Kalif 122f., 150
Almohaden 65, 73, 125, 126, 128, 147, 178, 187, 192, 198, 199, 205, 257

Almoraviden 65, 73, 124, 125, 128, 195, 197, 198, 205
Alouiten (Aliden) 127, 187, 198, 257
Amharen 45
Antoniner 40
Antoninus Pius 34, 35
Aouraba (Aurabâ) 123, 160
Apuleius, Lucius 35, 36
Aristoteles 178
Assyrer 152
Augustinus 65
Augustus 16
Averroes (Ibn Ruschd) 65, 178f., 183

Barth, Heinrich 9
Beni Hilâl 65, 70, 114, 124
Beni Merîn 125
Beni Ouattas 126
Beraber 47, 213
Berber 45–66, 69, 70, 159, 213, 215 (Abb. 26, 27, 39, 45, 46; Fig. 12–17, 19–22)
Berghou 123
Berghoutta (Berghuâta-Berber) 124, 192
Buchari 189
Burckhardt, Titus 71, 154, 177

Cäsar 34
Caligula 16, 34
Caracalla 35, 41
Cato d. Ä. 36
Cato Uticensis 34, 41, 44
Chams ed Duha 195
Chamza (Frau Idriss I.) 160
Chatelain, L. v. 41

Clasen, Dirck 184
de Conti (Tochter Ludwig XIV.) 190
Cornut, Théodore 206

Diez, Ernst 128, 157

El Bekri 79
El Bitruji (Alpetragius) 183
El Glaoui 65, 73, 79, 117, 196, 257

Fatima 123, 182
Fatimiden 124, 152
Franzosen 65, 127, 180

Garamanten 45
Gautier, E. F. 65
Geiserich 15
Gerbert von Aurillac (Papst Silvester II.) 183
Glaoua 65, 70, 78
Goundafa 73, 78
Graziosi 9
Griechen 36
Guanchen 48, 67

Hadrian 36
Hafsiden 126
Haj Mohammed Ben Mekki el Misfiwi 203
Hammu ben Rahmûn 182
Hannibal 65
Hanno 15
Haratin 70, 114, 118, 215
Harun al Raschid 121, 122, 123, 160
Hassan 121
Hassan II. 127
Hischam I. 146
Howell, Clark 10

Ibn Abi Zar' 125
Ibn al Khatib 183
Ibn Khaldun 45, 65, 122, 125, 183
Ibn Ruschd. s. Averroes
Ibn Tumart (Tumert) 125, 198, 205
Idouska Oufella 118
Idriss I. (Moulay Idriss Ibn Abdallah ben el Hassan ben Ali) 7, 123, 160, 177, 181, 256
Idriss II. 123, 124, 160, 178, 181, 207
Idrissiden 123, 124

Jodin, A. 13
Juden 113, 126

Julia Domna 41
Julien, Charles-André 190

Kabylen-Stämme 65
Karl Martell 159
Kühnel, Ernst 157, 178

Lenz, Oskar 14
Leo Africanus 199
Lhote, Henri 11
Libyer 45
Ludwig XIV. 189, 190
Luquet, A. 39, 41
Lyautey, Marschall 180

Mansour 190
Maqil 70, 114
Marc Aurel 36
Marcus Aurelius Sebastenus 41
Marcus Sulpicius Felix 34 f.
Masmouda-Berber 47, 79, 125, 205
Massinissa 65
Meknassa 189
Meriniden (Mereniden) 65, 125, 126, 128, 147, 149, 179, 185, 191, 195, 198, 205
Mohammed, Prophet 48, 119, 122
Mohammed V. 127, 191, 195, 239
Mohammed ben Dja'far al-Kettânî 123
Mohammed Bou Jendar 193
Mohammed el Feheri 182
Mohammed en Nassir 125
Mohammed Ibn Abd er Rahman 203
Monod, Th. 9, 11
Moulay Abdallah 190
Moulay Ahmed ed Debbi 193
Moulay el Hassan 186
Moulay Idriss s. Idriss
Moulay Ismail 127, 177, 187 ff., 193, 195, 203, 207, 238, 256
Mtougi 78
Mussa Ibn Noceir 121

Nestorius 146
Numidier 45

Okba Ibn Nafi 120, 121, 159
Omaijaden 121, 123, 146, 147
Omar, Kalif 120
Oudaia 193

REGISTER

Pays Illalene 118
Phönizier 15–44
Picard, Charles 33, 36
Plinius d. Ä. 38, 40, 68
Portugiesen 126, 207, 255
Praxiteles 33, 44
Ptolemäus, Berberkönig 16, 34, 40
Ptolemäus, Geograph 40, 67
Puigaudeau, O. du 14
Punier 15, 36

Rif-Berber (Rifkabylen) 47, 67, 206, 212, 256
Römer 15–44, 113

Saaditen (Saadier) 126f., 198, 203, 206, 257
Samhûdi 145
Sanhadja-Berber 47, 65, 124
Schlöh-Berber 47, 65, 67, 118, 213, 219
Seguy, René 180
Sénones, M. 14
Septimius Severus 36, 65
Severer 40
Si Brahim 117
Si Mussa 203
Sidi Abd Allah el Hajjam 177
Sidi Ahmed ou Moussa 202
Sidi es Seheyli 199

Sidi Mohammed Ben Abdallah 190
Sidi Okba 146, 148
Spanier 65, 126, 127, 206
Strabo 68

Tarik Ibn Zeyad 159
Tarradell 37
Terrasse, H. 71
Thouvenot, R. 39, 40, 41
Tuareg 48, 65
Türken 187

Walîd, Kalif 145, 146
Wandalen 15, 113
Welles, Orson 80
Westgoten 153
Windus, John 41
Wölfel, D. J. 45

Yaqub el Mansour 148, 179, 194, 199, 200
Yuba II. 16, 34, 37, 40, 44, 206
Yusuf Ibn Taschfin 124, 125, 178, 187, 198

Zaer 193
Zenata-Berber 47, 70, 114, 125
Zidana (Sultanin) 190

Ortsnamen

Agadir 126, 216, 217, 219, 222, 224, 252, 256
Agdz 114
Ain Leuh 256
Ait Benhaddou 80, 113, 257 (Farbt. 13, 25; Abb. 21, 30)
Akka 14
Al Hoceima 216, 258
Alarcos 194
Amergane 80
Anemitèr 80, 257
Aougdal n'Ouagouns 13
Asilah 207, 234, 255
Asni 254, 257 (Farbt. 8)
Assa 14 (Abb. 3)
Azemmour 126, 207, 255
Azrou 254, 256

Babaa Campestris 16
Badajoz 125
Badis 258
Bagdad 121, 152
Banasa 16, 33, 38ff., 44, 255 (Fig. 9)
Basra 152
Benghasi 11
Beni Melal 217, 256
Berkane 258
Bouknadel 255
Boumalne 117, 257 (Farbt. 12)
Boulaouane 207

Capsa   s. Gafsa
Casablanca 216, 217, 219, 224, 234, 255
Ceuta 15, 211, 257

Chéchaouen 206, 216, 256 (Farbt. 4–7; Abb. 51)
Chella (Sala Colonia) 15, 34, 43, 44, 195 (Fig. 46)
Chichaoua 241, 256
Cordoba 122, 124, 178, 225
Cotta 43, 255

Damaskus 121, 146, 148
Djebel Bani 14

El Djem 16
El Goumt (Abb. 37–39)
El Jadida 207, 217, 233, 255
El Kelaa des Mgouna 117, 234, 257 (Abb. 40)
El Kelaa des Srarhna 256
El Ksiba 256
Erfou'd 118, 234 (Farbt. 19)
Essaouira 206, 216, 222, 241, 256 (Abb. 85, 86)

Fakh 123
Fès 7, 124, 125, 126, 127, 148, 149, 151, 152, 153, 160, 178–187, 190, 191, 196, 198, 204, 207, 216, 217, 219, 233, 234, 238, 241, 256 (Farbt. 26, 27, 36, 39; Abb. 56–59, 61, 63, 67–70; Fig. 41–44)
Fes-el-Bali 233
Foum el Hassan 14
Foum Tangaria 14

Gafsa (Capsa) 9
Gibraltar 159, 226
Goulimine 233, 257 (Farbt. 18)
Goulmima 118, 257
Granada 126, 153, 180, 187, 195, 225

Hadramaut 66, 71, 74, 80

Id Aissa 118
Ifrane 216, 254, 256
Imassin 117
Imilchil 233, 256
Immouzer des Ida 234
Inezgane 224

Jerez de la Frontera 122

Kairo 152
Kairouan 120, 146, 148, 152, 178
Kalah Iris 258

Kandar 254
Karthago 15, 33, 43
Kasba Tadla 207, 256
Kelaa des Mgouna s. El Kelaa
Kenitra 216, 217, 219, 255
Ketama 254, 257
Kheneg Tafagount 14 (Abb. 2)
Khenifra 256
Khouribga 219
Konstantinopel 151
Ksar el Kebir 207, 255
Ksar es Seghir 257
Ksar es Souk 216, 257
Ksar Goulmima 72
Ktesiphon 152
Kufa 122, 146, 152

Laayoune (El Aioun) 242
Lalla Mina Hammou 13
Larache 11, 15, 37, 207, 255
Lissabon 190
Lixus (Liks) 15, 37 f., 44, 239, 255, 258 (Abb. 5–8, Fig. 8)

Madaura 35
Marnia 9
Marrakech 7, 124, 125, 126, 148, 151, 152, 153, 179, 187, 190, 194, 196–204, 205, 216, 217, 219, 234, 238, 241, 256 (Farbt. 28–35, 38; Abb. 76–82; Fig. 4, 48–50)
Mazagan s. Rusibis
Medina 119, 145
Mekka 119, 128, 146, 151
Meknès 7, 127, 148, 152, 153, 187–191, 195, 201, 203, 216, 217, 219, 233, 238, 256 (Farbt. 40, 41; Abb. 60, 62, 71–74, 84; Fig. 45)
Melilla s. Rusaddir
Midelt 257
Mohammedia 217, 255
Mouillah 9
Moulay Abdallah 256
Moulay Idriss 160, 177, 181, 207, 233, 256 (Farbt. 37; Abb. 54, 55; Fig. 39)
Moulay Yacoub 254
Msoura 11, 44, 239 (Abb. 4)

Nador 219, 258

Oualidia 256
Ouarzazate 113, 114, 216, 241, 257 (Farbt. 24)

265

REGISTER

Ouezzane 207, 234, 256
Oujda 216, 217, 258
Oukaïmeden 12, 254, 257 (Fig. 1–3, 5, 6)
Oulmès les Thermes 254

Poitiers 159

Rabat 7, 10, 33, 41, 127, 148, 152, 153, 191–195, 216, 217, 219, 238 f., 241, 255 (Abb. 53, Fig. 46, 47)
Rafsai 234
Rom 16, 35, 36, 121
Rusaddir (Melilla) 15, 211, 258
Rusibis (Mazagan) 15

Safi 126, 207, 208, 217, 219, 241, 256
Sala s. Chella
Saidia 258
Saiwun 117
Salambo 16
Salé 127, 192, 193, 194, 195, 217, 219, 234, 241
Samarra 121, 194
Sefrou 234
Semrir (Fig. 23, 24)
Sevilla 147, 194, 225
Sidi Abd er Rahman 10
Sidi Harazem 11, 254
Sidjilmasa 190, 257
Skoura 115 f., 117, 257 (Fig. 30)
Souk-Tnine-de-Sidi-el Yamani 11

Tafraoute 234, 257
Tahouda 121
Talat n'Tisk 13
Tamegrout 115 (Abb. 28, 29)
Tamelelt 256
Tamenougalt 114
Tamkasselt 114
Tamuda 43
Tamusida 255

Tan-Tan 233
Tanger (Tingis) 10, 15, 16, 44, 127, 207, 216, 217, 219, 224, 234, 239, 255
Tanzita 115
Taourirt 113, 257
Targuist 257 f.
Tarhijt 118
Taroudannt 206 f., 219, 241, 257
Tassili n-Ajjer 11
Taza 7, 189, 207, 217, 258
Telouet 78 ff., 257 (Farbt. 9; Abb. 32)
Terim (Abb. 24)
Tesguent 118
Tetouan 37, 44, 206, 217, 219, 239, 241, 256 (Abb. 49, 50, 52)
Thamusida 33, 43, 44
Tibesti 9
Tiffoultoute 113, 257
Tiguermit 118
Timbuktu 126, 198
Timesla 114
Tinejdad 118, 257
Tinerhir (Tineghir) 117 f., 216, 257
Tingis s. Tanger
Tinmal 205 f., 238, 257 (Fig. 51)
Tissa 234
Tizgui el Haratine 14
Tiznit 219, 233, 241, 257
Tlemcen 125, 126
Tyros 15

Ulili S. Volubilis

Volubilis (Ulili) 33, 34, 35, 38, 40 ff., 44, 123, 160, 190, 239, 256 (Farbt. 1–3; Abb. 9–19; Fig. 10, 11)

Youssoufia 219

Zagora 114, 115, 216 (Farbt. 17; Abb. 25, 27)

DuMont Kunst-Reiseführer

Ägypten – Geschichte, Kunst und Kultur im Niltal
Vom Reich der Pharaonen bis zur Gegenwart. Von Hans Strelocke

Äthiopien – Kunst im Verborgenen
Ein Reisebegleiter ins älteste Kulturland Afrikas. Von Hans Helfritz

Algerien – Kunst, Kultur und Landschaft
Von den Stätten der Römer zu den Tuareg der zentralen Sahara. Von Hans Strelocke

Belgien – Spiegelbild Europas
Eine Einladung nach Brüssel, Gent, Brügge, Antwerpen, Lüttich und zu anderen Kunststätten. Von Ernst Günther Grimme

Dänemark
Land zwischen den Meeren. Kunst – Kultur – Geschichte. Von Reinhold Dey

Deutsche Demokratische Republik
Geschichte und Kunst von der Romanik bis zur Gegenwart. Brandenburg, Mecklenburg, Sachsen-Anhalt, Sachsen, Thüringen. Von Gerd Baier, Elmar Faber und Eckhard Hollmann

Bundesrepublik Deutschland

Das Bergische Land
Kultur, Geschichte, Landschaft zwischen Ruhr und Sieg. Von Bernd Fischer

Franken – Kunst, Geschichte und Landschaft
Entdeckungsfahrten in einem schönen Land – Würzburg, Rothenburg, Bamberg, Nürnberg und die Kunststätten der Umgebung. Von Werner Dettelbacher

Hessen
Vom Edersee zur Bergstraße. Die Vielfalt von Kunst und Landschaft zwischen Kassel und Darmstadt. Von Friedhelm Häring und Hans-Joachim Klein

Köln
Stadt am Rhein zwischen Tradition und Fortschritt. Von Willehad Paul Eckert

München
Von der welfischen Gründung Heinrichs des Löwen bis zur Gegenwart: Kunst, Kultur, Geschichte. Von Klaus Gallas

Der Niederrhein
Das Land und seine Städte, Burgen und Kirchen. Von Willehad Paul Eckert

Oberbayern
Kultur, Geschichte, Landschaft zwischen Donau und Alpen, Lech und Salzach. Von Gerhard Eckert. (Erscheint Frühjahr '80)

Die Pfalz
Die Weinstraße – Der Pfälzer Wald – Wasgau und Westrich. Wanderungen im ›Garten Deutschlands‹. Von Peter Mayer

Zwischen Neckar und Donau
Kunst, Kultur und Landschaft von Heidelberg bis Heilbronn, im Hohenloher Land, Ries, Altmühltal und an der oberen Donau. Von Werner Dettelbacher

Schleswig-Holstein
Zwischen Nordsee und Ostsee: Kultur – Geschichte – Landschaft. Von Johannes Hugo Koch

Sylt, Amrum, Föhr, Helgoland, Pellworm, Nordstrand und Halligen
Natur und Kultur auf Helgoland und den Nordfriesischen Inseln. Entdeckungsreisen durch eine Landschaft zwischen Meer und Festlandküste. Von Albert am Zehnhoff (DuMont Landschaftsführer)

DuMont Kunst-Reiseführer

Frankreich

Die Bretagne
Im Land der Dolmen, Menhire und Calvaires. Von Frank und Almut Rother

Burgund
Kunst, Geschichte, Landschaft. Burgen, Klöster und Kathedralen im Herzen Frankreichs: Das Land um Dijon, Auxerre, Nevers, Autun und Tournus. Von Klaus Bußmann

Das Elsaß
Wegzeichen europäischer Kultur und Geschichte zwischen Oberrhein und Vogesen. Von Karlheinz Ebert

Frankreichs gotische Kathedralen
Eine Reise zu den Höhepunkten mittelalterlicher Architektur in Frankreich. Von Werner Schäfke

Das Tal der Loire
Schlösser, Kirchen und Städte im ›Garten Frankreichs‹. Von Wilfried Hansmann

Die Provence
Ein Reisebegleiter durch eine der schönsten Kulturlandschaften Europas. Von Ingeborg Tetzlaff

Südwest-Frankreich
Vom Zentralmassiv zu den Pyrenäen – Kunst, Kultur und Geschichte. Von Rolf Legler

Griechenland

Athen
Geschichte, Kunst und Leben der ältesten europäischen Großstadt von der Antike bis zur Gegenwart. Von Evi Melas

Die griechischen Inseln
Ein Reisebegleiter zu den Inseln des Lichts. Kultur und Geschichte. Hrsg. von Evi Melas

Kreta – Kunst aus fünf Jahrtausenden
Minoische Paläste – Byzantinische Kirchen – Venezianische Kastelle. Von Klaus Gallas

Alte Kirchen und Klöster Griechenlands
Ein Begleiter zu den byzantinischen Stätten. Hrsg. von Evi Melas

Tempel und Stätten der Götter Griechenlands
Ein Reisebegleiter zu den antiken Kultzentren der Griechen. Hrsg. von Evi Melas

Großbritannien

Schottland
Geschichte und Literatur. Architektur und Landschaft. Von Peter Sager. (Erscheint Frühjahr '80)

Süd-England
Von Kent bis Cornwall. Architektur und Landschaft, Literatur und Geschichte. Von Peter Sager

Guatemala
Honduras – Belize. Die versunkene Welt der Maya. Von Hans Helfritz

Holland
Kunst, Kultur und Landschaft. Ein Reisebegleiter durch Städte und Provinzen der Niederlande. Von Jutka Rona

Indien

Indien
Von den Klöstern im Himalaya zu den Tempelstädten Südindiens. Von Niels Gutschow und Jan Pieper

Ladakh und Zanskar
Lamaistische Klosterkultur im Land zwischen Indien und Tibet. Von Anneliese und Peter Keilhauer. (Erscheint Frühjahr '80)

Indonesien
Ein Reisebegleiter nach Java, Sumatra, Bali und Sulawesi (Celebes). Von Hans Helfritz

DuMont Kunst-Reiseführer

Iran
Kulturstätten Persiens zwischen Wüsten, Steppen und Bergen. Von Klaus Gallas

Irland – Kunst, Kultur und Landschaft
Entdeckungsfahrten zu den Kunststätten der ›Grünen Insel‹. Von Wolfgang Ziegler

Italien

Apulien – Kathedralen und Kastelle
Ein Reisebegleiter durch das normannisch-staufische Apulien. Von Carl Arnold Willemsen

Elba
Ferieninsel im Thyrrhenischen Meer. Macchienwildnis, Kulturstätten, Dörfer, Mineralienfundorte. Von Almut und Frank Rother (DuMont Landschaftsführer). (Erscheint Frühjahr '80)

Das etruskische Italien
Entdeckungsfahrten zu den Kunststätten und Nekropolen der Etrusker. Von Robert Hess

Florenz und die Medici
Ein Begleiter durch das Florenz der Renaissance. Von My Heilmann

Ober-Italien
Kunst, Kultur und Landschaft zwischen den Oberitalienischen Seen und der Adria. Von Fritz Baumgart

Von Pavia nach Rom
Ein Reisebegleiter entlang der mittelalterlichen Kaiserstraße Italiens. Von Werner Goez

Rom
Kunst und Kultur der ›Ewigen Stadt‹ in mehr als 1000 Bildern. Von Leonard von Matt und Franco Barelli

Das antike Rom
Die Stadt der sieben Hügel: Plätze, Monumente und Kunstwerke. Geschichte und Leben im alten Rom. Von Herbert Alexander Stützer

Sardinien
Geschichte, Kultur und Landschaft – Entdeckungsreisen auf einer der schönsten Inseln im Mittelmeer. Von Rainer Pauli

Sizilien
Insel zwischen Morgenland und Abendland. Sikaner/Sikuler, Karthager/Phönizier, Griechen, Römer, Araber, Normannen und Staufer. Von Klaus Gallas.

Toscana
Das Hügelland und die historischen Stadtzentren. Pisa · Lucca · Pistoia · Prato · Arezzo · Siena · San Gimignano · Volterra. Von Klaus Zimmermanns (Erscheint Frühjahr '80)

Venedig – Geschichte und Kunst
Erlebnis einer einzigartigen Stadt. Von Marianne Langewiesche

Japan – Tempel, Gärten und Paläste
Einführung in Geschichte und Kultur und Begleiter zu den Kunststätten Japans.
Von Thomas Immoos und Erwin Halpern

Der Jemen
Nord- und Südjemen. Antikes und islamisches Südarabien – Geschichte, Kultur und Kunst zwischen Rotem Meer und Arabischer Wüste. Von Peter Wald. (Erscheint Frühjahr '80)

Jugoslawien
Kunst, Geschichte und Landschaft zwischen Adria und Donau. Von Frank Rother

Malta und Gozo
Die goldenen Felseninseln – Urzeittempel und Malteserburgen. Von Ingeborg Tetzlaff

Marokko – Berberburgen und Königsstädte des Islam
Ein Reisebegleiter zur Kunst Marokkos. Von Hans Helfritz

DuMont Kunst-Reiseführer

Die Götterburgen Mexikos
Ein Reisebegleiter zur Kunst Alt-Mexikos. Von Hans Helfritz

Nepal – Königreich im Himalaya
Geschichte, Kunst und Kultur im Kathmandu-Tal. Von Ulrich Wiesner

Österreich

Salzburg, Salzkammergut, Oberösterreich
Kunst und Kultur auf einer Alpenreise vom Dachstein bis zum Böhmerwald. Von Werner Dettelbacher

Wien und Umgebung
Kunst, Kultur und Geschichte der Donaumetropole. Von Felix Czeike und Walther Brauneis

Portugal
Ein Begleiter zu den Kunststätten von Porto bis zur Algarve-Küste. Von Albert am Zehnhoff

Rumänien
Schwarzmeerküste – Donaudelta – Moldau – Walachei – Siebenbürgen: Kultur und Geschichte. Von Evi Melas

Kunst in Rußland
Ein Reisebegleiter zu russischen Kunststätten. Von Ewald Behrens

Die Schweiz
Zwischen Basel und Bodensee · Französische Schweiz · Das Tessin · Graubünden · Vierwaldstätter See · Berner Land · Die großen Städte. Von Gerhard Eckert

Skandinavien – Dänemark, Norwegen, Schweden, Finnland
Kultur, Geschichte, Landschaft. Von Reinhold Dey

Spanien

Die Kanarischen Inseln
Inseln des ewigen Frühlings: Teneriffa, Gomera, Hierro, La Palma, Gran Canaria, Fuerteventura, Lanzarote. Von Almut und Frank Rother (DuMont Landschaftsführer)

Katalonien und Andorra
Von den Pyrenäen zum Ebro. Costa Brava – Barcelona – Tarragona – Die Königsklöster. Von F. R. Allemann und Xenia v. Bahder. (Erscheint Frühjahr '80)

Zentral-Spanien
Kunst und Kultur in Madrid, El Escorial, Toledo und Aranjuez, Avila, Segovia, Alcalá de Henares. Von Anton Dieterich

Südamerika: präkolumbische Hochkulturen
Ein Reisebegleiter zu den indianischen Kunststätten in Peru, Bolivien und Kolumbien. Von Hans Helfritz

Städte und Stätten der Türkei
Ein Begleiter zu den Kunstwerken Istanbuls und Kleinasiens. Von Kurt Wilhelm Blohm

Tunesien
Karthager, Römer, Araber – Kunst, Kultur und Geschichte am Rande der Wüste. Von Hans Strelocke

USA – Der Südwesten
Indianerkulturen und Naturwunder zwischen Colorado und Rio Grande. Von Werner Rockstroh

»Richtig reisen«

DuMont

»Richtig reisen«: Amsterdam
Von Eddy und Henriette Posthuma de Boer. 203 Seiten mit 50 farbigen und 130 einfarbigen Abbildungen, Stadtplänen, Karten, praktischen Reisehinweisen

»Richtig reisen«: Ferner Osten
Von Charlotte Peter und Margrit Sprecher. 302 Seiten mit 14 farbigen und 120 einfarbigen Abbildungen, Stadtplänen, Karten, praktischen Reisehinweisen

»Richtig reisen«: Griechenland 1
Delphi, Athen, Peloponnes und Inseln
Von Evi Melas. Etwa 290 Seiten mit etwa 58 farbigen und etwa 140 einfarbigen Abbildungen, Zeichnungen und Plänen, praktischen Reisehinweisen

»Richtig reisen«: Großbritannien
England, Wales, Schottland
Von Rolf Breitenstein. 284 Seiten mit 58 farbigen und 140 einfarbigen Abbildungen, Zeichnungen und Plänen, praktischen Reisehinweisen

»Richtig reisen«: Ibiza/Formentera
Von Ursula von Kardorff und Helga Sittl. 248 Seiten mit 52 farbigen und 153 einfarbigen Abbildungen, Karten und Plänen, praktischen Reisehinweisen

»Richtig reisen«: Istanbul
Von Klaus und Lissi Barisch. 257 Seiten mit 28 farbigen und 173 einfarbigen Abbildungen, Zeichnungen, Karten und Plänen, praktischen Reisehinweisen

»Richtig reisen«: Kanada und Alaska
Von Ferdi Wenger. 325 Seiten mit 39 farbigen und 118 einfarbigen Abbildungen und Karten, praktischen Reisehinweisen

»Richtig reisen«: Kopenhagen
Von Karl-Richard Könnecke. 200 Seiten mit 32 farbigen und 118 einfarbigen Abbildungen, Karten und Plänen, praktischen Reisehinweisen

»Richtig reisen«: London
Von Klaus Barisch und Peter Sahla. 251 Seiten mit 18 farbigen und 189 einfarbigen Abbildungen, Stadtplänen, Karten, praktischen Reisehinweisen

»Richtig reisen«: Los Angeles
Hollywood, Venice, Santa Monica
Von Priscilla und Matthew Breindel. 344 Seiten mit 75 farbigen und 256 einfarbigen Abbildungen, praktischen Reisehinweisen

»Richtig reisen«: Mexiko und Zentralamerika
Von Thomas Binder. 330 Seiten mit 32 farbigen und 119 einfarbigen Abbildungen, Karten und Plänen, praktischen Reisehinweisen

»Richtig reisen«: Moskau
Von Wolfgang Kuballa. 268 Seiten mit 36 farbigen und 150 einfarbigen Abbildungen, Karten und Plänen, praktischen Reisehinweisen

»Richtig reisen«: Nepal
Kathmandu: Tor zum Nepal-Trekking
Von Dieter Bedenig. 288 Seiten mit 37 farbigen und 97 einfarbigen Abbildungen, Karten und Plänen, praktischen Reisehinweisen

»Richtig reisen«: New York
Von Gabriele von Arnim und Bruni Mayor. 312 Seiten mit 61 farbigen und 178 einfarbigen Abbildungen, Karten und Plänen, praktischen Reisehinweisen

»Richtig reisen«: Paris
Von Ursula von Kardorff und Helga Sittl. 277 Seiten mit 34 farbigen und 172 einfarbigen Abbildungen, Karten und Plänen, praktischen Reisehinweisen

»Richtig reisen«: Rom
Von Birgit Kraatz. Etwa 280 Seiten mit etwa 40 farbigen und etwa 120 einfarbigen Abbildungen, Zeichnungen und Plänen, praktischen Reisehinweisen

»Richtig reisen«: San Francisco
Von Hartmut Gerdes. 248 Seiten mit 33 farbigen und 155 einfarbigen Abbildungen, Karten und Plänen, praktischen Reisehinweisen

»Richtig reisen«: Südamerika 1
Kolumbien, Ekuador, Peru, Bolivien
Von Thomas Binder. 252 Seiten mit 35 farbigen und 121 einfarbigen Abbildungen, Karten und Plänen, praktischen Reisehinweisen

»Richtig reisen«: Südamerika 2
Argentinien, Chile, Uruguay, Paraguay
Von Thomas Binder. 330 Seiten mit 37 farbigen und 110 einfarbigen Abbildungen, Karten und Plänen, praktischen Reisehinweisen

»Richtig reisen«: Südamerika 3
Brasilien, Venezuela, die Guayanas
Von Thomas Binder. 332 Seiten mit 38 farbigen und 117 einfarbigen Abbildungen, Karten und Plänen, praktischen Reisehinweisen

»Richtig reisen«: Tokio
Von Frank und Ceci Whitford. 270 Seiten mit 49 farbigen und 120 einfarbigen Abbildungen, Karten und Plänen, praktischen Reisehinweisen